本书受"鲁东大学声速输入法"基金语言文字课题资助

基于文化视角的汉英翻译研究

崔 娟◎著

新华出版社

图书在版编目（CIP）数据

基于文化视角的汉英翻译研究 / 崔娟著 . -- 北京：
新华出版社 , 2023.9

ISBN 978-7-5166-7057- 6

Ⅰ . ①基… Ⅱ . ①崔… Ⅲ . ①汉语 – 文化语言学 – 对
比研究 – 英语②英语 – 翻译 – 研究 Ⅳ . ① H1–05
② H31–05 ③ H315.9

中国国家版本馆 CIP 数据核字 (2023) 第 186748 号

基于文化视角的汉英翻译研究

作　　者：崔　娟

选题策划：唐波勇

责任编辑：唐波勇　　　　　　封面设计：优盛文化

出版发行：新华出版社

地　　址：北京石景山区京原路 8 号　　邮　　编：100040

网　　址：http://www.xinhuapub.com

经　　销：新华书店、新华出版社天猫旗舰店、京东旗舰店及各大网店

购书热线：010-63077122　　中国新闻书店购书热线：010-63072012

照　　排：优盛文化

印　　刷：石家庄汇展印刷有限公司

成品尺寸：170mm×240mm

印　　张：17　　　　　　　　字　　数：226 千字

版　　次：2023 年 9 月第一版　　印　　次：2023 年 9 月第一次印刷

书　　号：ISBN 978-7-5166-7057-6

定　　价：88.00 元

前　言

在全球经济一体化和多元文化的时代背景下，各国和民族间的跨文化交流愈发密切。与此同时，中国与其他国家及地区在政治、经济、文化、外交等领域的互动与合作日益显著。文化的输出、引进与碰撞在跨文化交际活动中起着关键作用，而翻译作为文化交流的桥梁，其研究焦点也从以往关注语言对比和翻译技巧转向更强调文化对比和翻译方面。这种转变主要源于语言与文化、翻译与文化之间的密切联系。首先，对于文化而言，语言不仅是最关键且最普遍的载体，同时也是文化发展的指南针，在很大程度上引领着文化的发展。翻译与文化的关系主要体现在两个方面：一是翻译能够推动文化交流与融合；二是文化的双重性及其三个关键要素能够对翻译活动产生深远影响。

基于以上原因，文化翻译观在众多翻译思想理论中脱颖而出，受到了中外学者的关注和重视。在中国，具有代表性的三大文化翻译观分别是严复、鲁迅和林语堂三人提出的文化翻译观，而在西方国家也早就有学者提出了"翻译文化转向"理论，代表人物有埃文·佐哈尔（Even Zohar）、吉迪恩·图里（Gideon Toury）、苏珊·巴斯奈特（Susan Bassnett）、安德烈·勒菲弗尔（Ardre Leferere）等。他们的观点对汉语和英语这两种语言的对比和翻译实践具有重要的指导意义。

本书以文化翻译的相关理论为指导，以汉语和英语中的语言文化为研究对象，总共分为七章。第一章作为开篇，首先介绍了一些有关翻译的基本知识，包括翻译的概念与性质、翻译的发展与流派等，从而为随后章节的展开打下良好基础；第二章阐述了有关语言与文化的一些理论知识，分析了语言与文化的关系、翻译与文化的关系以及文化因素对翻译的影响；在以上两章内容的铺垫下，第三章详细论述了文化翻译的相关概念，并探讨了中西方不同的翻译观，最后阐述了文化翻译的重要原则、策略与方法；第四章具体分析了汉语和英语这两种语言文化在习语、委婉语和称谓语等方面的异同，并介绍了具体的翻译方法；第五章从汉英物质文化对比角度出发，阐述了汉英饮食文化、服饰文化、建筑文化的相同和不同之处，同时也介绍了相关翻译方法；第六章则从民俗文化对比角度出发，探讨了汉英语言翻译的方法和注意事项；最后一章从汉英翻译的实践应用入手，分别介绍了汉英语言在众多行业领域如商务、广告、旅游和影视故事中的跨文化翻译方法。

本书在阐释和论述的过程中力求语言表达简洁，行文通顺合理。但由于笔者能力有限，本书还存在诸多不足之处，有待进一步完善，恳请广大读者批评指正。

目　录

第一章　翻译研究综述

第一节　翻译的概念与性质

一、翻译的概念

早在原始社会时期，翻译就伴随不同区域之间的交流而出现了。随着时代的变迁，翻译不仅使不同区域之间的文化交流成为现实，还促进了不同社会文明的进步与发展。目前，世界上大约有 230 个国家和地区、近 2000 个民族以及 3000 余种语言。不同民族、国家、地区之间之所以能展开多方位的沟通、交流与合作，翻译可谓发挥了不可替代的作用。随着全球化的发展，翻译的重要性愈加凸显，因此翻译研究十分重要。而翻译的概念是翻译研究的基础与原点。古今中外，很多翻译学家都对翻译进行过界定。接下来本部分内容将通过分析不同学者对翻译的定义来进一步阐述翻译的概念。

（一）中外学者对翻译概念的界定

英国翻译理论家彼得·纽马克（Peter Newmark）认为，翻译形式是将一种语言（语言单位）转换成另一种语言的过程。所谓的语言（语言单位），指的是整个文本或者文本一部分的含义。纽马克的翻译理论表现出了其对源语文本的极度尊重，甚至将其视为翻译工作的核心，这是一个相当传统的观点。但是，这一观点具有明显的局限性，即过于强调源语文本，对目的语文本的重要性并未充分认识。这就忽视了翻译的双向性特点，因为翻译不仅仅要考虑源语文本，也应考虑目的语文本能否被读者理解和接受。与此同时，这一观点的另一局限性就是未能充分考虑翻译过程中的各种利益冲突。在实际的翻译过程中，译者往往需要在诸如忠实度与通顺度、原意与创新等多个方面进行权衡，并考虑到各利益相关者（如作者、出版商、读者等）的期待和需求。①

美国翻译理论家尤金·奈达（Eugene Nida）指出，翻译是用目的语创造一个与源语最接近的等值物，意义为首，风格为次。也就是说，奈达认为，当翻译的目的是尽量忠实于原文时，译文越忠实越好，但当尽量忠实于原文不是翻译的首要目的时，则不会以译文是否十分忠实作为评价译文的标准。因此，是否十分忠实于原文不能作为评价所有译文的标准。②奈达的定义突出了目的语和读者理解的重要性，这使得他的理论在翻译实践中有很大的适应性和灵活性。他提出的"等值"概念，强调的是语义和情境的等价，而非直接的形式对等，这有助于人们利用翻译真正达到沟通的目的，而非简单的语言替换。

---

① NEWMARK P.Approaches to translation[M]. London: Prentice Hall International Ltd., 1988 : 5.

② NIDA E A, TABER C R.The theory and practice of translation[M]. Leiden: Brill Archive, 2004 : 17.

　　然而，奈达的定义也存在一些不足。他的定义在一定程度上淡化了对原文忠实性的重视。尽管译者在实践中为了达到更好的通顺性和理解度，对原文进行一定的调整是必要的，但如果过度强调目的语优先，可能会导致原文一些独特的风格、语境和文化内涵的缺失。

　　俄罗斯著名学者费道罗夫（Fedorov）从传统语言学角度出发，将翻译界定为：运用一种语言的多种手段，将另外一种语言在形式、内容层面不可分割的统一体中所传达的东西，用完整、准确的语句表达出来的过程。[①] 费道罗夫的定义强调了翻译形式和内容的不可分割性，这是对翻译复杂性的深刻认识。他认识到翻译不仅仅是对内容的转换，还是对形式的转换，两者在翻译过程中是不可分割的。这种观点能够帮助译者理解和尊重原文的内在结构和特点，而不是仅仅关注内容的传递。他的定义还强调了译者要使用"完整、准确的语句"进行表达，这突出了对目的语准确性和流畅性的重视，使得译文不仅能传达原文的意义，也能符合目的语的规范和习惯。

　　然而，费道罗夫的定义也有一定的局限性。例如，他的定义过于强调语言的形式和内容，而较少关注语言背后的文化和社会背景。在实际的翻译过程中，了解并传递原文的文化内涵和社会背景同样重要。除此之外，费道罗夫的定义在一定程度上忽视了翻译过程中的创新和灵活性，翻译不仅仅是源语和目的语之间的机械转换，而是需要译者根据具体的语境和读者需求进行灵活的调整和创新。

　　中国学者张培基认为，翻译是运用一种语言把另一种语言所表达的思维内容准确而完整地重新表达出来的语言活动。[②] 张培基的翻译定义充分强调了翻译的任务——准确且完整地重新表达源语言所表达的思维内容。这个定义突出了翻译的复杂性，即不仅要对源语言的内容进行深入理

---

① 费道罗夫 . 翻译理论概要 [M]. 李流，译 . 北京：中华书局 ,1955:9.

② 张培基 . 英汉翻译教程：修订本 [M]. 上海：上海外语教育出版社，2009：1.

解，还需要使用目的语言精确地传达这些内容。笔者认为，该定义捕捉到了翻译活动的核心——精确和完整的信息传达。

然而，张培基关于翻译的定义确实可能过于理想化，其只是将翻译过程中的复杂性和灵活性简化为对准确性和完整性的追求。在实际的翻译过程中，由于语言和文化的差异，译者往往需要做出权衡和选择，而不是简单地追求"准确"和"完整"。

中国学者许钧对翻译的定义是：翻译是以符号为转换手段，以意义再生为任务的一项跨文化的交际活动。[①] 许钧对翻译的定义为人们提供了一个较为广阔的理解翻译概念的视角。他通过使用"符号"而非"语言"这一概念，让翻译的定义不再仅限于语言文字的转换，而是涵盖了更广泛的符号系统，如音乐、图像、身体语言等，从而大大扩展了翻译的内涵和外延。此外，许钧将翻译定位为"意义再生"的任务和"跨文化的交际活动"，这个观点深入揭示了翻译的本质，即翻译不仅是使两种语言之间的转换，更重要的是使不同文化之间进行沟通和交流。

然而，许钧关于翻译的定义在逻辑上存在一些问题。一方面，他将翻译定义为一种跨文化的交际活动，但这过于强调了翻译的文化性质，而忽略了翻译作为语言转换工具的基本属性。另一方面，他的定义假设所有的翻译都是跨文化的，这并不完全正确。例如，同一语言内部不同方言之间的转换或者同一语言内部专业术语向普通语言的转换，虽然可以被视为翻译，但并非跨文化交际。

中外学者关于翻译定义的论述还有很多，此处不再一一列举。

（二）本书对翻译概念的界定

翻译作为一项语言活动，首先体现在语言的转换上，它需要把一种语言改变成另一种语言。这种转换要求译者深入理解源语言的含义，同时

---

① 许钧 . 翻译概论 [M]. 北京：外语教学与研究出版社，2009：29.

也要充分了解目的语言的规则和习惯。当然，翻译的内涵并非只有这些。翻译还需要考虑文化的因素，因为它是一种跨文化的沟通活动。每种语言都是一种文化的载体，因此，译者在翻译时不仅需要理解语言，也需要理解和尊重不同文化的差异。翻译在传递信息的同时，也在传递文化，这对译者的知识和理解力提出了很高的要求。

翻译的内涵还体现在对原文的忠实度上。即翻译需要尽可能地保持原文的信息、风格和逻辑，这要求译者具有高度的专业素养和技能。同时，翻译还要考虑到目的语读者的理解和接受程度，要做到既忠实原文，又通俗易懂。在这个意义上，翻译就像是一座桥，连接了说着不同语言、有着不同文化背景的人们。通过翻译，人们可以跨越语言和文化的障碍，互相理解和交流，这也是翻译的价值所在。

翻译这项工作，被一些西方的翻译家巧妙地比喻为从一个酒瓶中将酒倾入另一个酒瓶的过程。这一比喻对翻译内容与形式之间的微妙关系进行了精炼而生动的描绘。翻译工作的首要任务是尽可能地保留原作的精华，就像要把原来酒瓶中的所有酒都倒出来一样。这就意味着，在翻译过程中，无论原作有多么犀利的文笔，抑或是不常见的行文风格，译者都不能轻易舍弃，需要将原作完整地传递出来。此外，译者还要用目的语将原作的内容再现出来，如同把酒倒入新的酒瓶一样。这个过程不仅要求译者将原作的所有元素恰当地融入新的语言，还要让目的语读者感觉到阅读的乐趣。也就是说，译者需要在保持原作特色的同时创造出使目的语读者愉悦的文本。

这些关于翻译的比喻是对翻译活动的形象化再现，可以帮助人们进一步加深对翻译的认识：翻译是一种文化传播的工具，在国与国之间、源语文化与目的语文化之间发挥着不可替代的桥梁作用。翻译不仅是文本从一种语言向另一种语言的过渡，也是文本之间、文化之间的一种协商过程，是以译者为中间人而进行交流的过程；翻译不仅是一门涉及语符转换、意义传递的技艺，更是一种极富创造性和挑战性的语言艺术。

二、翻译的性质

翻译是将一种语言转换成另一种语言的过程。翻译的性质与其重要性有着密切的关系，因此翻译的性质是研究翻译的基础之一。接下来，本书将论述翻译的性质，以便读者更好地理解翻译的本质和作用。

（一）翻译是一种跨文化交际活动

翻译的性质之一是它是一种跨文化交际活动。翻译涉及不同的语言和文化，不同的语言和文化有着不同的表达方式和思维方式，因此译者需要理解源语言和目的语言的文化背景和语境。除此之外，在翻译过程中，译者还需要考虑目标读者的文化背景和语境，以保证目的语读者能理解译文的表达方式。

（二）翻译是一种发挥创造性的过程

翻译的性质之二是它是一种发挥创造性的过程。虽然翻译的目的是将源语言的表达方式转换成目的语言的表达方式，但是在实际操作中，译者需要根据源语言的语言特点和文化背景，以及目的语言的语言特点和文化背景，进行创造性的表达。这意味着译者不仅需要掌握两种语言的语言知识，还需要具备一定的文化素养和创造性思维能力。

（三）翻译是一种转换的过程

翻译的性质之三是它是一种转换的过程。翻译的过程涉及将源语言的语言形式转换成目的语言的语言形式，在这个过程中，译者不仅需要具备源语言和目的语言的语言知识，还需要掌握两种语言在语法、词汇、句式等方面的转换能力。在实际操作中，语言表达的准确性、自然度和流畅度是译者需要考虑的因素，这也是译者翻译能力的一种体现。

（四）翻译是一种传递信息的过程

翻译的性质之四是它是一种传递信息的过程。翻译的目的是将源语言的信息传递给目的语读者，因此译者需要准确地理解源语言的意思，并向目的语读者传递相应的信息。在实际操作中，译者还需要注意信息的完整性和一致性，避免信息的漏传或者失真。翻译的质量取决于信息传递的准确性和完整性，因此译者需要具备严密的思维和精细的表达能力。

（五）翻译是一种文本再现的过程

翻译的性质之五是它是一种文本再现的过程。翻译的过程涉及将源语言的文本转换成目的语言的文本，这需要译者具备较好的语言理解能力和语言转换能力。在实际操作中，译者需要根据源语言的语言风格和文化背景，以及目的语言的语言风格和文化背景，选择恰当的语言表达方式和翻译策略。译者还需要注意文本的结构和组织方式，以便在目的语言中保持源语言的语言风格和语体风格。

（六）翻译是一种认知过程

翻译的性质之六是它是一种认知过程。译者的翻译过程涉及对源语言的理解和分析，以及对目的语言的构建和表达，这需要译者具备良好的认知能力和分析能力。在实际操作中，译者需要不断地思考和分析，选择恰当的翻译策略和语言表达方式。因此，译者需要不断地学习语言知识和翻译知识，积累翻译经验，以提高自身的认知水平和翻译能力。

第二节　翻译的发展与流派

一、翻译的发展历程

在标志着人类文明诞生的石器时代，部落与部落之间因为语言不通开始进行翻译交流，从此，翻译这种交际行为便产生了。但是，关于翻译的产生，由于时代久远，已经无证可查。此外，东西方对于翻译的产生说法不一。在中国，翻译产生的主要依据是历史记载。而在西方，关于翻译的产生，比较盛行的看法与《圣经·旧约》当中讲述的巴别塔典故有关。

（一）翻译在中国的起源与发展

翻译在中国的起源可以追溯到古代，尤其是随着文字的发明，翻译活动在中国开始走向书面化、正规化的阶段。早在周朝和秦朝时期，我国就已经开始了外交、贸易等方面的活动，这时已经有了翻译的需求和实践。据记载，当时的语言中已经存在外来语，说明当时已经有翻译活动了。而在东汉时期，翻译活动进一步发展——以佛经翻译为主导，开始了大规模的书面翻译活动。

据史书记载，东汉桓帝建和二年（公元 148 年），波斯人安世高来到中国，开始进行佛经的翻译活动。他将梵文的《安般守意经》等 95 部佛经翻译成汉文，后又翻译了十多部佛经。安世高的学生支亮、支谦也都是当时有名的翻译佛经之人，他们对佛经在中国的广泛流传作出了重要贡献。从此，佛教在中国得到了迅速的传播和发展，也推动了中国翻译事业的发展。

纵观中国的翻译史，共经历了 4 次高潮。

1. 从东汉到唐宋时期的佛经翻译

从东汉时期到唐宋时期，佛经翻译活动在中国持续了几个世纪。安世高、支谶和竺法护是最早的佛经翻译家，他们在汉语不流利的情况下，通过口头翻译，将外来的佛经传入中国。鸠摩罗什、真谛、玄奘和不空则被称为四大佛经翻译家，他们通过诵经、讲经和口译等方式翻译了大量佛经，并且进行了一些重要的佛教文化交流活动。

到了唐朝，佛教的发展受到当权者的重视，加上国力强盛，政治、经济、外交发展迅速，因此这一时期的翻译活动十分频繁。玄奘，又称"三藏法师"，曾历经艰险去往当时的佛国圣地印度学习佛法，论经讲学。玄奘在印度学习佛法 17 年，他从印度带回来很多佛经和佛教理论，并在返回中国后组织大规模的译经活动，翻译佛经经论 75 部，共计 1335 卷。高僧不空，是北天竺婆罗门族人，唐朝另一位著名的译经大师。不空擅长将梵文直接口译成汉文，他翻译的佛经数量也非常多，仅大乘及密教经典即存 110 部，143 卷。到了宋朝，由于政治稳定，文化良好，佛教文化在中国的发展也进一步得到了保障。天息灾兄弟和法天在宋太宗时期来华，开始建立译经院，并且继续进行佛经翻译活动。这些翻译家通过自己的努力，使佛教文化在中国得到广泛传播，对中国佛教文化和其他方面的文化交流起到了非常重要的推动作用。

2. 明末清初西方科技著作的翻译和中国典籍的翻译

在明末清初时期，西方科技著作的翻译和中国典籍的翻译都是翻译活动的重要部分。在这一时期，随着中西文化交流的加深，西方科技著作的翻译越来越受到中国人的关注。西方的科学和技术知识对于中国的科技发展有着重要的启发作用，因此很多科学家开始将西方科技著作译成汉语，如徐光启和意大利人利玛窦（Matteo Ricci）翻译的《几何原本》《测量法义》等。此外，德国传教士汤若望（Johann Adam Schall von Bell）等人先后将欧洲的数学、物理、化学、天文学等科技著作译成汉语，促进了中国人对西方科学技术领域研究内容和研究成果的认识与了解。

同时，中国典籍的翻译也是这一时期翻译活动中的重要部分。利玛窦首先将"四书"翻译成拉丁文；康熙年间，法国人白晋（Joachim Bouret）、刘应（Chaude de Visdelou）、马若瑟（Joseph de Premare）等人先后对《易》和《尚书》进行过翻译和研究。这些翻译家不仅将中国的文化传播到了西方，同时也对中国古代文化的研究和传承起到了积极的作用。在这一时期，西学东传和中学西渐的现象十分普遍，中西交流达到了前所未有的广度和深度。这些翻译活动促进了中西文化的交流和融合，为中西方互相了解和尊重奠定了基础。

3. 五四之前对西方政治、哲学和文学作品的翻译

中国"五四"之前对西方政治、哲学和文学作品的翻译，可以说是中国翻译史上的第三次高潮。这个时期的翻译特点是西学东传，主要代表人物是严复和林纾。严复翻译了《天演论》，其中的名句"物竞天择，适者生存"深入人心，成为中国近代史上著名的语句之一。此外，严复还提出了"信、达、雅"翻译标准，对中国翻译事业的规范化和现代化起到了积极的推动作用。林纾则是一个翻译界的巨匠，尽管不精通外语，但他与朋友合作翻译了许多外国小说，如法国亚历山大·小仲马（Alexandre Dumas fils）的《巴黎茶花女遗事》、美国斯土活（H.W.B.Stowe）的《黑奴吁天录》等，多达200多部小说，被誉为"译界之王"。

这一时期的翻译活动受到了时代背景和社会思潮的影响。"五四运动"前夕，中国的传统文化和价值观面临巨大的挑战和冲击，西方文化对我国的影响逐渐增强。因此中国学者致力通过翻译、研究西方的著作来学习西方文化，推动中国社会的变革和进步。

4. 20 世纪 80 年代之后对西方翻译理论的翻译

20 世纪 80 年代初，我国开始全面实行改革开放政策。随着对外交往活动的进一步开展，大量的西方翻译理论著作传入我国，如尤金·奈达（Engene Nide）的《翻译科学探索》、约翰·卡特福德（John Catford）的

《翻译的语言学理论》和彼得·纽马克（Peter Newmark）的《翻译教程》等。其中，美国著名翻译理论家奈达的翻译著述最多，因此所产生的影响也最大。西方翻译理论的引入对我国的翻译事业产生了巨大的影响和推动作用，从而我国掀起了长达10年的以语言学研究为中心的翻译研究热潮。随着我国翻译理论研究的快速和深入发展，并且由于西方翻译理论本身存在缺陷与局限性，人们逐渐认识到西方的翻译理论并不完全适合我国的实际情况，于是开始呼吁建立有中国特色的翻译理论体系。众多翻译学者和理论家也纷纷著书立说，表达自己的观点和看法，如谭载喜的《翻译学必须重视中西译论比较研究》，许渊冲的《译学要敢为天下先》和刘宓庆的《当代翻译理论》等。

综上所述，从我国翻译的起源和发展的四次高潮来看，翻译的产生和语言紧密相关，而且具有必然性。世界各地的人类，在漫长的历史发展长河中，在多次辛勤的劳动中创造了语言。一方面，语言交流强化了人们的自我意识和民族意识，扩大了他们在族群内交流的广度和深度；另一方面，不同民族、种族的语言限制了人类交往和交流的广度和深度。但也无须过分担忧，人类是具有创造性和探索精神的，正是这种语言的限制促使人们寻求突破樊篱、相互交流的途径和方法。在此基础上，翻译产生。可以说，翻译的历史与人类语言产生的历史几乎同步。

（二）翻译在西方的起源与发展

西方国家的翻译活动最初也是由部落之间的往来发展起来的，两个部落之间从毫不相知、互相试探到相互了解、和平相处甚至结盟，无不依赖语言和思维的沟通与交流。据史料记载，西方国家的翻译活动已有两千多年的历史。古希腊许多自治城邦之间都通过骑兵官、信使或其他使者互通有无，建立关系；《圣经·创世纪》记载了西方国家早期的口译活动：来自以色列的约瑟兄弟曾远离家乡，旅居埃及，学习当地人的语言。在此之后，西方的翻译活动出现过五次高潮。

1. 公元前 3 世纪中叶

当时最著名的译作是 72 名犹太学者在埃及亚历山大城翻译的《圣经·旧约》，即《七十子希腊文本》，据说该书的翻译是为了满足讲希腊语的犹太人学习《圣经》的需要。与此同时，古罗马受到希腊丰富文化遗产的吸引，开始将希腊文化和知识翻译成拉丁语。罗马文学家们翻译了荷马（Homer）的史诗《奥德赛》（Odyssey）以及大量希腊戏剧作品，有些文学家还用拉丁语改编了希腊戏剧。这一翻译活动打开了欧洲翻译的局面，为古希腊文学的传播和继承奠定了基础。

2. 4-6 世纪

在 4-6 世纪，西方翻译活动的发展与基督教的传播密切相关。这一时期，为了使基督教在罗马帝国内逐渐传播并壮大，传教士需要将希伯来语和希腊语写成的《圣经》翻译成拉丁语，以便更多罗马人接受和理解这一宗教信仰。在众多译本中，杰洛姆（Jerome）翻译的《圣经通用本》被认为是最具权威性的。杰洛姆是一位杰出的拉丁文学者和神学家，他受教皇达马苏二世（Pope Damasus II）之托，花费了大量时间和精力将《圣经》翻译成拉丁语。

当时，由于对宗教的狂热和对上帝的敬畏，许多译者认为必须采用直译的方式忠实地传达原文的意思。然而，使用这样的方式翻译出的译文通常难以理解，因为它们在语言表达上过于生硬。与此不同，杰洛姆的思想相对开明，他坚持在不损害原文意思的前提下，使译文符合目的语的韵律和各种特征。因此，他的译文流畅自然，使读者易于接受。杰洛姆的《圣经通用本》成为当时最具权威性的拉丁文《圣经》，其翻译原则和方法对后世产生了深远影响。这一时期的翻译活动为基督教在罗马帝国乃至整个西方世界的传播和发展奠定了基础。

3. 11-12 世纪

11-12 世纪的西方翻译活动主要围绕文化交流、知识传播和宗教改革展开。由于基督教与穆斯林对彼此的文化深感兴趣，在这段时间内，大量作品从阿拉伯语译成拉丁语，从希腊语译成古叙利亚语。这一时期，西班牙的托莱多成为欧洲翻译活动的中心，吸引了大量的翻译家、学者和知识分子。

托莱多翻译学派在这一时期取得了举世瞩目的成就，这一学派的译者翻译了众多阿拉伯学者和希腊学者的著作，这些著作涉及哲学、医学、数学、天文学等多个领域。这些翻译作品的流传，为西方世界带来了伊斯兰和古希腊文化的丰富知识，促进了欧洲文化、科学和哲学的发展。

这一翻译高潮持续了近一百年，对后世产生了深远的影响。托莱多的翻译活动极大地推动了中世纪西方的知识更新和文化繁荣，为文艺复兴活动的开展奠定了基础。

4. 14-16 世纪

在 14-16 世纪的欧洲文艺复兴时期，社会和文化变革为翻译活动带来了新的生机。这一时代的翻译家们对古典文学和哲学作品重新产生了浓厚的兴趣，同时他们还致力将外来的知识传播给本国民众。

这一阶段，基督教改革家马丁·路德（Martin Luther）为德国民众呈现了易于理解的德语版本的《圣经》，这一举动不仅推动了现代德语的形成，还体现了文艺复兴时期的人文主义精神。这种精神倡导译者深入了解民众的语言习惯，以便更好地传播源语言文化和知识。

在英国，詹姆士一世（James VI and I）颁布的《圣经》钦定本以优美、通俗的文笔成为英语翻译历史上杰出的翻译作品，对现代英语的发展产生了深远影响。同时，翻译家们还投身其他古典文学作品的翻译，如法国文学家阿米欧（Jacques Amyot）耗时 17 年翻译了希腊作家普鲁塔克《希腊罗马名人比较列传》，英国的乔治·查普曼（George Chapman）花费 18 年翻译了《伊利亚特》和《奥德赛》等。

5. 第二次世界大战结束后

二战之后，西方社会迎来了一个较长的和平时期。这一时期内，西方国家的经济与科学技术取得了显著的进步，为翻译事业的发展提供了丰厚的物质基础和先进的技术条件。翻译活动不再仅限于宗教和文学领域，而是迅速地扩展到科技、教育、艺术、商业和旅游等社会生活的各个方面。

在这一背景下，从事翻译的人员不再局限于文学家和神学家，而是转变为受过专业训练的职业译员，翻译教育也得到了空前的重视，很多西方国家如美国和法国都成立了专门的高等翻译学院以培养专业的翻译人才。此外，国际翻译家联盟（International Federation of Translators，FIT）等翻译组织应运而生，也促进了西方各国翻译活动的发展。除此之外，科技进步对西方翻译事业的影响也十分明显，特别是计算机科技的发展。在这一前提下，机器翻译技术应运而生，为翻译活动带来了革命性的变革。虽然机器翻译无法完全取代人工翻译，但它在大量的实际应用中已发挥了重要作用，为翻译效率和质量的提升提供了有力支持。与此同时，翻译学作为一门独立的学科逐渐成熟。翻译学界的学者们从多个角度出发研究翻译活动，探讨翻译理论和方法，形成了丰富的翻译学体系。翻译学的发展不仅推动了翻译实践的进步，还为培养翻译人才提供了理论指导。

二、翻译的主要流派

进入近现代以后，随着翻译活动的拓展，翻译学越来越受到相关学科和领域学者的关注，由此也逐步形成了许多学派或思想，显示出新论迭出、蓬勃发展的势头。这些学派与思想在一定阶段、一定区域、一定程度上左右着翻译活动及其走向，现梳理以下几个国外较有影响力的学派（除文化学派）。

（一）布拉格学派

1928 年，在荷兰海牙召开的一次语言学国际会议上，布拉格学派诞生了。该学派采用了独特的共时语言学研究方法，并从功能角度审视语言。布拉格学派的核心观点包括：第一，强调共时研究，但不与历时研究完全割裂；第二，强调语言的本质属性，关注语言成分之间的关系；第三，认为语言是用于完成一系列基本功能和任务的工具。

布拉格学派在翻译领域的主要论点有：第一，翻译需考虑语言的多种功能，如认识功能、表达功能和工具功能；第二，翻译需重视语言的比较，包括语义、语法、语音、语言风格和文学体裁等方面。除了以上理论研究之外，布拉格学派对翻译学界的贡献还体现在以下三个方面。

1. 翻译分类

布拉格学派对翻译进行了分类，将其分为语内翻译、语际翻译和符际翻译，为翻译研究和实践提供了一个清晰的框架。这种分类方法有助于译者根据不同翻译类型采用不同的翻译策略和方法。

2. 信息对等观念

布拉格学派提出，准确的翻译取决于信息对等，强调在保证信息传递准确的同时，也要考虑目的语的表达方式。这种观念有助于译者在保证信息准确性的同时，使译文更符合目的语的表达习惯。

3. 语法范畴问题

布拉格学派认为语法范畴是翻译中最复杂的问题，这一观点提醒译者在翻译过程中要充分关注语法结构的处理，以确保译文的准确性和通顺性。

（二）伦敦语言学派

伦敦语言学派以创始人约瑟夫·亨利·弗思（J.R. Firth）为首，是20世纪中叶英国一支具有影响力的语言学派别。伦敦语言学派的主要论点强调语言的意义是由语言使用的社会环境决定的。这一观点对翻译领域产生了深远的影响。

约翰·卡特福德（John Catford）是伦敦语言学派的重要成员，他在《翻译的语言学理论》一书中详细阐述了自己的翻译理论。卡特福德的翻译理论主要围绕以下几个方面展开。[①]

1. 翻译的性质

卡特福德认为翻译是将一种语言（源语）的文字材料替换成与另一种语言（译语）对等的文字材料。在这个过程中，译者需要在保持原文意义的基础上，用译语表达出原文的信息。

2. 翻译的类别

卡特福德将翻译分为全文翻译和部分翻译。全文翻译是指将原文的全部内容翻译成译语；部分翻译则是只翻译原文中的一部分内容。

3. 翻译的对等问题

卡特福德关注语法范畴等方面的对应关系，强调在翻译过程中，译者需要关注源语和译语之间的对等性。这种对应关系包括源语与译语在词汇、语法、语音、语用等各个层面的对等。

---

① 卡特福德. 翻译的语言学理论 [M]. 穆雷，译. 北京：旅游教育出版社，1991：24–39，95–97，108–122.

4. 翻译的转换

卡特福德将翻译的转换分为层次转换和范畴转换。层次转换指译文和原文所用的词处于不同的语言层次，如词汇、语法等；范畴转换指译者在翻译过程中偏离两种语言的形式对应，如时态、语态等。

5. 翻译的限度

卡特福德探讨了翻译过程中可能遇到的困难和局限性，认为在某些情况下，译者可能难以找到完全对等的词语或表达方式，这时需要采取适当的策略来处理这些问题。

（三）美国结构学派

美国结构学派是 20 世纪上半叶美国语言学的主要流派，美国结构学派关注语言的形式结构，但没有形成一套完整的翻译理论。然而，后来的翻译理论家受到了结构主义的影响，并发展出了自己的翻译理论。

艾弗拉姆·诺姆·乔姆斯基（Avram Noam Chomsky）的转换生成理论强调人类先天具有语言能力，语言是由规则支配的，语言包括表层结构和深层结构。这一理论的提出促进了语义学的研究，从而为翻译理论的发展创造了条件。

奈达是当代美国翻译理论家，他提出了"形式对等"的概念，即在目的语中保留源语的形式结构。奈达的交际性翻译理论关注翻译的功能，强调翻译必须以读者为服务的中心对象。这一理论涵盖了以下几个方面。①

---

① 尤金·奈达.语言文化与翻译 [M].严久生，译.呼和浩特：内蒙古大学出版社，1998：125–160.

1. 翻译的功能

奈达将翻译功能划分为表达、认识、人际关系、信息、祈使、司事、表感和美学等多个方面。这些功能强调了翻译应满足不同场景和目的，同时关注目标读者的需求。其中，表达功能是指翻译可以帮助人们表达和传达自己的想法和意见，使不同文化之间的交流变得更加容易和便捷；认识功能是指翻译可以帮助人们了解和认识其他文化的思想、价值观和传统，增强跨文化交流的理解和认同；人际关系功能是指翻译可以促进不同语言和文化背景的人们之间的交流和合作，加强人际关系的建立和维护。信息功能是指翻译可以为人们传递不同领域的专业知识和技术信息，促进科学技术和文化交流的发展；祈使功能是指翻译可以用于指导人们的行为和决策，如商务谈判等；司事功能是指翻译可以用于法律文件、合同、证明书等正式文件的翻译，保障跨国交流和合作的顺利进行；表感功能是指翻译可以用于传达不同文学作品的情感和风格，让读者更好地理解和欣赏作品的内涵和美学价值；美学功能是指翻译可以用于文化艺术作品的翻译，让不同文化之间的艺术交流变得更加容易和自然。

2. 正确的翻译

奈达认为，正确的翻译应该在语义、语法和风格等方面与原文相符合，同时还要符合目的语的习惯和规范。具体而言，奈达认为翻译应该准确传达原文中的意思，避免误解或歧义。在语义方面，译者在翻译时应该考虑原文中每个单词和短语的准确含义，避免简单地把它们翻译成目的语的同义词或近义词；在语法方面，译者在翻译时应该尊重原文的语法结构，尽可能保持原文的语法特点；在风格方面，译者在翻译时应该考虑原文的风格特点，如语气、声调、修辞和惯用语等。

3. 要注意语义分析

奈达提出了"翻译要注意开展语义分析"这一观点。语义分析的内容主要包括语法意义、所指意义和内涵意义这三种意义类型的分析。其中，语法意义关注词与词、词组与词组、句子与句子之间的关系；所指意义关注词语所指的客观事物或思想观念；内涵意义则是指词语本义之外的意义，包括人们使用语言时附加的感情色彩。

4. 翻译的程序与方法

奈达提出了一个四步骤的翻译程序，包括分析、传译、重组和检验。分析阶段需要译者对原文进行深入研究，理解其语义、语法和风格；传译阶段则是译者要将源语言信息转换为目的语言信息；重组阶段需要译者对译文进行调整，使其符合目的语的表达方式和风格；最后，检验阶段则需要译者对译文进行审查，确保其准确性和流畅性。

（四）释意学派

"释意"可理解为"解释其意义"，"释意"不是随心所欲地任意翻译，译者要受到释意规则的约束。"翻译行为旨在'理解'一'篇章'，然后用另一语言'重新表达'这一'篇章'……篇章从根本上说是书面语言同语言外知识的交融。篇章既是翻译的对象，也是翻译存在的理由。"[①] 这句话中的"理解"是指译者借助自己的认知掌握字词、句子的真正意义。人与人之间的沟通和交流由大脑机制操控，大脑指引我们开口说话，向他人传递信息，表达情感。而听讲人的认知水平不同，对同一交际语言或行为会产生不同的理解，做出不同的反应。因此译者在翻译过程中是否能够正确理解源语言十分重要。

---

① 刘和平. 翻译学：口译理论和口译教育 [M]. 上海：复旦大学出版社，2017：249.

与其他主流翻译学派相比，释意学派不单单关注语言方面的问题，译者在翻译中的思维过程，译者在翻译中的作用和地位是释意学派更关注的内容。释意学派对翻译行为的理解是：翻译是在译者理解源语言思想的基础上，尽量正确完整地表达思想的非静态行为，不是从源语言到目的语的单向解码。译者在翻译时首先考虑的是目的语与源语言意义或效果的对等，并非语言单位的一致。在具体的操作过程中，译者要先完成对目的语语言符号 / 语言单位的认知，然后根据上下文语境加入自己的理解，最后再选择合适的形式输出。从某种意义上来说，要使翻译理论或者技巧具有实用性，就必须对翻译中译者的思维过程进行深入剖析。如同语言是语言学的研究对象，翻译的思维过程是翻译工作的重中之重。①

释意学派的研究、应用领域从篇章的翻译，到科技翻译、法律翻译，再到电影翻译、文学翻译，不断发展扩大。其中克里斯蒂娜·杜里厄（Christina·Durieux）的《科技翻译教学法基础》讲的就是释意理论指导下的科技翻译和翻译教学。作者杜里厄还提醒译者应注意翻译之前要准备好主题相关知识，并论述了理解和表达之间的关系。② 而对文学作品的翻译更是释意理论走向成熟的标志之一。由于文学作品基本都是虚构的，且作品中的美学难以表达，导致有的学者认为释意理论可能只适用于实用文章的翻译，而不适合文学作品的翻译。为了论证此观点，释意学派发表了多篇论文及专著，找到了保持文学作品特点的唯一途径，那就是原文形式越重要，译者越需要在理解原文的基础上摆脱原文形式，寻求新的对等意义的表达方式。这种途径得到了很多学者的认同。随着时代的发展，越来越多的人开始研究如何用释意理论翻译电影字幕、小说剧本、广告文案等文学特征显著的文学作品。

---

① 李红霞.大学英语教学研究 [M].天津市：天津科学技术出版社，2017：173.

② 许钧，袁筱一.当代法国翻译理论 [M].南京：南京大学出版社，1998：189.

第三节　翻译的标准与审美

一、翻译的标准

（一）翻译标准的重要性

翻译标准的重要性在于它为翻译实践提供了明确的指导和评判依据。一个好的翻译标准能确保译者对原文内容、风格和语言的忠实和准确再现，从而实现文化信息的有效传递。翻译标准的制定应基于翻译实践，并受时间、地域、社会文化、政治等因素的影响。在翻译过程中，翻译标准可以帮助译者更好地描述和阐释文体风格，使译者为读者提供高质量的译作。翻译标准在翻译学科的研究中也具有重要的地位，它既是翻译理论的核心课题，也是翻译实践中不可或缺的导向。翻译标准的重要性表现在以下几个方面。

1. 确保信息传递的准确性和完整性

翻译标准要求译者在翻译过程中对原文内容进行准确、完整的表达，避免歪曲、遗漏或随意删改原文内容。这有助于确保原文所承载的语义、风格和文化信息在目的语中得到有效传递。

2. 保持原文风格的再现

翻译标准强调译者在翻译过程中应保持原文的民族风格、时代风格、语体风格和语言风格等，这有助于使译文尽可能地再现原文的风格特点，让读者更好地理解和欣赏原作。

3. 提高译文质量

翻译标准要求译文通顺易懂、符合语言规范，这有助于使译文更具可读性和流畅性，为读者提供更好的阅读体验。

4. 促进翻译理论与实践的发展

翻译标准作为翻译理论与实践的核心课题，对于推动翻译学科的发展具有重要意义。翻译标准的研究和制定有助于建立翻译理论体系，能够为译者的翻译实践提供指导，提高译者的翻译水平。

（二）翻译标准的评定方法

就目前的研究来看，翻译标准的评定方法有以下几种。

1. 专家评审

译者可以邀请翻译领域的专家对译文进行评审，以他们的专业知识和经验来判断译文是否符合翻译标准。专家评审通常能提供有关译文质量的权威性意见，但这种评定方法也可能受到评审者个人喜好和观点的影响。

2. 对比分析

译者可以将译文与原文进行对比，分析译文在内容、风格和语言方面的忠实度，以及是否符合目的语的表达习惯和规范。通过对比分析，译者可以更客观地评估译文质量，评判译文是否符合翻译标准。

3. 读者评价

译者可以邀请目标读者对译文进行评价，了解他们的阅读体验和对译文的可接受程度。读者评价可以反映译文在实际传递信息和文化过程中的效果，但受限于读者的背景和个人喜好。

4. 同行评审

译者可以让其他译者对自己的译文进行评价，以了解同行对译文质量的看法。同行评审可以使译者发现译文中可能存在的问题，帮助其提高译文质量，但也可能受到其他译者的偏见和影响。

5. 统计分析

译者可以通过计算译文的词汇丰富度、句子结构复杂度等指标，了解译文在语言表现上的特点和水平。统计分析能为译者提供译文质量的量化评价，但不能完全反映译文的内容和风格忠实度。

（三）翻译的一般标准

关于翻译的标准问题，古今中外，人们根据自己对翻译活动的理解提出了各自的观点和看法，从古代的质文之争到前几年热度较高的等值论，从英国学者亚历山大·泰特勒（Alexander Tytler）的翻译三原则到中国学者胡庚申的翻译适应选择论，可以说是百花齐放，呈现出多元化的特点。在中国，严复的"信、达、雅"翻译标准自提出以来就被众多翻译工作者表示认可，但翻译工作者们对该标准内在的含义和不同标准之间关系的解读，仍存在较大的分歧，但无论在细节之处有什么分歧，大家对翻译一般标准的看法是相同的，那就是"忠实"和"通顺"。

1. 翻译的忠实标准

翻译的忠实标准是指译者在翻译过程中要忠实地传达原文的意思和内涵，尊重原文的语言风格和文化背景，避免误解或失真。忠实翻译是翻译的基本准则之一，它强调翻译应该尊重原文，尽可能保留原文的语言特点和文化内涵。在忠实翻译的过程中，译者应该准确理解原文的意思，注意原文的语法结构和语言风格，保持翻译的一致性和连贯性。忠实翻译还要考虑目标读者的需求和语言习惯，避免将原文翻译得过于生硬或难以理解。

然而，忠实翻译并不是一种机械的翻译方法，它并不要求译者一字不漏地翻译原文。在某些情况下，译者可能需要根据目标读者的需求进行调整和变通，采用合适的词语和表达方式，使翻译更加符合目的语的习惯和规范。因此，在忠实翻译的基础上，译者还需要灵活运用翻译技巧和策略，让翻译更加通顺自然，同时保持原文不失真。

2. 翻译的通顺标准

翻译的通顺标准是指翻译应该符合目的语的语法规则和语言习惯，使译文通顺自然、易于理解。通顺翻译是翻译的一个重要标准，它强调翻译应该符合目的语的习惯和规范，让读者轻松地理解和接受翻译内容。在通顺翻译的过程中，译者应该注意语法结构、词语搭配和语言表达方式等方面，尽可能保持译文的连贯性和流畅性。通顺翻译还需要考虑目标读者的语言背景和语言水平，译者在翻译过程中要采用恰当的语言表达方式和词语，使译文更容易被目标读者理解和接受。

然而，通顺翻译与忠实翻译一样，也不是一种机械的翻译方法，它不应该以牺牲忠实翻译为代价。在通顺翻译的过程中，译者也应该尽可能保留原文的意思和特点，不失真、不偏颇。

二、翻译的审美

翻译审美是指在翻译实践中，译者从审美的角度出发，对文章的主题思想、篇章结构和措辞等方面进行探讨和分析。翻译审美涉及译者的文学修养、语言能力、审美意识等多个方面，需要译者具备对美感和艺术的感知和理解能力。翻译审美的重要性在于，它可以帮助译者更好地理解源语文本，使译者从艺术的角度出发，把握原文的思想和情感内涵，进而产生更精准、更生动、更优美的译文。同时，翻译审美也可以提高读者对译文的接受度和欣赏度，让读者感受到翻译的艺术和美感。此外，翻译审美还可以促进跨文化交流和理解，增进不同文化之间人们的互相了解和尊重。

培养译者的审美意识是翻译教学的重要任务之一。译者需要从各个方面提高自己的文学修养和审美水平，以便更好地进行翻译实践。在翻译教育中，教师也应该融合审美教育的元素，培养译者的审美意识，让他们从艺术的角度出发进行翻译实践，以创造更加精准、生动、优美的译文。

美是人类社会实践的产物，是客观事物在人们心目中引起的愉悦感受。关于审美，有人认为是主观的精神现象，实际上，审美是人类掌握世界的一种特殊形式，是一种无功利的、形象的和情感的关系状态。审美要在理智与情感、主观与客观的统一中追求真理、寻求发展。从美学的观点看，审美就是人在接触到美的事物时所引起的一种感动，是一种赏心悦目和怡情的心理状态，是对美的认识、欣赏与评价。而审美能力可以被分为不同的方面和层次，如审美感受能力、审美感知能力、审美鉴赏能力、审美想象能力和审美创造能力等。翻译作品是一种基于审美的再创作，是译者创造性思维与创造性表达共同作用的结果。因此，译者需要掌握基本的文艺理论知识，此外，还要具有美学思想和审美创造意识，兼有创造灵性，这样才能创作出更具审美价值的译文。

翻译审美是语言翻译的重要组成部分，是将原文的语言转化为目的语言的艺术形式。在翻译审美中，译者需要关注源语和目的语之间的文化差异，理解和掌握不同文化的审美标准和价值观念。翻译审美必须是语际的，所以语际的语言审美关键就是抓住文化对比。在翻译审美过程中，译者要对比源语文化价值观和译语文化价值观，避免母语思维的负迁移影响，克服因思维方式不同而导致的心理障碍。同时，译者需要具备很高的修养，对源语文化以及译语文化有深入了解，才能在源语与目的语的转换中游刃有余、转换自如，从而达到翻译审美的效果。在翻译审美中，译者的审美观和译语的审美标准还要受到目的语读者的影响和译者本民族文化价值观取向的制约。因此，本书从翻译的审美阅读、文化审美和风格审美三个角度具体分析翻译的审美问题。

（一）审美阅读

翻译的审美阅读是指将翻译活动与阅读活动相结合，译者通过反复阅读原文和译文进行宏观分析和微观分析，最终达到审美理解的过程。这种阅读的目标以语言审美为导向，以正确理解源语信息为基础，通过对超文本的理解和审美理解，对译文进行全方位的语言意义解构和审美解构，以实现语言和文本的再创作。在这个过程中，阅读的关键在于正确理解原文，因为没有理解的语言审美是无法实现的。此外，超文本理解和审美理解是阅读的更高层次，需要译者具备相关的历史文化知识和较高的文学修养、语言功底，以敏锐地感知语言文化的内涵并且恰如其分地再现其美。翻译的审美阅读是一个非常复杂的过程，它需要译者在阅读中不断进行反思、推敲和审美理解，以达到再创作的目的。

（二）文化审美

文化审美是翻译审美中不可或缺的一个方面。在跨文化翻译中，译者需要在不同语言、不同文化之间进行转换，因此，其对文化的理解和审美观念的掌握是至关重要的。

第一，译者需要了解源语言和目的语言的文化差异，以此来保证翻译的准确性和流畅度。在翻译过程中，文化背景的差异会影响到译者的选择和表达方式。例如，中国人常常使用"红色"来表达吉祥、祝福的意思，而在西方文化中，红色往往与危险、战争等负面意义联系在一起。如果不了解这些文化差异，译者在翻译时就可能出现误解甚至出现严重的文化冲突。

第二，译者需要准确把握源语文本中的文化内涵和价值观。这需要译者具备深厚的文化知识底蕴和文化理解能力，进而能够对源语文本进行细致入微的分析和解读。例如，对于中国传统哲学文化中《道德经》的翻译，译者需要对其中涉及的老子思想进行深入理解和分析，只有这样才能准确翻译出原文的内涵和美感。

第三，译者需要在翻译过程中融入目的语的文化背景和审美观念，以确保译文在目的语文化中得到认可和欣赏。这需要译者对目的语的文化背景和审美观念有深入的了解。例如，在将中国古典小说《红楼梦》翻译成英语时，译者需要对目的语文化中的审美标准和文化价值观有所了解，进而选择目的语读者能够理解的表达方式进行翻译，以使译文得到目的语读者的理解甚至欣赏。

（三）风格审美

风格是翻译的重要组成部分之一，是指译者在翻译时所采用的语言形式和表达方式，涉及文学风格、行文风格和表达风格等方面。翻译风格是翻译质量的重要评价标准之一，它直接关系到译文的可读性、流畅性和感染力。好的翻译风格应当符合目的语读者的语言习惯和文化背景，同时也要尽可能地保留原作的特色和风格。因此，翻译风格必须具有目的语文化的适应性和源语文化的传承性。在进行翻译风格审美时，译者需要考虑以下三个内容。

首先，译者需要考虑的是语言的美感。译者应该尽量运用生动形象、简单明了、深入浅出的表达方式，让译文更具有可读性和吸引力。此外，译者还需要注重语言的音韵美和节奏感，尤其是在诗歌翻译中更是如此。译者要在保持意义准确的前提下，通过使用合适的词语、句式和修辞手法等，增强译文的韵律美和表现力，提高其语言审美价值。

其次，译者还需要考虑原作的文学风格和表达风格。不同的原作有不同的风格特点，译者应该通过对原作的深入分析和理解，把握原作的风格特点，同时寻找适合目的语读者的翻译风格。例如，如果原作是一部富有感情色彩的小说，译者应该在译文中通过语言的表现力、情感的渲染等方面，体现出原作的感人情怀和独特的文学风格。

最后，译者的个人风格也是影响翻译风格审美的重要因素之一。译者的翻译风格是由其个人经验、语言背景、文学素养等多方面因素决定的。一位优秀的译者应该有自己独特的翻译风格，具有一定的文学素养和审美意识。通过不断地实践和思考，译者可以逐渐形成自己的翻译风格，让译文更具个性化和艺术性。

第四节　翻译的分类与过程

一、翻译的分类

根据不同的翻译标准，从不同的角度出发，可以将翻译分为不同的类型。下面列举几种比较常见的分类方法。

（一）根据语言转换的角度进行分类

1. 语内翻译

语内翻译指的是在同一种语言文字内部不同方言、语体或文体之间进行的翻译。这类翻译包括但不限于以下几种情况。

（1）方言之间的翻译，如中国普通话与各地方言之间的翻译，或在德语中，瑞士德语与标准德语之间的翻译。

（2）语体之间的翻译，如书面语与口语之间的翻译。

（3）文体之间的翻译，如将一篇新闻报道翻译成一段播客剧本，以适应不同的传播媒介；或将一部科幻小说改编成一部电影剧本，以便将文字作品呈现在大银幕上。

（4）语言随着时间的推移会发生变化，因此将古老的文本翻译成现代语言也属于语内翻译。例如将莎士比亚的英语作品译为现代英语作品，或将古代拉丁文文献译为现代意大利语。

2. 语际翻译

语际翻译指的是不同语言之间所进行的语言转换活动。这是翻译领域最为常见的类型，是从一种语言翻译成另一种语言的过程，如将英语译成汉语或将汉语译成英语等。语际翻译可以涵盖各种文本和场合，包括文学、科技、商务等领域。

在实际翻译过程中，语内翻译和语际翻译可能会同时出现。例如，在翻译一部中国古典文学作品时，译者可能需要先将文言文翻译成现代汉语（语内翻译），再将现代汉语翻译成英语（语际翻译）。不同类型的翻译涉及不同的语言知识和技能，因此译者需要根据具体情况选择合适的翻译方法。

3. 语符翻译

语符翻译是指言语符号与非言语符号之间的转换。言语符号是一种基于语言的表达方式，包括文字、词语和语法等组成要素。非言语符号则是通过视觉、声音、姿势、面部表情等非语言形式来传达信息的。语符翻译的目的是将非言语符号用言语符号表达出来，使人们能够更容易地理解和识别非言语符号所传达的信息。

例如，在现实生活中，交通标志是一种非言语符号，它通过图形、颜色和形状等视觉元素向人们传达行驶规则和道路信息。语符翻译的任务就是将这些非言语符号翻译成文字，以便让人们明白这些标志的意义和应遵守的行为规范。

（二）根据翻译的手段进行分类

1. 口译

口译是指将一种语言的口头表达转换成另一种语言的口头表达。口译可进一步细分为同声传译、交替传译和视译。同声传译是指译者在讲者讲话的同时进行翻译，常用于会议、讲座等场合；交替传译是指译者在讲者讲完一段内容后进行翻译，适用于小型会议、谈判等场合；视译则是指译者直接默读原文并口头翻译，适用于阅读信件、文件等场合。

2. 笔译

笔译是指将一种语言的书面文字转换为另一种语言的书面文字的过程。作为翻译领域最常见的形式，笔译涵盖了各种类型的文本，如小说、报告、合同、技术文档、官方文件等。通过笔译，来自不同语言、文化背景的读者能够互相交流和理解，有助于促进全球化的进程。

3. 机器翻译

机器翻译是指使用计算机程序将一种语言的文本自动转换为另一种语言的文本。虽然机器翻译的准确性和流畅性无法与专业的人工翻译相媲美，但它能在短时间内处理大量文本，适用于译者初步了解文本内容的场合。

（三）根据翻译的体裁进行分类

1. 应用文翻译

应用文翻译主要涉及公告、公函、启事、合同、通知等正式文本。这类翻译需要保持格式规范、用语准确，并尽可能保持原文的语气和风格。应用文翻译注重实用性和规范性，译者需掌握相关领域的专业术语，以确保译文准确无误。在实际操作中，译者还需关注文件的排版和格式，使翻译后的文本具有清晰的结构。

2. 科技文献翻译

科技文献翻译涉及科技论著、科学资料、产品说明等具有专业特色的材料。这类翻译需要译者具备一定的专业知识和行业背景，以确保翻译的准确性和专业性。此外，译者在翻译科技文献时还需关注信息传递的逻辑性和连贯性，避免因翻译不当导致信息具有歧义或误导性。在实际操作中，译者可借助专业词典和知识库，提高自身的翻译质量和效率。

3. 文学翻译

文学翻译主要是对小说、散文、诗歌、戏剧等文学和文艺作品的翻译。这类翻译要求译者具备较高的语言水平和审美能力，以保持原作的气氛、风格和情感。在文学翻译中，译者需深入理解原作的主题、情感，同时掌握目的语的表达特点和风格。此外，译者还需关注翻译后作品的艺术价值和审美效果，追求译文与原文的艺术等值。文学翻译不仅是语言和信息传递的过程，更是一种文化和审美的传承。在实际操作中，译者应最大程度地保持对原作的尊重，避免过度解读或篡改原作内容，同时充分发挥自己的创造力和想象力，使翻译后的作品具有独特的艺术魅力。

4. 一般性翻译

一般性翻译涵盖了各种非专业性的文本，如报纸文章、网站内容、博客等。这类翻译关注信息传递的准确性和通俗易懂，要求译者具备较高的语言能力和广泛的知识背景。在一般性翻译中，译者需确保翻译后的文本内容忠实原文，同时表达清晰、简洁。此外，译者还需关注目的语读者的阅读习惯和理解能力，使翻译后的文本能够顺畅地传达信息。

（四）根据翻译的处理方式进行分类

1. 全译

全译是指将原文完整地翻译成目的语。全译尤为注重原文的精神和风格，译者需要在保持原文结构、风格和内容的基础上，将信息准确地传达给目的语读者。全译适用于大部分翻译场合，特别是那些对原文内容和形式有较高要求的场合，如学术论文、法律文件、官方公文等。

2. 摘译

摘译是指译者根据具体需求，选取原文的部分内容或部分章节进行翻译。这类翻译主要关注原文的核心部分或内容概要，以便读者快速了解文本的主要观点和信息。摘译广泛应用于各种场合，如新闻报道、商业简报、学术研究等。在摘译过程中，译者需要具备较强的信息筛选和提炼能力，以便准确把握原文的关键信息并进行恰当的翻译。此外，译者还需关注摘译部分与原文整体的关系，避免因摘译导致信息失真。

3. 编译

编译是一种在翻译过程中对原文内容进行编辑加工的方法，旨在使翻译后的文本更好地适应目标读者的需求。编译可能涉及对原文进行删减、重组或增补等处理，以提高文本的可读性、实用性和吸引力。编译要求译者具备较强的语言能力、审美观念和创新思维，能够在保持原文信息传递的基础上对文本进行合理的调整和优化。编译广泛应用于广告、宣传、文化交流等领域。在实际操作中，译者需要充分了解目的语读者的需求和兴趣，以便确定恰当的编译策略。

4. 节译

节译是一种在保持原文内容完整的前提下，对原文进行部分删节的翻译方法。这类翻译旨在缩减篇幅过长的文本，使其更适合特定场合或读者群体。节译适用于那些需要简化或精炼的文本，如教材、读物、演讲稿等。节译要求译者具备较强的信息筛选和组织能力，能够在保留原文核心信息的同时，对非关键内容进行适当删减。

5. 译述

译述是指译者在对原文内容进行翻译时，加入客观的介绍和自己的看法，不拘泥于原文语言表达方式的一种翻译方法。这种翻译方法强调译者的主观判断和解读能力，帮助读者更好地理解原文。译述常用于解读复杂、抽象的观念或观点，如哲学思想、历史事件、文化现象等。在译述过程中，译者需要具备较强的语言能力、逻辑思维和跨文化沟通技巧，能够在保持原文信息的基础上，对文本进行恰当的解读和表达。

6. 综译

综译是一种对同一专题的不同文献（包括不同语言的文本）进行节译和编译的翻译方法，其目的是产生一种符合特定需求的综合性译文文本。通过综译，译者可以为目的语读者提供更全面、系统的信息，有助于目的语读者深入了解某一专题或领域。在实际操作中，综译译者需要关注各种文献的脉络和关联，确保译文的连贯性和一致性。此外，译者还需关注目的语读者的需求和背景，以便创作出具有实用价值和吸引力的译文。综译广泛应用于学术研究、政策制定、市场调查等领域，能为各类读者提供宝贵的信息资源。

7. 译写

译写是指译者在翻译过程中融入自己的创作想象和发挥，文本中的部分内容忠于原文，而大部分是译者自己的创作。这种翻译方式通常适用于文学作品等具有一定创作空间的文本。在译写过程中，译者需要充分了解原文的意境、氛围和语言风格，以便在翻译时保持原作的精神和内涵。

二、翻译的过程

翻译的过程就是译者在正确理解源语意思的基础上，创造性地用目的语表达、转述原文的过程，这一过程可分为三个阶段，即理解、表达和校核。[①]

（一）理解阶段

在翻译过程中，理解阶段是至关重要的一环，在这一阶段，译者要对原文内容、结构和语言特点进行深入的把握。充分理解原文是确保译文质量的前提，只有在理解原文的基础上，译者才能准确传递信息并创造性地用目的语进行表达。译者想要透彻地理解原文，必须理解原文中的这几点因素。

1. 理解原文的修辞手法和表达方式

原文中可能包含各种修辞手法，如比喻、拟人、排比等，译者需要认真分析这些修辞手法在原文中的作用，以便在翻译时保持原文的风格和韵味。此外，原文中的惯用语、俚语、习语等特殊表达方式也需要译者加以理解，以确保译文的质量和流畅度。

---

① 李华钰，周颖.当代英汉语言文化对比与翻译研究 [M].长春：吉林人民出版社，2017：26.

2. 理解原文的内在逻辑和结构

译者需要深入理解原文的内在逻辑和结构，包括段落间的关系、主题和论点的呈现顺序等。只有掌握了原文的内在逻辑和结构，译者才能在翻译过程中准确地传达原文的意义和重点，避免译文出现逻辑混乱或重复表述的问题。

3. 理解原文的语境和语义关联

在理解阶段，译者需要考虑原文中词语和句子在特定语境下的意义，以及与其他词语和句子之间的语义关联。这有助于译者正确把握原文的含义，避免因误解语境而产生翻译错误。

4. 理解原文的目的和受众

译者需要了解原文的目的和受众，包括原文的写作目的、作者的立场、受众的期望等。这有助于译者在翻译过程中保持原文的目的和针对性，确保译文符合目的语读者的需求和期望。

5. 理解原文的专业背景和知识体系

如果原文涉及专业领域的知识，译者需要具备相关的专业背景和知识体系，以便准确理解原文中的专业术语、概念和理论。这对于保证译文的准确性和专业性至关重要。

（二）表达阶段

表达阶段是翻译的第二个阶段，在这一阶段，译者需要将自己对原文意义的理解通过正确的方式用目的语表达出来。在这一阶段，译者需要运用丰富的语言知识、翻译技巧和创造力，力求在保证准确性的基础上，使译文符合目的语的规范和习惯。

（三）校核阶段

译者在翻译大量复杂、有难度的译文时，难免会出现漏译或误译的情况，此时就需要译者对翻译好的内容进行校核。在校核阶段，译者不能掉以轻心，要进一步核实原文需要翻译的内容含义，斟酌目的语词语、句式的选择和使用。在翻译校核过程中，译者需要注意以下四个方面的内容。

第一，检查目的语译文中是否存在人名、地名、数字、日期等方面的漏译或误译现象。这些信息的准确性对于译文的质量至关重要，任何细微的错误都可能导致译文失去可信度。因此，译者在校对时需要特别关注这些细节。

第二，检查目的语译文中词语、句型、短语等方面的表达是否存在失误，这包括检查用词是否恰当、语法结构是否正确、搭配是否符合目的语习惯等。译者通过对这些方面的仔细校对，可以提高译文的质量和可读性。

第三，避免使用冷僻、难以理解的语言表达。译者在校核译文时，需要确保译文通俗易懂，避免在译文中使用冷僻的词语和难以理解的表达。这样做可以使译文更符合目的语读者的阅读习惯，提高他们对译文的接受度。

第四，多次校核。通常情况下，译者需要至少校核两遍译文。第一遍校核主要检查译文的准确性和完整性，以及词语、句型、短语等方面的表达；第二遍校核则主要关注译文的通顺性和易懂性，以及前述的人名、地名、数字、日期等细节。译者对译文进行多次校核有助于发现和纠正潜在的错误，进一步提高译文的质量。如果翻译完还有时间，建议译者将译文对照原文再通读一遍，检查是否万无一失，尽量解决所有的问题再定稿。

第二章　语言、文化与翻译

第一节　语言的定义与内涵

一、语言的定义

语言研究的首要问题是语言的定义，所有和语言相关的研究或者相似的研究都是在语言的根本性问题基础上进行的解答。语言的定义多种多样，一般存在三种观点：结构论、功能论和社会论，这三种观点从不同的角度定义语言。结构论认为语言是一个表达思想的符号系统，是有结构的系统；功能论认为语言是一种工具，专门用来交流思想、表达情感，是一种用来交际的手段；社会论则认为语言能够对社会发展产生影响——语言是社会的产物，受到社会的制约，同时又会对社会的发展产生各方面的影响。语言是人类认知世界并进行表达的方式和过程，这个概念直接强调了"过程"的重要性，认为语言是一种社会现象，是人和人之间进行交流的工具，是人和文化进行融合的一种媒介。

（一）语言结构论

从结构主义的角度来看，语言被视为一种具有内在组织和结构的符号系统。这个系统的特点在于其组成元素（即词汇和语法规则等）并无单独的意义，而是在相互关系中形成意义。也就是说，结构主义认为，语言的定义不仅仅在于单个词语或语法规则的堆砌，而在于这些元素如何在特定的组织结构中形成有意义的系统。这一观点突出了语言的关系性、系统性和结构性。换句话说，词汇和语法的意义取决于它们在语言系统中的位置以及它们与其他元素的关系。这种观念强调了语言的整体性和互动性，揭示了语言不仅仅是表达思想的工具，更是一种通过符号和结构创造、传达意义的复杂系统。

1. 何为符号

符号是人类文化和认知的基础，它是一种代表某种对象、概念或想法的标志或形象。符号不仅仅是具象的，也可以是抽象的，其包括文字、图像、声音、手势等形式。符号的内涵极其丰富，它是传递、沟通和理解信息的桥梁。

（1）符号的代表性是其基本特征之一。符号是对实际物体、抽象概念或思想的象征表达。例如，红色的心形图案常被用于对爱情或其他情感的表达。它不仅仅是一个图形，而是蕴含着丰富的感情和情绪。这种心形符号跨越了语言、文化和地域的限制，成为全世界对情感表达的共同象征。由此可见，符号能够将复杂的情感概念以简单易懂的方式呈现出来，使得抽象的情感得以清晰、直观地展现。因此，符号的代表性是其主要功能之一，它能使复杂的概念或事物变得简单、直观。

（2）符号的符号性是指符号本身并不等同于它所代表的内容。这个特点使得符号成为一种独立于其所代表的对象的存在。例如，"苹果"这个词在一些情况下并不表示真正的苹果，而是代表苹果公司或其产品。这种符号性的存在，让人们可以在语境之外理解符号，使其具有更多的解读可能性。同时，符号的符号性也让人们有机会去深入思考和探索符号背后的丰富含义，它为人们理解世界提供了一个新的视角和思考工具。

（3）符号的交流性使其成为一种有效的沟通工具。通过符号，人们可以沟通思想、表达感情、传达信息。无论是文字、图像还是手势，这些都是符号的形式，它们跨越语言和文化的界限，实现了人与人之间的交流。符号在人类社会的各个领域都发挥着至关重要的作用。在科学研究中，符号被用来表达复杂的理论和公式；在艺术领域，符号则被用来表达创作者的情感和观点；在日常生活中，符号又常被用来进行人际沟通。这些都充分显示了符号的交流性，使人类社会的信息交流变得更为高效和深入。

2. 符号的分类

通常情况下，符号可分为两大类。即人类创造的符号和自然界创造的符号。

（1）人类创造的符号。人类创造的符号中首先有语言符号，其中语音符号是最基础的一种，包括人们使用的各种口头语言。这种符号的使用方法是通过声音的节奏、音高和音质来表达人们一系列的思想、感情。语调符号是语音符号的一部分，语调符号能通过改变语音的音调来为表达的信息添加情感色彩。文字符号包括所有的书面语言，是人类思想的表达工具，其能够将信息保存并传递给其他人。手势符号是非口头的语言表达方式，通常通过肢体语言，如手部或脸部的动作来传达信息。非语言符号是人类创造的另一类重要的符号。音乐符号是非语言的声音表达，可以唤起人们的情绪和感情，或者让人们想起某种特定的情境或事件。建筑符号是通过建筑物的设计和风格来表达人们的社会地位、权力、信仰等信息的方式。行为符号包括人们的举止、服装等，可以传达关于个人身份和社会地位等信息。影视符号则是通过电影、电视、网络视频等媒体来传达故事和信息。

（2）自然界创造的符号。自然界创造的符号是影响人类的、各种有规律的自然现象。这些符号可以是动物的行为，如鸟儿的迁徙象征着季节的改变；也可以是天气和气候的变化，如乌云滚滚象征着即将下雨，晚霞满天意味着天要转晴。这些自然界的符号深深影响着人类的行为和决策，如农作物的种植和收割或者是户外活动的计划。自然界创造的符号是人类认识自然、理解世界的重要方式，通过理解和解读这些符号，人类可以更好地应对环境变化，使生活更加舒适。

3. 何为符号系统

系统由具有相似性或共性的元素组合而成，这些元素之间存在一定的规律和内在联系，形成了一个有机的整体。自然界的生态系统、环境系统以及人体的消化系统等，都是以系统理论为基础构建的。其中，生态系统是一个完整的生物和其环境的互动体系，每个组成部分都在为整体的生存和发展作贡献；环境系统是地球上所有自然环境的集合，包括水、土壤、大气、生物等，所有的这些组成部分都在影响并塑造环境；人体消化系统是由一系列器官组成的复杂系统，用于处理食物、为人体提供所需的营养和能量。

符号系统则是由一组符号和规则组成的，这些符号和规则规定了符号如何代表某种信息。例如，在地图上，绿色一般代表森林，红色代表海拔较高的地方。这是地图符号系统的一部分，规定了如何通过颜色来表示地理信息。然而，当这些颜色符号被置于不同的系统中时，它们的含义会发生变化。例如，在交通信号灯系统中，绿色代表通行，红色代表禁止通行，这是由交通信号灯系统的规则所决定的。以上提到的这些规则定义了在特定情况下相同颜色符号的不同含义。

4. 语言符号的系统性

语言符号的排列和组合是按照一定的规则进行的。在任何一种语言中，无论是语素、词语还是句子，其组合都形成了一个线性的序列。这个序列并不是随机的，而是遵循着一定的规则。每种语言都是其自身独特的符号系统，包含着复杂的要素和规则。每个语言符号都是语音和语义的融合，其中语音包含音素、音位、音节等元素，而语义则由义素、义位等元素组成。语音和语义结合形成了词汇单位，这些词汇单位按照语法规则进行组合，构成了具有意义的表达。语音、词汇、语法和语义是语言的构成要素，它们的有机结合形成了完整的语言系统。

在语言符号系统中，存在两种主要的关系：横向组合关系和纵向聚合关系。横向组合关系描述的是语言单位在组合过程中的相互作用，即一个语言单位与其他单位按照一定规则组合在一起。纵向聚合关系则描述的是具有某些共同特征的语言符号之间的分类关系，这种关系允许具有共同特征的语言符号在某些环境下进行替换。例如，"我们"在充当主语的角色时可以与其他名词，如"天空""房间"等替换；在指代性的特征上，"我们"可以与"你""我""他"等替换；在表示复数的特征上，"我们"可以与"你们""他们""老师们"等替换。

因此，理解和掌握语言符号的组合规则是进行有效交际的关键。无论是在学习新语言，还是在教授儿童母语的过程中，理解语言的系统性都是极其重要的。通过对语言系统的掌握，学习者可以更好地理解和使用语言，有效地进行信息的表达和交流。

（二）语言功能论

从功能论的视角看，语言是一种工具，它主要具备交际功能和认知功能。

1. 语言的交际功能

（1）语言是人类重要的交际手段。语言作为一种交际的手段，对于人类而言，是最基本也是最有效的交流方式。与其他众多交际方式，如表情、手势等相比，语言无疑具有独特的传递信息的优势。以语言为基础发展出的其他交际方式在实际的应用过程中，难免会受到各种条件的限制，因此可能会导致人们存在误解或无法理解，而语言的交际效率及广泛使用度无疑是其他交际方式无法比拟的。由此可以看出，语言的地位无可替代，其在人类交际中的重要性是无法忽视的。

（2）语言是人类独有的交际手段。人类所具备的语言能力是独特的，有些动物，如蜜蜂和蚂蚁，可以通过一种固有的方式来进行信息的交流，但这并不能称为语言。这种方式更像是一种生存策略，而非人类语言那样可以用来表达复杂的概念和思想。同样，即使鹦鹉能模仿人类的语音，但它们仍然缺乏真正理解和使用人类语言的能力。它们只是在模仿声音，而无法领会其中的意义，更无法像人类那样创造新的语言表达形式和句子结构。因此，对动物来说，真正理解和掌握人类的语言是一项无法完成的任务，也正是这点道出了人类和动物之间的显著区别。以海豚为例，虽然它们被认为是非常聪明的动物，且能发出各种复杂的声音，但这些声音并不构成一种完整的语言系统，不能用来表达抽象的概念或者进行复杂的推理。相比之下，人类的语言不仅可以详细表达具体的对象和行为，还可以具体表达抽象的概念和理念。因此，尽管动物有其独特的交流方式，但仍无法与人类的语言相提并论。

2. 语言的认知功能

（1）语言是人们的思维工具。思维是人们理解现实世界的方式，而语言和思维是紧密相连、无法分割的。通常情况下，人们通过形象思维和抽象思维来思考问题。形象思维通常依赖于直观的形象，并不总是需要语言作为中介；而抽象思维则离不开语言，因为它涉及对事物本质特性和内在联系的理解，这需要借助概念、判断和推理的形式进行总结，而这些都需要通过语言进行表达。因此，语言是实现抽象思维不可或缺的工具。抽象思维还具有社会性特点，这同样离不开语言的作用。只有通过亲身参与社会实践并与他人进行交流，人们才能形成正确的抽象思维。在这种交流过程中，语言扮演了关键的角色，其使抽象思维得以在人与人的交流中不断发展。在人类的思维过程中，抽象思维起着主导作用，而形象思维则起着辅助作用。这种高度抽象的思维能力，正是人类与动物之间的重要区别之一。科学研究已经证实，负责语言活动的大脑左半球主管抽象和总结的思维，而大脑右半球主管不需要语言的直观感性思维。这种大脑两半球的功能分工是人类才有的特性。

　　由此可见，语言是人类重要的思维工具。无论是使用母语还是第二语言思考，人们在思维过程中都需要使用某种语言。同时，语言也是人类思维和认知成果的存储库。当人们对客观世界进行认知、形成概念时，必须用语言中准确的词语对其进行"封装"，否则形成的认知成果就会消散。

　　（2）人们依靠语言认识世界。语言在认知世界中发挥着核心角色，这是由其作为人类思维的主要工具这一特性所决定的。语言的存在，让人类有了一种独特的方式来记录和保存自身思维活动的成果以及认知活动的结果。通过语言的力量，这些经验和知识可以被后代学习和掌握，避免他们在获取知识和技能上一切都需要从零开始的情况。例如，当一位科学家发现了新的理论或者一种新的物理现象，他们需要用语言来描述和解释这个发现。运用语言进行描述不仅会帮助他们自己更好地理解和记忆这个新发现，而且还可以帮助他们向其他科学家或者公众解释这个新的理论或者现象。通过语言，这个新的理论或现象可以被记录下来并保存在各种书籍、文章、视频等媒介中，供后人学习和研究。

　　历史的发展也揭示了人类对世界的认知依赖语言的事实。因为语言是人们理解和探索世界的途径，是人类将抽象思维转化为具体表达，与他人分享和传递知识的桥梁。因此，语言就在某种程度上成了人类认知世界的媒介，其可以将人类带入更高层次的认知境界。以阅读为例，当一个人阅读一本书时，他是通过语言来理解书中的内容和信息的。书中的文字就是作者用来表达自己思想和观点的语言，读者通过阅读这些语言，就可以理解作者的思想和观点，从而增加自己的知识，提升自己理解世界的能力。同样，当一个人听一个讲座或者观看一个视频时，他也是通过讲座或者视频中的语言来获取信息和知识的。

（三）语言社会论

1. 社会对于语言的影响

（1）从人类社会的起源和发展来看，语言显然是社会的产物。史前早期，人类在面临生存的压力时，必须合作完成集体的劳动，这就需要一个信息交流的方式，也就是语言。从这个角度上看，语言这种交际工具，是在人类社会集体劳动的过程中，经过长时间的沉淀和发展逐渐形成的。

通过观察个体的言语发展过程，我们也可以明白语言是社会的产物。人类语言能力的形成，不仅仅依赖生理上的发音器官，更重要的是依赖社会环境中存在的语言。例如，一个在兽群中长大的人，不会拥有语言能力，因为语言不是生理现象，而是人在社会环境中通过言语实践获取的。发音器官只是为语言的产生提供了必要条件，真正的语言能力需要个体在社会交际中学习和掌握。

（2）语言也是社会公约的产物。这一点主要体现为：当人们使用语言进行交际时，必须遵守社会公约的准则和规范。语言是一个音义组合系统，音义的组合具有任意性，是由使用同一语言的人群共同约定形成的。例如，"桌子"这个词，在汉语、英语和俄语中的读音完全不同，但它们都指代同一物体，这就说明语言的形式和意义之间并没有必然联系。虽然近年来有学者提出了语言符号的"象似性"观点，声称音义之间存在一定的联系，但这并不足以否定语言符号的任意性。

（3）语言随着社会的发展而变化。语言在社会历史的长河中不断演变，如同一个活体一样，不断地衰老和更新。它的变化主要体现在词汇的消亡和产生上，这在词汇的演变中尤为显著。以前的词汇随着社会变迁可能会逐渐被人遗忘，而新的词汇则会源源不断地产生并进入人们的生活。例如，在数字化和网络化生活成为常态后，许多与科技相关的新词汇如"云计算""大数据""区块链"和"虚拟现实"等逐渐普及并成为人们日常生活中常见的词汇。而一些旧的词汇，如"胶片相机""录音带""八音盒"等随着相关物品的淡出而被人们遗忘。这样的变化不仅反映了社会发展的历程，也从另一个角度揭示了语言的社会性。如果一个社会或文化不再存在，那么，这个社会或文化中的语言也可能会随之消失。例如，拉丁语是古罗马帝国的语言，随着罗马帝国的衰落，它的使用也越来越少，最终只在某些特定领域如法律、科学、宗教仪式中被使用。这再次强调了语言的社会性，即它不仅是社会交流的工具，也是社会变迁的一种反映。

2. 语言对于社会的作用

语言对社会的影响及其反作用是深远而明显的，主要体现在社会的物质生产和精神生产两个方面。

（1）在社会的物质生产方面，语言无疑在其中发挥了关键的作用。语言是人类社会生产活动的重要协调工具，它让人们能够组织和执行复杂的生产任务。在当今科技和经济迅速发展的时代，语言的重要性被进一步凸显。例如，在制造业中，从简单的工艺流程到复杂的生产线管理，人们无不依赖语言进行精确、高效的沟通和信息传递。在科技行业，语言的重要性则更为明显，在软件开发过程中，语言是用于表述逻辑、设计架构和写代码的关键工具。同时，随着科技的发展，语言的应用技术如自然语言处理和机器翻译，已经深入人们的生活和工作，大大提高了生产效率。

（2）语言在社会精神生产领域中的作用。语言不仅是物质生产的工具，也是思维的工具，它使得精神生产成为可能。从创新的观点和观念的形成，到知识和信息的传播，再到文化和艺术的发展，所有这些精神生产的活动都离不开语言的支持。语言使得信息和知识可以传递和分享，也让人们能够理解并创新思想，从而推动社会的精神生产。例如，在教育领域，教师用语言传授知识，学生用语言学习和思考，这都是语言在精神生产中的体现。在科研活动中，研究者们用语言记录和传播他们的发现和理论；而在文艺创作中，无论是小说家、诗人，还是剧作家、电影导演，都依赖语言来表达他们的思想和感情。

二、语言的特征

如图 2-1 所示，语言的特征突出体现在以下五个方面。

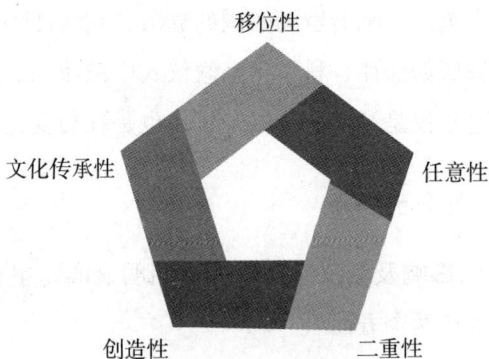

图 2-1　语言的特征

（一）移位性

语言的移位性是人类语言的重要特征之一，它使人们能够描述并讨论那些并非直接、立即存在于人们所处环境中的事物或事件。这一特性表现在时间和空间上，为人们提供了对过去、未来、远方和抽象概念的理解和表达能力。

第一，从时间的角度来看，人类语言具有强大的时间移位性。人们可以用语言讲述过去的事件，如人们可以描述昨天的晚餐是什么样子或者小时候的生活经历；人们也可以用语言预测未来，如人们可以计划明天的行程或者预测未来的科技发展。语言使人们有能力脱离当下情况对时间进行思考。

第二，从空间的角度来看，人类语言的移位性也同样突出。人们可以描述那些远离人类当前位置的事物或事件，如描述地球另一端的景象或者描述宇宙中的星体。语言赋予了人们超越地理界限的能力，使人们能够获取并传递远离人类的事物或事件的信息。

第三，更重要的是，语言的移位性还表现在人们对抽象概念的理解和表达上。人们可以使用语言来讨论那些并非物理存在的概念，如"爱情""正义""信仰"等。这些抽象概念既不受时间的限制，也不受空间的限制，它们是人类思考、理解和表达世界的重要工具。

第四，语言的移位性还表现在跨文化交流上。不同文化中的概念和价值观可以通过语言进行表达和传递，使得各种思想和文化可以跨越时间和空间的限制，达到传播和交流的目的。古代的丝绸之路是一个跨越亚洲、非洲和欧洲的复杂贸易网，人们在这里交换物质商品，同时也交换语言和文化。假设一位中国的商人向一位来自波斯的商人介绍一种他们从未见过的茶叶，这位中国商人可能会通过语言描述茶叶的味道、颜色、泡茶的方式等，使得波斯商人在脑海中构建对这种新商品的理解，即使他们在之前的生活中并未接触到这种茶叶。

（二）任意性

语言的任意性特征是指语言符号的形式和意义之间不存在必然的联系。例如，人们无法解释为什么 a book（一本书）读作 /a bʊk/，a pen（一支钢笔）读作 /a pen/，但任意性具有不同层次。语言的任意性还体现为三个不同的层次，即语素音义关系的任意性、句法层次的任意性和相对任意性的约定性。

1. 语素音义关系的任意性

在大多数情况下，一个词的意义与它的声音形式之间没有直接关系，这是因为语言的音义关系是任意的，这种任意性并不受任何逻辑或自然规律的限制。例如，在英语中，"cat"表示一种小型猫科动物，但这个词的发音和猫无关；在其他语言中，如法语，"chat"才是猫的意思，两者的发音差异表明了语音和意义之间的任意关系。虽然某些象声词看似打破了这种任意性，但这种现象并不常见，也不是所有语言都有。例如，英语中的"buzz"模仿了蜜蜂的声音，但在其他语言中，蜜蜂的声音可能会有不同的表示方法，这再次验证了音义关系的任意性。然而，这并不是在否定语言的任意性，反而进一步证明了任意性和象声词的共存。

2. 句法层次的任意性

句法层次的任意性是指句子结构的组成和排列方式不是自然决定的，而是由语言规则约定的。例如，在英语中，基本句型通常遵循"主语—动词—宾语"的顺序，而在其他语言中，如日语，基本句型的顺序可能是"主语—宾语—动词"。

这种任意性体现在句子成分的排列顺序和结构模式上。例如，"The cat sat on the mat"和"The mat was sat on by the cat"在英语中都是正确的句子，它们传达了相同的信息，但使用了不同的语法结构和词序。这种句法层次的任意性体现了语言的多样性和灵活性。

3. 相对任意性的约定性

虽然语言的形式和意义的关系是任意的，但这种任意性是建立在社会约定的基础上的，也就是说，它是约定性的。在语言系统中，人们约定"dog"指一种特定的动物，这种约定使得所有使用这种语言的人都能理解这个词的意思，这就是语言的约定性。

在语言学习过程中，学习者需要了解并遵循这些约定，以确保他们的语言能被其他使用者理解。然而，这种约定性有时会使学习者的语言学习变得复杂，尤其是对于那些固定搭配和惯用表达。这些表达形式和意义之间的关系往往不符合逻辑规则，但却是人们对于这一语言的共识。因此，学习者必须记住这些表达，以正确使用这种语言。

（三）二重性

语言的二重性是一种基本的组织原则，它使得语言具有无穷的创造力。这个原则分为两层：第一层是音位层，也被称为底层单位，音位是没有具体意义的语音元素；第二层是语素层，这是意义的最小单位，也被称为上层单位。这两个层面相互独立，却又相互依存，它们共同构成了语言的完整体系。

音位是构成语言的基本元素，尽管它们本身没有具体的意义，但它们通过组合可以生成具有意义的单位，即语素。例如，英语中的"t""a""b"等单个字母在单独出现时没有具体意义，但是当它们组合成"tab"时，就形成了一个具有意义的词，表示一种物品。这种由音位组成语素的过程就显示了语言的二重性。

语素又可以进一步组合，形成词汇、短语、句子甚至更复杂的语篇。例如，"dog""chases""cat"都是语素，它们各自有其独立的意义。但当我们将它们按照一定的语法规则组合起来，如"the dog chases the cat"，就形成了一个完整的句子，其含义远远超过了各个部分的简单相加。这种由语素到更高层次的组合，再次体现了语言的二重性。

语言的二重性使得我们可以使用有限的语素和音位生成无数的句子和表达。这种无穷的创造力是人类语言的一大特点，它使得我们可以使用语言来表达各种复杂的想法和信息，不仅限于现在的状况，还可以包括过去的经历、未来的计划、抽象的概念，甚至完全想象的场景。这就是语言的二重性带来的巨大优势，它使得人类的交流和思维能力远超其他动物。

（四）创造性

语言的创造性是一种独特的特性，语言的这种特征使得使用者可以用有限的词汇和语法规则创造无尽的表达，这得益于语言的构成元素。例如，音位和词汇可以根据语法规则进行组合，从而产生新的词汇、短语或句子。由于这个过程可以无限次地重复，人类有能力使用语言来表达所有可以想象到的概念和情景，包括那些之前未曾被人提及或听闻的内容。

语言的创造性不仅仅体现在单词和句子的数量上，更体现在语言的表达方式上。人类能够使用语言来描述观察到的现象，可以用语言来传达情绪、阐述想法，甚至创造全新的故事和情境。这种创造性使语言成为一种强有力的工具，不仅可以解决问题、传递信息，还可以创作艺术。在诗歌、故事、音乐歌词等艺术形式中，语言的创造性体现得淋漓尽致。例如，莎士比亚在他的作品中创造了许多新词汇和短语，如 "eyeball"（眼球）和 "break the ice"（打破僵局）等，这些都成为现如今英语中的常用词汇。

此外，语言的创造性是语言适应性的表现。随着社会的进步，人类生活环境和活动领域持续变化，语言也需要创新和发展以适应新的环境。新的科技发明和社会现象往往会引入新的词汇和表达方式，语言的创造性使得人们能够用有限的语言来表达新的概念和场景。例如，在科技发展的过程中，许多新的词汇被创造出来，如 "internet" "selfie" 等。这些词汇最初并不存在，但随着技术的进步和社会的发展，人们创造出这些新词来描述新的现象和概念。这种创新性让语言始终保持活力，能够跟上时代的步伐。

（五）文化传承性

语言的文化传承性体现在语言是通过社区内的交流和教育，而非基因遗传的方式进行传承的。一个婴儿虽然拥有习得任何语言的能力，但他/

她最终会说的是哪种语言却取决于其自身的成长环境。例如，如果一个英语家庭的婴儿在讲法语的环境中长大，那么他 / 她自然习得的语言将会是法语，而不是英语。

语言的文化传承性还表现在语言中的词汇和习语以及它们含义的变化和发展上。这种变化是由文化的变化和进步驱动的。例如，对于"太阳"的理解，古代人认为它是神，现代人认为它是恒星，这种理解的变化反映了人类对世界认知的进步。同时，语言也能保存和传播特定文化的思想和价值观。例如，在英语中，"Time is money."的说法体现了西方社会重视效率和时间管理的观念；在许多东方语言中，尊敬和谦逊是很重要的价值观，这体现在使用敬语以及对年长或地位高的人使用不同的称呼等方面。

第二节　文化的定义与内涵

一、文化的定义

文化一词起于西汉，刘向在其著作《说苑·指武篇》中，将文化定义为古代封建王朝的教化。在社会不断发展和进步中，文化一词被赋予了多重含义。如拉丁文"cultus"一词常被理解为开发和开化，德语"kultur"重点指代精神教化中的宗教文化内容，英语中的"culture"则重点指政治、教育和法律，与人的社会生活相关。到了 1843 年，德国人克莱姆（klemm）首次在《普通文化史》一书中使用"文化"一词来指代人类生活的风俗、宗教、科学、艺术等方面，这已与文化的现代意义十分接近。此后不同时代、不同文化背景下的研究机构或学者纷纷给出了自己对文化的定义。

（一）字典释义

字典《辞海》从广义和狭义两个角度来对文化进行定义：广义文化即指人类在历史发展进程中对物质财富和精神财富的创造；狭义文化即社会制度和管理组织结构变化等，更加看重社会意识形态变化。《牛津简明词典》则从艺术角度对文化进行了定义，将文化看作智力产物，并以深层文化即文学、艺术和政治等具体内容来对文化进行表述。《美国文化词典》从艺术、信仰以及风俗等角度将文化定义为人类工作和思想的整体产物，且将文化具体分化分为两个部分：深层文化和浅层文化。深层文化为行为艺术下的精神发展，浅层文化指社会传统、风俗和人类行为习惯等文化的日常体现。

（二）国外学者释义

英国人类学家玛丽·道格拉斯（Mary Douglas）：任何文化都是一系列相关的结构。它包括社会形态、价值观念、宇宙哲学和整体知识体系。通过它们，所有的经验都能得到调和。①

美国文化人类学家 S. 南达：文化作为理想规范、意义、期待等构成的完整体系，既对实际行为按既定的方向加以引导，又对明显违背理想规范的行为进行惩罚，从而遏制了人类行为向无政府主义倾向的发展。②

美国文化人类学家、解释人类学倡导者克利福德·格尔茨（Clifford Geertz）：文化概念既不是多重所指的，也不是含糊不清的，它表示的是从历史上留下来的、存在于符号中的意义模式，是以符号形式表达的前后

---

① 道格拉斯. 洁净与危险 [M]. 黄剑波，柳博赟，卢忱，译. 北京：民族出版社，2008：159.

② 南达. 文化人类学 [M]. 刘燕鸣，韩养民，译. 西安：陕西人民教育出版社，1987：46.

相袭的概念系统，借此人们交流、保存和发展对生命的知识和态度。①

（三）国内学者释义

梁启超：文化者，人类心能所开积出来之有价值的共业也。②

梁漱溟：俗常以文字、文学、思想、学术、教育、出版等为文化，乃是狭义的。我今说文化就是吾人生活所依靠之一切，意在指示人们，文化是极其实在的东西。文化之本义，应在经济，政治，乃至无所不包。③

钟敬文：凡人类（具体点说，是各民族、各部落乃至各氏族）在经营社会生活过程中，为了生存或发展的需要，人为地创造、传承和享用的东西，大都属于文化范围。它既有物质的东西（如衣、食、住、工具及一切器物），也有精神的东西（如语言、文学、艺术、道德、哲学、宗教、风俗等），当然还有那些为取得生活物资的活动（如打猎、农耕、匠作等）和为延续人种而存在的家族结构以及其他各社会组织。④

根据以上学者对文化定义的阐释，可以看出文化是极其宽泛而复杂的概念，涵盖了人类精神和物质生活的全部范围。它既包含具体的艺术品、建筑、科技、语言、信仰和风俗等物质和非物质表现形式，也包含了抽象的思想、价值观、世界观等概念。文化不仅包罗万象，而且处于不断发展演变的状态中。它并非固定不变，而是随着时间、环境的变化以及人类智慧的进步而不断演化和发展。文化是人类社会历史的产物，是历史发展进程的见证，反映了社会发展的各个阶段和时期。文化中包含的各个元素，不论是物质还是非物质的，都承载着历史的痕迹和人类智慧的印记。

---

① 格尔茨.文化的解释 [M].韩莉，译.南京：译林出版社，1999：109.

② 梁启超.梁启超论中国文化史 [M].北京：商务印书馆，2012：1.

③ 梁漱溟，陈政，罗常培.东西文化及其哲学 [M].北京：商务印书馆，1922：1.

④ 钟敬文.话说民间文化 [M].北京：人民日报出版社，1990：35.

二、文化的特征

（一）民族性

文化是某一特定群体长期共同生活和交往的产物，特定群体经常以族群的方式呈现，因而文化具有明显的民族性特征。由于不同民族生存发展的环境存在较大差异，因此不同民族积累的文化以及文化传播的方式也会存在一定的差异，民族文化鲜明的特征就此形成。可以说，文化是以种族或民族为中心的，文化首先是某个民族的，其次才是属于全人类的。

（二）地域性

文化不仅有鲜明的民族性特征，还呈现出很强的地域性特征。文化伴随着人类的诞生和发展而出现，而人类诞生于不同的地域，因此文化一出现就被烙上了鲜明的地域印记。虽然现在文化的发展呈现出相互影响、多元共存的趋势，但仍然存在相对的地域界限，不同的地域文化如东亚文化、中东文化、欧洲文化、非洲文化、拉丁美洲文化等。

（三）发展性

文化的稳定性是相对的、有条件的，但其发展性却是绝对的、必然存在的。文化的发展性突出体现在不同文化在交流与碰撞过程中发生的变化方面。具体分析，世界各国、各地区之间的贸易往来和互联网技术的普及应用为各民族文化的交流与碰撞创造了条件，不同文化在相互交流、碰撞的过程中遇到了新的挑战，也迎来了新的发展机遇，实现了自我超越与提升。接下来，本书以中国文化的现代化发展为例，分析文化的发展性。当今时代，中国文化的现代化发展主要受两种文化的影响，一个是外来的西方文化，另一个是自身的传统文化。

1. 西方文化影响下中国文化的发展

随着改革开放的推进和深入，以往所有制的形式发生了改变，利益主体也呈现出多样化的趋势，以上种种变化必然会引起人们文化观念的变化。与此同时，西方国家作为现代化的起点与中心，其倡导的各种文化观念、生活方式等意识形态正通过各种渠道传入中国，彼时的中国就呈现出了中西方文化相互碰撞的文化生态格局。针对这种现象，人们提出了不同的观点，有些人支持民族文化的独立，强调弘扬中华文明；还有一部分人主张学习西方文化，认为西方文化中包含新时代人类发展需要的重要因素。在这种情况下，我们必须坚持马克思主义和社会主义文化价值观念不动摇，认清中国文化在现代化发展道路上必然会受到西方文化影响的事实。

2. 中国传统文化影响下现代文化的发展

在中国，传统文化与现代文化的分立是以"儒家文化与文化现代化"的形式体现出来的。其中，儒家文化作为中国传统文化的核心组成部分，它所提出的很多重要思想被西方国家视为中国文化的代表。而文化现代化是中国整个现代化过程的重要方面，同时也体现在社会现代化、经济现代化和政治现代化的各个层面。事实证明，儒家文化的很多思想在促进中国文化现代化的发展方面能发挥促进作用。这一点可以从以下几个角度展开分析。

第一，儒家文化中的一些重要思想如仁爱、孝道、礼义、廉耻、谦恭等经过辩证否定，推陈出新，与文化现代化的发展需要相结合，在现如今仍具有借鉴意义。

第二，儒家文化提出的教育理念和教学方法曾促进了中国古代教育事业的发展，一些教育观念如"有教无类""因材施教""学而时习之"对现代教育教学活动的开展仍具有借鉴意义。

第三，儒家文化在中华民族几千年的历史发展进程中，已经同中华儿女的民族心理、民族性格、思维方式、生活方式建立起紧密的联系，儒家文化倡导的行为素质已成为中国人民的显著特征，这些特征已经深深根植中国人民的血脉之中，不会轻易改变。

第四，儒家文化的创始人孔子在几千年前就意识到要通过人格塑造去世间行道，这一点与现在所提倡的人才培养没有太大的差别。中国现代化社会的建设需要解放人的思想，完善人的品格，发展人的能力，文化发展得越先进，就越重视人的价值。因而人的塑造是儒家思想与文化现代化的结合点，是中国现代化乃至整个人类社会发展的必然趋势。

（四）包容性

文化的包容性体现在两个方面。

一方面是指文化是一个由多种要素相互作用构成的复杂整体，它包罗万象，内容丰富，从表现形式角度划分，文化可分为物质文化、制度文化、精神文化三种。其中，物质文化是这三种文化中最基础的部分，物质文化是人们在社会实践中物质生产活动及其产品的总和，它以满足人们最基本的生存需要为目标，像食物、服饰、建筑、交通工具等都属于物质文化的内容；制度文化是指人们为了更好地开展社会生产和实践活动而建立起来的各种法律法规、组织形式、规章制度等，它包括国家管理机构、生产所有制、国家法律制度等，制度文化的本质是人类创造的一种通过约束自己来更好地服务于群体的手段；而精神文化是人们在长期的社会实践活动和思想意识活动中孕育出来的，它是精神的文化内核，是文化的意识形态，精神文化主要包括道德、伦理、价值观、文学、宗教信仰等意识方面的内容。

文化包容性另一方面的体现是信息技术的进步、交通运输的发展以及国家、民族之间的政治、经济往来，这些都为不同文化之间的相互了解和相互影响创造了条件。单一民族文化的发展不可避免地受到其他民族文化的影响，开始学习和借鉴其他民族文化中的优秀部分，其包容性变得越来越强。例如，当代中国的青少年受日韩文化、西方文化的影响颇深，西方文化中宣扬的自由主义、独立精神以各种形态进入中国市场；当代人们在装修新房时也会参考西方建筑文化中的欧式风格、极简风格；等等。

三、文化的功能

如图 2-2 所示，文化的功能集中体现在以下几个方面。

图 2-2　文化的功能

（一）整合功能

整合功能作为文化的重要特性，主要反映在两个方面，即内部整合和外部吸纳。通过共享相同的文化，不同文化间可以感受到彼此的联系，这有助于增强不同文化间的凝聚力。此外，文化还能将外来的、异质的文化元素进行整合，形成更加丰富和多元的文化系统。具体分析如下。

1. 内部整合

内部整合体现在文化能使社会群体内的个体建立深刻的联系，增强彼此间的共识，促进和谐社会的建设。例如，同一个民族的人们，通过共享相同的语言、习俗、宗教信仰以及参与公共节日等，就能形成一种共享的文化体验和认同感。这种共享和认同感使个体能够更好地理解彼此，减少误解和冲突，提升社会的整体稳定性和和谐度。例如，在日本社会，"和"的精神体现在人们的日常生活中，无论是在公共场所还是私人交往过程中，人们都强调团结、和谐与共享，这就是日本文化对社会整体强大整合力的体现。

2. 外部吸纳

外部吸纳则显示在文化能够积极地接纳和吸收外来文化元素，丰富自身的内涵，使文化体系更具活力和包容性。例如，中国古代"海纳百川，有容乃大"的思想，使中国文化在长期的发展过程中，成功地吸收了各种外来文化，如佛教文化、西方科学文化等，并将其融入自身的体系之中，使中国文化在不断地开放和创新中实现了繁荣发展。

（二）规范功能

文化在社会生活中扮演了关键的规范角色，它为人们设定了一套行为规范，这些规范不仅引导着个体的行为，而且也在很大程度上制定了社会秩序。

文化的规范功能主要体现在其对人们行为的引导和约束上，它为个体设定了一系列的行为准则，指导人们在特定情况下应如何行动。这些规范有助于人们理解和预测他人的行为，减少人们在社会交往中的不确定性，使人们的互动更加顺畅。例如，许多文化都有关于礼貌的规定，这些规定教会人们如何礼貌地对待他人，从而增进人际关系的和谐。

同时，文化的规范功能也在维护社会秩序方面起着至关重要的作用。文化通过形成各种制度规范，对人们的社会行为进行约束，以此确保社会的有序运转和稳定发展。随着社会生产力的不断发展，各种规章制度逐渐成形，这些制度能避免社会陷入混乱。例如，许多国家和地区都有一套完善的法律制度，这套制度规定了公民的权利和义务，保证了社会秩序的稳定。

（三）教育功能

文化的教育功能主要体现在其对个体知识、技能和价值观的塑造上。一方面，它为个体提供了一套认识世界的方式和工具。文化中包含的知识和技能，如科学技术、艺术技艺等，是个体对外部世界进行理解和改造的重要途径。例如，一个生活在古代中国的人，他的世界观和生活方式会深受儒家文化的影响，久而久之，儒家文化就在潜移默化中成为他行动的指南。另一方面，文化对个体的价值观和行为方式的塑造，使得个体能够更好地适应社会环境。例如，美国的个人主义文化，强调个人自由和独立思考，这种价值观使得美国人在面对生活和工作中的挑战时，更加强调个人的责任和选择。

此外，文化的教育功能还体现在其对个体行为和态度的引导上。家庭教育、学校教育、媒体宣传等都是文化传播的重要途径，它们向个体传递文化信息，引导他们形成符合社会期待的行为和态度。例如，法国的学校教育，法国人极其重视文化教育，法国的学生在学校中有大量的时间用于学习艺术、历史和哲学，这些都是法国文化的重要组成部分。在法国，学生从小就会接受绘画、音乐和舞蹈教育，以培养他们的艺术素养；而在高中阶段，哲学成为必修课程，这能够帮助学生理解和掌握批判性思维以及对世界的独立见解。

（四）导向功能

文化的导向功能在其所有功能中扮演着重要角色，这一功能通过向个体提供行为的规范和指南，促进社会的和谐稳定。这种导向功能体现在文化传达给人们什么是被接受的行为，什么是被禁止的行为。人们对这些行为的正确理解对社会的运行至关重要，因为它确保了社会成员能够按照共享的规范行事，从而降低了产生冲突的可能性。以斯堪的纳维亚半岛为例，这里的文化强调的是公平、平等和个人的自由。在公共场合，人们通常保持适当的距离，尊重他人的私人空间。同时，这里的人们也被鼓励在公共事务中发表意见，积极参与决策，体现出该地区文化对个人自由和公民参与的重视。

文化的导向功能也表现在其为人们提供选择的可能性方面。在面对生活中的复杂情况时，人们可以根据自己的文化背景做出合适的决策。例如，在多元文化社会加拿大，人们在处理与他人的关系、选择工作和生活方式时就会受到多元文化背景的影响，他们通常会根据自己的文化认同，选择最符合自己价值观的行动路径。

（五）传承功能

文化的传承功能在于其将历史文化遗产传递给新的一代，使之成为社会继续发展的基础。每一代人都从前人那里接收到了丰富的文化遗产，包括语言、艺术、宗教、科学知识、社会制度等等。这些文化遗产通过教育、艺术、传媒、家庭等途径被传承下来，影响着每一个人的生活方式和思考方式。例如，一个小孩子生活在法国，那么他就会从学校教育中学习到法国的历史和法国文化的各个方面。他可能在艺术课上学习莫奈的画作，也可能在历史课上学习到法国大革命，这些都是文化传承的一部分。由此可见，通过学校教育，法国的文化被传递给了新的一代。

艺术也是文化传承的重要方式。例如，小孩子可能会去博物馆看到古老的艺术作品，也可能在电影或音乐中感受到本国的文化元素。这些博物馆、电影、音乐等都是通过艺术形式将文化传承下来，影响下一代。同时，媒体也在文化传承中扮演了重要角色。例如，小孩子可能会在电视上看到关于本国历史的纪录片，也可能在互联网上阅读到关于本国文化的文章。这些都是通过媒体形式将文化传承下来的方式。

四、文化的分类

（一）根据内涵不同

根据文化内涵的差异，文化可分为知识文化和交际文化两种。

知识文化是以知识为主的文化表现形式，主要包括社会、政治、经济、文学、艺术、历史、哲学、科技等领域。这种文化种类的内容深入，展现了人类的智慧，体现了文化的深度和宽度。知识文化是人类创新思维和社会进步的体现，无论是在文学艺术中具有创新性的作品，还是在科技发展中的新技术、新发明，都是知识文化的体现。在历史的长河中，知识文化以其独特的影响力不断推动社会的进步，同时也为人类的文明进步作出了重要贡献。尽管知识文化的形式多种多样，但它们都共同承载了人类对于理性、秩序和创新的追求。

交际文化又称常识文化，是人类在日常生活中的思维方式、行为准则、生活习惯和社会习俗。它主要涉及的是人类的社会生活，包括礼节、行为规范、习俗等。交际文化是一个社区或者民族文化传统的重要组成部分，它以非物质形式存在，是人们在社会交往中不断形成并传递的文化形式。交际文化对于个人和社会的影响是深远的，因为它直接影响了人们的行为方式和思考模式。这种文化类型在人类社会生活中占据了重要地位，它不仅塑造了人们的社会行为，也在很大程度上促进了社会的稳定和和谐。

知识文化与交际文化这两种文化形式都承载了各自独特的价值，各有所长，共同构成了人类文化的多样性。知识文化推动了人类的科技和社会进步，而交际文化则使人们在社交中更加得体，更能理解和尊重他人。在人类的发展中，这两种文化形式相互影响，相辅相成，共同推动着人类社会的发展。

（二）根据层次高低不同

根据文化的层次高低差异，可以将文化分为高层文化、低层文化、深层文化和民间文化四种。

1. 高层文化

高层文化通常指的是一种深度和精神上的文化形式，往往需要特定的知识和教育背景才能全面理解。高层文化包括艺术、文学、哲学、科学等领域。高层文化是文化的精髓，体现了人类的精神追求和文明程度，这种文化形式具有深厚的历史积淀，可以丰富人的精神世界，激发人的思考，提高人的素质。

2. 低层文化

低层文化通常是指那些更贴近日常生活，较易于理解和接受的文化形式，包括流行文化、消费文化、大众媒体等。尽管低层文化在某些情况下可能缺乏深度，但无法否认的是，它极大地影响了社会和个人生活，展现了文化的生动性和实用性。

3. 深层文化

深层文化是隐藏在社会表面之下的文化层次，它影响着社会公众普遍的价值观、信仰和行为模式。这种文化形式是对社会基本规则和预期的认同，包括道德规范、社会习俗、宗教信仰等。深层文化对个人和社会的影响是深远的，它是社会稳定、和谐的基础。

4. 民间文化

民间文化主要体现在各个民族、地区的日常生活中，它包含了丰富的民俗、传统等。民间文化是每个地区独特文化特征的体现，是文化多样性的重要来源，它深入社区生活的各个方面，体现了社区成员的生活方式和世界观。

（三）根据表现形式不同

根据文化的表现形式差异，文化可分为物质文化、制度文化、精神文化三种。

1. 物质文化

物质文化是一种直接、具体并且可见的文化形式，它通过实物来表现人类的创新和智慧。物质文化包括建筑物、艺术品、科技成果、工具、衣物等各种实物，这些物质通过其形状、颜色、材料和设计等特征，展示了特定地区或文明的独特文化特征和精神内涵。同时，物质文化也是历史的见证，通过考古学的发掘和研究，人们可以探索历史文化的深度和宽度。这种文化形式提供了直接和具体的方式，能够帮助人们理解和欣赏一个文明的特点和价值。

2. 制度文化

制度文化则是人类社会规则和习俗的体现，它包括政治、经济、教育、法律等社会系统以及社会的道德和行为规范。制度文化是社会组织和运作的框架，它影响着社会成员的行为和决策。制度文化体现了社会成员的价值观和信念，如对公正、公平、人权等的看法。通过理解制度文化，人们可以更深入地理解一个社会的运作机制和价值取向。

3. 精神文化

精神文化则主要涵盖人的精神世界，包括思想、信仰、道德、价值观、艺术理念、哲学思想等。这种文化形式是人类精神生活的反映，是一种内在的、抽象的文化形式。精神文化能够深化人们对人性、道德和宇宙的理解，其对人类的精神成长和社会发展有重要影响。精神文化不仅仅存在于文学、艺术、哲学等领域，它还存在于每一个人的心灵深处，影响着每个人的思想和行为。

（四）根据语境依赖程度差异

语言是帮助人类交流的主要工具，而人们的交流需要特定的语境支撑。根据文化对语境的依赖程度差异，可以将文化划分为高语境文化和低语境文化。

1. 高语境文化

高语境文化是指那些在交流中依赖语境信息的文化类型。在这种文化中，语言本身可能并不包含所有的信息，而是需要人们依赖语境、肢体语言、面部表情等非言语信息来理解和解读。因此，人们理解和解释信息的过程就需要他们对语境有深入的了解和理解。例如，许多亚洲文化就被视为高语境文化，因为在这些文化中，沉默、眼神交流、身体姿态等非言语信息在交流中起着重要的作用。

2. 低语境文化

低语境文化则是指那些在交流中主要依赖语言本身来传递信息的文化类型。在这种文化中，语言是主要的信息来源，人们依赖明确、具体的语言表达来理解和传递信息，而对语境的依赖相对较少。例如，许多西方文化就被视为低语境文化，因为在这些地区，人们倾向直接、明确的言语交流，而不太依赖非言语信息。

高语境文化与低语境文化这两种文化类型都有其独特的优点和挑战。高语境文化能够为人们提供丰富的非言语信息，增加交流的深度，但可能导致人们在理解时存在困难和误解；而低语境文化虽然交流明确直接，容易理解，但可能忽视了非言语信息的价值。理解这两种文化类型，并灵活运用在跨文化交流中，是不同文化背景的人们有效沟通的关键。

（五）根据民族文化差异

根据不同民族文化之间的差异，我们可以将文化分为评比性文化和非评比性文化。

1. 评比性文化

评比性文化是一种在文化元素之间可以明确区分优劣的文化类型，这种文化形式关注事物和事件的具体性质和价值，并据此进行优劣判断。例如，和平文化被视为优越文化，因其推崇和谐和相互理解，而强调冲突和对抗的战争文化则被视为劣等。同样，先进的科技文化因其能够推动社会进步和提高人类生活质量而被视为优势文化，而倾向暴力和冲突的打斗文化则被视为劣势文化。在这种文化形式中，优势和劣势通常是根据文化元素对社会和个人福祉的影响来判断的。

2. 非评比性文化

非评比性文化，又称为中性文化，是那些无法或不应明确划分优劣的文化类型。这种文化主要包括人们的行为方式、审美偏好、风俗习惯等。在这种文化形式中，文化元素的价值不在于其优劣程度，而在于其对人们生活的影响和意义。在跨文化交际中，尊重非评比性文化就是要承认、尊重并接纳各个文化的平等性和差异性，这种尊重和接纳是对文化多样性和差异性的重视，也是对文化多样性的尊重。

（六）根据价值体系和社会地位差异

根据价值体系与社会地位的差异，可以将文化分为主文化和亚文化两种。

1. 主文化

主文化通常指的是占据主导地位的文化，即在特定社会时期占主流的文化。它通常代表了一种价值体系，涵盖了社会的主要思想、信念、行为规范等，能够对社会成员的认知和行为产生深远影响。主文化通过教育、法律、传媒等途径传递社会的主流价值观和信念，以此来塑造社会成员的世界观和价值观。例如，现代西方社会通常以民主、自由、平等等价值观为主，这种价值观贯穿社会的各个层面，影响着人们的生活方式和思考方式。主文化由三个子概念组成，即主导文化、主体文化和主流文化。

（1）主导文化是由社会的权力中心或主导群体所确定和推动的文化，这种文化体现了权力和权威，体现在社会规范、政策和法律中，影响着社会的运行和成员的行为。主导文化具有权威性和指导性，能对不符合其规范的行为进行限制或惩罚。主导文化在维护社会秩序、促进社会稳定、推动社会发展等方面起着重要的作用，但这种文化也可能因过度强调权威和一致性而限制社会的多样性和创新性。

（2）主体文化是在长期的社会实践中形成的文化，它代表了社会大多数成员的生活方式和价值观。主体文化是由社会成员共享的，反映了社会的基本信念、价值观和行为规范，它在日常生活中无处不在，能够通过家庭、学校、媒体等途径传播和教育。主体文化形成了社会成员的基本世界观和生活方式，对社会的稳定起着关键的作用。

（3）主流文化则是当下社会的主要思想和价值观，它反映了社会的思想潮流和趋势。主流文化可能随着社会的发展而变化，其对新的思想、价值观和行为模式起着推动和引导的作用。主流文化可以在各种社会现象中得到体现，如流行音乐、电影、电视节目、时尚、科技等。主流文化影响着社会的观念、行为和态度，对社会的发展和变革有着重要的推动作用。

2. 亚文化

亚文化指的是在主流文化之外存在的文化，它有自己独特的价值观和行为规范。亚文化可以基于年龄、种族、性别、职业、兴趣爱好等因素形成。例如，青少年亚文化、漫画文化、嘻哈文化等，它们都有自己的价值观、语言、符号和行为规范。亚文化与主流文化可以相互影响，有时也可能产生冲突，然而，亚文化也为社会增加了文化多样性，为主文化提供了新的视角和启示。

第三节　语言与文化的关系

一、语言对于文化的作用

语言是一种用于记录、表达的符号，它可以表达人们的态度、思维、思想、感情等。可见，语言可以反映文化，具体包括民族心理、社会风俗以及生存环境等层面。

（一）语言反映民族心理

语言作为文化的一个重要方面，可以深入地揭示一个民族的心理状态，这是因为语言中所蕴含的词汇、表达方式、语法结构等元素，都能反映出特定文化背景下一个民族的价值观念、道德观、世界观等。以中国文化中的亲属关系为例，中国社会重视亲属关系，这种重视体现在对亲属关系的称谓上。例如，汉语中"嫂子"的称呼，凸显了对其的尊重与敬爱，将之视为家庭的重要角色，这无疑反映了中国人的伦理道德和价值观。相反，英语国家往往从法律角度出发，用"sister-in-law"来表达"嫂子"和"弟媳"的称谓，这种表达方式也能够折射出英语文化中的民族心理特征。

例如，在日本文化中，对年长者的尊重是非常重要的一部分，这在日语中有所体现。在日语中，人们使用敬语来向年长或地位较高的人表达尊敬，这与日本社会的等级制度和社会公众对尊重的重视是一致的。同样，在西班牙语中，亲密度和社会等级也体现在对人的称呼中，如"usted"和"tú"，展现了西班牙文化对亲疏、尊卑关系的重视。

（二）语言反映社会风俗

语言也能反映出特定的社会风俗。一个地区的社会风俗包括日常礼仪、生活方式、婚姻传统、宗教信仰等方面，而这些社会风俗都以不同的方式反映在语言中。例如，在意大利，人们非常重视餐桌礼仪和美食文化。这种对美食的尊重体现在他们的语言中，意大利语有许多描述不同类型面食、奶酪、葡萄酒的专门词语，每一个细微的口感、食材的变化，都有对应的词语去描绘。而在泰国，由于其具有独特的宗教信仰，他们的语言中充满了对于生命的尊重。泰语中的词汇往往融入了和平、谦卑和尊重的理念，这是其佛教信仰的体现。

（三）语言反映生存环境

语言还可以反映出特定的生存环境。特定的物质环境、地理环境、自然环境等，都会对文化的形成产生影响，而这种影响往往会反映在语言中。例如，居住在山区的人们可能会有更多描述山峦、森林、溪流的词汇，这些词汇能够帮助他们描述和理解他们的生存环境。在尼泊尔，由于大部分地区都是山地，尼泊尔语中有许多专门用于描述山脉的词汇。此外，生活在沿海地区的人们则有很多描述海洋、风暴、海鲜等的词汇，这是他们生活环境对语言的影响。例如，马来语对于海洋和海洋生物的描述十分丰富，反映了马来人与海洋的紧密关系。

二、文化对于语言的影响

文化因素对语言的影响主要体现在以下几个方面。

（一）文化是语言形成和发展的基础

文化是语言形成和发展的基础是毋庸置疑的，因为没有文化，语言也就无从谈起。语言不能脱离文化独立存在，因为语言的各个层面如句法、词汇、谋篇布局等，都深深地融入了文化元素。也就是说，语言是文化的一种表达方式，我们甚至可以将语言视为一种文化行为。

另外，不同文化背景下的语言有着不同的特征。例如，从中西方文化的对比中可以看出，中国人采用的是综合性思维，而西方人倾向分析性思维，这种思维方式的差异反映在语言上就是汉语重意合，英语重形合。中国人更注重表达的内容，只要意思能准确传达出来，形式可以不必过于计较，这就是所谓的"重意合"。而西方人强调逻辑性，他们认为清晰合理的思维体现在词语和句子的构成上，句法结构的完整性会确保思想的完整性，这就是"重形合"的体现。

这些语言的差异不是偶然的，而是由中西方不同的文化背景和地理环境塑造的。因此，文化是语言形成和发展的基础，语言是深深植根于特定文化的，每一种语言都承载了一个民族的文化传统和历史记忆，反映了特定文化的特色和特点。文化与语言之间的关系就像鱼与水一样密不可分，只有理解了这一点，人们才能更深入地理解语言的本质和作用。

（二）文化是制约语言应用的决定性因素

文化在语言的应用中起着关键的决定性角色，尤其是因为它构成了语境的主要部分。语境可以理解为语言生成和理解的背景环境，它由包括文化、社会规则和个人经验在内的多个因素构成。这些因素影响着我们理解和使用语言的方式，其使得语言能够更精确地传达信息和感情。例如，当人们交谈或写作时，人们所使用的词汇、语法甚至语调都会受到文化的深刻影响。文化中的价值观、信仰、历史、地理、社会等方面都会对人们的语言产生影响。在一些尊重长者的文化中，他们的语言就会有特定的敬语；而在一些崇尚平等的文化中，则可能没有太多的等级之分。这就是文化对语言，尤其是对语境的影响。社会规则也是语境的一部分，它们决定了语言应该如何被使用。在不同的社会背景和情境下，同样的语句可能会有不同的含义。在正式的场合，人们可能会选择更正式、更礼貌的说法；而在朋友间的闲聊中，人们可能会选择更轻松、更随意的说法。个人经验同样是构建语境的重要因素。人们的个人历史、情感、思考方式等都会影响他们对语言的选择和理解。当人们与他人交流时，他们的个人经验也会塑造语境，进而影响他们的语言表达方式。具体分析，文化在语言应用中发挥着以下三个方面的重要作用。

1. 文化对于消除误解的重要性

语言并非单一的符号系统，它深深植根于文化之中，形式和意义皆由文化塑造。例如，在某种文化环境中，一种特定的表达方式可能具有赞美的含义；然而，如果从另一种文化的视角看，这种表达可能被认为是侮辱。因此，理解语境中的文化背景，能够有效避免由文化差异引起的误解。同样的词汇和表达在不同的文化中可能具有不同的含义，人们只要理解文化的深层含义，就可以更准确地理解语言，从而消除误解。

2. 文化对于避免冒犯的作用

语言既是尊重的表达，也可能是冒犯的源头。文化为人们使用语言提供了一套规则，告诉人们在某种情况下应该使用何种语言，以及如何避免使用可能产生冒犯的语言。例如，在某些文化中，直言不讳或者直接的批评是可以被接受的，甚至被视为坦诚，但在其他文化中，这可能会被视为冒犯或不尊重。通过理解和遵循文化规则，人们可以更有效地使用语言，避免不必要的冒犯。

3. 文化在防止语言无礼行为中的角色

每种文化都有自身的礼仪规则，这些规则往往通过语言来表达，理解这些规则有助于避免人们在交际过程中出现无礼的行为。例如，某些文化可能认为在对话中打断别人是不礼貌的，而其他一些文化可能认为这是展现热情和参与度的方式。如果人们不理解这些由文化设定的规则，可能会在交流过程中出现冒犯和误解。通过理解并尊重这些文化规则，人们的语言交流能更为和谐，避免无礼行为的发生。

第四节　翻译与文化的关系

语言与文化之间存在着紧密的关系，二者互为存在的理由和载体。语言是文化的表达方式，通过语言，文化的精神内涵、价值观念、历史传统等得以传递；而文化则为语言提供了生长土壤，语言的发展、变迁往往反映了文化的发展和变迁。此外，语言与文化的紧密关系还体现在翻译活动中。

一、翻译对于文化的作用

（一）翻译促进文化传播

翻译作为一种跨文化交流的方式，不仅是语言信息的传递途径，更是文化传播的重要渠道。这种文化传播并非单纯的信息复制，而是在新的环境中重新创造和重塑文化。通过翻译，目的语读者可以使用自己熟悉的文字来了解他国的文化，从而促进源语言文化的传播以及不同文化之间的交流。

据相关研究显示，翻译过程中的异化策略可以帮助源语言文化更好地传播到目的语环境。例如，20世纪90年代初，英语单词"burger"初次被引入中国，但中文中没有对应的词语能够完全表达其含义，因此其被异化翻译为"汉堡"，并随着美式餐饮文化在中国的传播，逐渐被接受并流行起来。同样，英语词汇"selfie"一词在当时的汉语环境中也无对应词语，后被异化翻译为"自拍"，随着社交媒体的普及，这一词汇也在汉语环境中被广泛传播和使用。再如，英语的"take-away"一词被引入汉语环境时，由于并无对应的完全同义词，因此被异化翻译为"外卖"。而随着生活节奏的加快和移动互联网的发展，"外卖"一词已经深入人心，成为现代生活中不可或缺的一部分。

一些诺贝尔文学奖的获奖作品，各自拥有深深根植于其创作者所在特定文化和社会环境中的特质。这些作品是以特定的语言写成的，而这些特定的语言本身就是一种文化的载体，它反映了一个社会的价值观、历史以及世界观。这就是说，无论是川端康成的《雪国》《古都》和《千只鹤》还是莫言的《红高粱》《酒国》和《生死疲劳》，这些作品都具有其创作者的文化印记。通过文学翻译，这些文采斐然的作品能够被世界人民所了解和喜爱。

在文学翻译的过程中，译者不仅要忠实原文的文字，还要尽可能地传达原文的文化氛围和精神内核。这就需要译者具有深厚的文化底蕴，能够理解并娴熟掌握两种（或多种）语言的文化内涵。因此，译者在翻译过程中，实际上也在进行文化的传播。例如，当《雪国》被翻译成其他语言时，日本的山村雪景、温泉旅馆、艺妓文化等元素通过文字被介绍给外国读者。同样，当《红高粱》被翻译成其他语言时，读者可以通过故事了解到中国乡村的生活、家庭关系、酒文化等内容。这样，不同的生活方式、社会习俗和民间信仰就得以传播到其他文化的语境中，让全世界的读者都有机会去欣赏和理解，这种跨文化的交流与对话，进一步促进了全球范围内的文化交融与理解。译者在翻译过程中，其作用如同一个桥梁，连接了两种不同的语言和文化，使读者可以通过译文，去感受和理解原作中所表达的情感和思想，打开理解和欣赏其他文化的大门。

通过这些例子，我们可以看出翻译在文化传播中发挥了至关重要的作用，它不仅将源语言的文化信息传递给了目的语读者，还将这些文化信息在目的语言环境中进行了重塑和创新，使源语言文化得以在新的文化环境中得到传播和发展。同时，翻译也有助于增强文化的多样性和包容性。每一种语言都是其文化的载体，语言的多样性意味着文化的多样性。通过翻译，不同的文化得以在语言的形式下相互交流和影响，进一步推动其自身的发展和进步。

（二）翻译丰富目的语文化

1. 英汉翻译丰富汉语文化

翻译作为一种跨语言、跨文化的交际活动，其本质上是一种文化的交流与传播。英汉翻译就是其中的一种具体表现。随着全球化的发展，中英两国之间的交流日益频繁，众多的英语词汇通过翻译进入中国，从而丰富了汉语的词汇资源。例如，"internet"这个词，经过翻译成为"互联网"，被广泛应用在中国社会公众的日常生活中。这个词的引入，不仅让中国人民对这个新的科技产品有了明确的理解，更是带动了中国的信息技术革命，推动了中国社会的现代化进程。再如，商业方面的英语词汇"startup"，经过翻译引入中国后成为"创业公司"，为中国的商业文化带来了新的活力。同时，许多英语中的热门流行语，如"selfie"（自拍）也逐渐进入中国，丰富了汉语的词汇表达。根据以上示例可知，英汉翻译使汉语文化变得更加丰富多彩，也使得中国人民能更好地顺应全球化的趋势，从而在全球化的进程中寻找到自身的位置。

2. 汉英翻译丰富英语文化

与英汉翻译丰富汉语文化类似，汉英翻译也对英语文化产生了深远影响。中国的文化和历史底蕴深厚，无数的中国元素已经通过翻译进入了英语国家，丰富了英语文化。例如，"kung fu"这个词直接被引入英语中，它让全世界懂英语的人们都了解到了中国的武术文化。此外，"feng shui"（风水）也是直接用拼音表示的，这个词的引入使得西方人们对中国的传统文化有了更深入的了解。与此同时，许多中国的美食，如"dim sum"（点心）和"baozi"（包子）、"jiaozi"（饺子）等，也通过翻译进入了英语国家，使得全世界懂英语的人们都能了解中国的美食文化。这些中国特色文化词汇不仅丰富了英语的词汇，而且进一步深化了英语使用者对中国特定文化现象和社会规范的了解。

二、文化对于翻译的影响

（一）文化的强势与弱势影响翻译文化

翻译作为一种文化活动，其实质和形式往往会受到特定文化环境和背景的影响，这种影响在强势文化和弱势文化之间的翻译实践中表现得尤为明显。

首先，强势文化对翻译的选材和表达方式有着决定性的影响。一种普遍的现象是，强势文化的文学作品或思想经常被选为翻译的对象。这是因为这些作品在全球范围内具有广泛的影响力和认同度，其翻译能够满足更多读者的需求。例如，当下许多英语国家的科幻小说，如《哈利·波特》和《冰与火之歌》系列，在全球范围内都有广泛的读者群体，其翻译版也大受欢迎。

然而，强势文化的作品在翻译中可能会因其文化特性和价值观的差异而被削弱或改变。在文化和语言的交叉影响中，不同文化中的价值观和认知方式在翻译过程中可能会遭遇"文化障碍"，这种障碍不仅可能阻碍译者正确理解原文，也可能影响译文读者的理解。例如，一些强势文化中的特定概念可能在目标文化中并不存在，这导致译者必须使用其他手段来传达这些概念，如借用、创造新词或引入注释等。然而，这种转换过程可能会导致某些源语言文化含义的丧失或者偏离。同样的，强势文化中的一些深层社会观念或价值取向也可能难以在弱势文化中找到对等的词汇或者概念去进行精准的转译，这样一来，强势文化中的一些深层社会观念或价值取向在翻译过程中就可能会被简化或改变，以满足目的语读者的接受能力。

其次，强势文化在翻译过程中可能会产生一种文化渗透的效果，这是翻译在跨文化交流中的重要作用之一。翻译不仅仅是语言之间的转换，更是文化之间的交流和对话，在这种交流和对话的过程中，强势文化的价值观、生活方式等元素通过翻译作品传递到目标文化中，从而影响和改变了目标文化。

（二）文化影响翻译过程与翻译方法

1. 文化影响翻译过程

翻译既是语言的转换，也是文化的传递。每一种语言都蕴含着独特的文化信息，这使得翻译成为一种复杂而具有挑战性的活动。在翻译过程中，译者不仅需要理解源语言的词汇和语法结构，还需要理解源语言所蕴含的文化内涵，这种文化内涵可能体现在日常生活习俗、个人情感、宗教信仰等方面。每一种文化都有其独特性，但也有其共性。翻译的难点在于找到文化间的相似点，以便在保持原作神韵的同时将其忠实地传达给目的语读者。这就要求译者对源语言的文化意义进行准确分析和翻译，保证译文的准确性。

译者在翻译过程中不仅要面对源语言和目的语的文化差异，还要克服自身的文化身份和文化取向的影响。译者作为一个文化传播者，其翻译的态度和方法往往会受到其文化背景的影响。即使译者具备了关于某一翻译对象相关的文化知识，在其作品中也会得到不同的体现。在翻译过程中，译者可能会对原作进行不自觉的诠释，这种诠释既包括语言层面的转换，也包括文化层面的理解和表达。在这种理解和表达的过程中，译者的文化背景和文化视角都会或多或少地影响翻译的结果。

2. 文化影响翻译方法

"文化影响翻译方法"这一观点是指，翻译不仅仅是语言之间的转换，更是文化之间的交融与碰撞。在这一过程中，文化差异无疑是译者在翻译过程中面临的一大问题，不同的文化传统、思维方式和生活习俗，都会影响到语言的使用和理解，从而影响翻译的方法和结果。

例如，"面子"和"里子"这两个概念在汉语中的意义相当丰富，传达了许多特定的社会关系和文化观念。"面子"一词常常用来描述一个人的社会地位、尊严或形象，这个概念中蕴含了一种重视公众形象和社会评价的文化观念，是中国社会文化中人际关系的重要组成部分。"里子"则是指个体的内在素质或道德品质，这个概念突显了道德品质和内在素质在社会评价中的重要性。然而，在西方文化中，这两个概念并没有完全对应的词汇。如果直接将"面子"和"里子"这两个词汇翻译为"face"和"inside"，将难以准确向英语使用者传达这两个词在汉语中的丰富含义，这就需要译者采取一种能够体现这两个概念文化内涵的翻译策略。

第一，译者可以考虑采用注释的方式来解释这两个词汇。在这种方式中"面子"可以翻译为"face（in Chinese culture, it refers to a person's reputation and dignity in social context）"，而"里子"可以翻译为"inner quality（in Chinese culture, it refers to a person's moral quality and inner virtue）"。这种方式可以帮助目的语读者理解这两个词在源语言文化中的特定含义。第二，译者可以尝试寻找目的语中最接近的词汇或表达方式，这种翻译策略被称为"译词对等"。在运用这种翻译策略时"面子"可以被翻译为"reputation"或"public image"，而"里子"可以被翻译为"integrity"或"moral quality"。第三，译者还可以采取"意译"的方式，即通过对原文的重新构建，来传达源语文化的内涵。在这种方式中"面子"可以被译为"the respect one gains from others"，"里子"可以被译为"the moral fiber of a person"。

又如，英语中有一种被称为"understatement"的修辞手法，即通过轻描淡写的方式来强调事物的重要性或严重性。然而，在汉语中，这种修辞手法并不常见。因此，在将这种语言现象翻译成汉语时，译者就需要仔细考虑如何处理这种情况。通常情况下，译者可能会选择使用强调、夸大等方式进行翻译，以使中国读者能够理解原文的含义。

基于以上分析可知，文化对翻译方法的影响深远而广泛。翻译过程中的文化转换和对等问题，不仅要求译者具备丰富的语言知识，更需要对源语言和目的语的文化有深入的了解和把握。只有这样，译者才能选择最合适的翻译方法，实现真正意义上的跨文化交流。

第五节　文化因素对翻译的影响

翻译活动不仅涉及两种语言之间的转换，更在于对语言形式和文化的转译。其中，文化的双重性质和三个核心影响因素起着至关重要的作用。

谈及文化的双重性质，首先要强调的是文化的共性。尽管各种文化在某些方面存在着显著的差异，但在很多关键的方面，它们又有着共同点。正是这种文化的共性，为翻译提供了基础，使得译者能够在一种语言中找到与另一种语言相对应的概念。然而，文化的第二个特性，即多样性，则给译者的工作带来了额外的挑战。文化的多样性是指每一种文化都有其独特的价值观、信仰、习俗和行为准则，这些独特的文化元素在翻译过程中可能难以找到精确的对应项。

在影响翻译的三个重要文化因素中，首先，知识文化因素是第一个需要考虑的。每种文化都有自己独特的知识体系，这些知识体系往往深深地影响着语言的表达方式。其次，观念文化因素也同样重要，它关乎一个社会群体对世界的理解和解释，是文化在语言中的具体表现。最后，隐性文化因素是指一种文化中那些并未明显表达，但却对人们的思维方式和行为产生深远影响的元素。具体分析如下。

一、知识文化因素

影响翻译的知识文化因素包括生活习俗、生活环境、物质生产以及科技教育等。在源语言文化中，这些信息大多被当作常识。然而，在对这部分内容进行翻译的过程中，译者可能需要进行深入的文化解码以便准确传达这部分知识信息。接下来我们以日常习惯、居住环境和物质生产为例进行分析。

（一）日常习惯因素

日常习惯因素是社会文化的重要组成部分，反映了一个社会中成员的日常生活方式，包括饮食、穿着、居住和休闲等方面。例如，在某些文化中，人们用餐时要遵循一些特定的礼仪和习俗。在翻译过程中，如果涉及这些生活习惯知识，译者就需要精确地解读这些文化元素，然后寻找目的语中的等效词语或者采用适当的翻译策略进行解释，以确保目的语读者能够准确理解其含义。如果译者直接将源语文本的表面意义转译过去，那么往往会使目的语读者感到困惑。

在中国的文化传统中，饮食的重要性不言而喻。在过去很长一段时间里，获得食物是人们生活的主要目标，这使得问候语"吃了吗？"在日常生活中得以广泛使用。然而，随着时代的变迁，这一问候的真正目的已经转变，"吃了吗？"现在更像是一种简单的交际方式，而不再是询问对方是否已经进食。在将其翻译为英语时，译者不应该直译为"Have you had your meal?"，而应当考虑到文化差异和语境。现如今，这句话通常被翻译为简单的问候语"Hi"或者"How are you?"。

另外，在中国文化中，"吃"被赋予了许多特殊的含义，并且延伸为许多具有文化内涵的词语。译者在翻译这些词语时，不能简单地将其按照字面含义直译为英语，而需要依据其文化内涵进行意译。例如，"吃醋"在汉语里，并不意味着真的要去吃醋，而是表达"嫉妒"的含义。译者在将其翻译为英语时，更准确地表达应当是"be jealous"。又如，"吃老本"，这个词语并非指真正去消耗原有的储备，而是比喻一种凭借过去的成就或资本而不再进取的行为，因此，译者应将其译为"rest on one's laurels"。再如，汉语中的"吃亏"，这不是字面上的"吃"和"亏"，而是用来表示某人在某种情况下处于不利或失利的位置。因此在翻译过程中，译者不能直接将其翻译为"eat a loss"，而应翻译为"suffer a disadvantage"或者"be at a disadvantage"。还有"吃定"这个词语，如果直接将其翻译为"eat sure"，就无法传达出这个词原本的含义。在英语中，"吃定"可以译为"have someone in one's pocket"，意味着确信对方已经完全被自己控制或影响。最后一个例子是"吃软不吃硬"，这是形容人的一种性格或做事的风格，字面翻译"eat soft but not hard"显然不能表达出它的真正含义。关于这个词，更好的翻译是"respond to gentleness but not to force"。

（二）居住环境因素

居住环境因素涵盖了人们对自然环境和人造环境的认知、感知和价值观。这包括人们对地理特征、气候条件、城市和乡村的描绘，以及对建筑、家具和工艺品的理解等。在翻译过程中，译者对源语言者生活环境文化知识的准确传达尤为重要，因为它对源语言者的生活方式和思维方式有深远影响。当源语文本描述了特定的生活环境时，译者就需要寻找目的语中的相应表达，来反映这种环境的特性。

中西文化中的生活环境差异，往往会对翻译产生显著影响。例如，中国是一个历史悠久的农耕国家，因此在中国文化中，"水"的象征意义通常与生命、繁荣和生育紧密相连。汉语中有许多与"水"相关的成语和短语，如"水到渠成"，这个短语的含义是事情在适当的条件下自然而然就会成功。然而，在英语中，由于西方人们的生活环境和历史背景的差异，"水"的象征意义可能会有所不同。例如，在英语中有一个短语"water under the bridge"，这个短语的含义是过去的事情就让它过去，不再去追究或记恨。因此，在进行翻译时，译者必须意识到这些文化和语境差异，将源语的语境和文化含义正确地传达给目的语读者。在上述例子中，"水到渠成"可以翻译为"things will naturally fall into place"，而"water under the bridge"可以翻译为"既往不咎"。在这两个翻译中，都需要译者将源语的文化含义妥善处理，以便在尽可能保留原意的同时，让目的语读者能够理解。

（三）物质生产因素

物质生产因素则涉及一个社会群体在农业、工业、商业等领域的活动，包括制造技术、商业模式、工作方式和产品类型等。这种知识体现在源语文本中，往往需要译者对源语言文化的经济和社会背景有深入了解。同时，译者也需要了解目的语文化的相关背景，以便选择适当的翻译策略，使目的语读者能够理解源语文本中的物质生产文化知识。

中国古代以农业文明为主，因此很多词语和表达都与农业生产活动有关。例如，"稻草人"一词，它在汉语中原本是用来形容农田中的scarecrow（稻草人），是为了保护农作物而设。然而在西方，由于物质生产文化的差异，人们更常把"straw man"（字面上也可以翻译为稻草人）用于辩论中，形容故意曲解对方的观点，制造易于反驳的假象，与汉语的直接含义大相径庭。又如，"磨坊"在中国古代农耕文明中，通常是用来磨碎谷物的地方，与农民的日常生活息息相关，因此在汉语中，"磨坊"与辛勤劳作、艰苦生活等含义相关联。然而在英语中，"mill"虽然也可以指磨坊，但由于工业革命后的社会变迁，它更常用来形容大规模的工业生产场所，有时甚至暗含对工人剥削的批评。这一理念在中国古代农耕文明中难以找到。

再如，"铁匠"在中国文化中，是一种古老的职业，也指代从事这项工作的人。他们精心锻造出各种农具和武器，被赞美为勤劳和智慧的象征。然而在英语中，"blacksmith"的含义已经有所扩展，它不仅指的是锻造铁器的人，还可以用来指代汽车修理工等现代职业，这与中国文化中的"铁匠"概念存在明显差异。

二、观念文化因素

观念文化因素是一种包含多个元素的系统，涵盖了人们对宇宙的理解，对艺术的创造，以及认知和思维方式等。其中，价值观作为文化体系的核心，描绘了一种在社会中普遍被认可的道德和行为规范。由于各个民族和文化的独特性，中西方的价值观在许多方面存在显著的差异，理解这些差异，并解决由此产生的误解是跨文化交流的首要任务。

例如，汉语和英语这两种代表着不同文化的语言，对同一概念的表达方式是截然不同的。在进行互译时，译者就需要考虑这种差异，并转变表达方式。这可以从以下的例子中看出："塞翁失马，焉知非福"在英语中通常被翻译为"Every cloud has a silver lining."，"各人自扫门前雪，莫管他人瓦上霜"在英语中可以被理解为"Charity begins at home."。这些翻译的方式都体现了在不同文化中，人们对同一事物或概念的理解和表达方式是不同的。

同样，同一种客观事物在不同的文化中往往会携带不同的情感内涵并引起各异的联想。对于各种动物形象，不同的语言文化也赋予了其各种不同的寓意。例如，在英语文化中，鸽子通常被视为和平与纯洁的象征，这种象征意义在英语习语和俗语中得到了体现。peace dove（和平鸽，是对和平的象征）；as gentle as a dove（温顺如鸽，形容人心地善良，行为温和）；a dove among hawks（在鹰群中的鸽子，形容在困难或冲突的环境中保持和平的人或事物）。

通过这些习语和俗语，可以看到鸽子在英语文化中承载的情感内涵和社会价值观。这样的象征和联想不仅丰富了语言表达，也反映了一种文化对和平、纯洁、温和等价值观的认同和推崇。因此，当译者翻译此类观念文化时，不应仅限于文字和语法的层面，更需要去探索和理解语言背后所反映的文化内涵和价值观。这将帮助读者更全面、更深入地理解语言，也有助于读者更有效地进行跨文化交流。

三、隐性文化因素

口译作为一种实时的语言交流形式，需要在特定的语境下进行文化传播。在这个过程中，译者不仅需要理解和翻译语言的文字内容，还需要理解和解读隐含在语言背后的文化含义。隐性文化因素通常包括礼节性的场面话和客套话，而这些内容如果被误译，可能会导致交际误解，对他人产生不利的交际影响。例如，在中国的商业场合中，经常会听到这样的表达："这是我们应该做的。"在中国文化中，这种表达方式通常用于显示谦虚和尊重，但如果直接将其翻译成 "This is what we should do."，西方人可能会误解为这是一种责任感的体现，而忽略了其背后的谦逊含义。因此，为了更好地传达这种含义，译者可以将其翻译为 "It's our pleasure to do so."，这样就能更好地表达出原文的谦逊和尊重之意。又如，在中国，如果你被邀请到某人的家中做客，主人可能会说："家里很乱，别见怪。"在中国文化中，这是一种谦虚和自我贬低的方式，是为了显示他们对客人的尊重。然而，如果我们直接把这个句子翻译成英语——"Our home is a mess, please don't mind."，西方人可能会真的理解为主人的家里很乱，这可能会让他们感到不舒服。因此，更好的翻译方式可能是 "Please make yourself at home."，这样就可以避免可能的误解，同时也能传达出主人的热情和友好。

在中国文化中，当你被邀请到主人的家中吃饭时，他们可能会说：

"这些只是一些家常菜，我们就随便准备了一下。"这是一种谦逊的表达方式，表示他们已经尽力但仍然觉得不够好，同时也蕴含了他们对客人的尊重。然而，如果直接将其翻译为"These are just some homemade dishes, we just prepared casually."，西方人可能会误解为主人并没有认真准备，觉得主人并不尊重他们。对于这种情况，更恰当的翻译方式可能是"We've prepared some of our favorite dishes for you. We hope you'll enjoy them!"，这样的翻译既体现了主人的谦虚，同时也表达出他们的热情和对客人的尊重。西方人会感觉到被重视和欢迎，而不会产生误解。这就是在翻译过程中，译者需要考虑的隐性文化差异和跨文化知识。只有充分考虑这些因素，译者才能准确、恰当地传达源语言的含义和情感。

第三章 汉英语化与文化翻译

第一节 中西方文化翻译观

一、西方学者的文化翻译观

20 世纪 80 年代末期，西方的翻译研究发生了一次重要的转变，开始更深入地探讨翻译的文化维度。这种基于文化理论的新视角，为人们研究翻译提供了全新的见解，翻译不再被仅仅看作两种语言之间的转换，而被认为是一个深度涉及众多文化因素的复杂过程。这一研究转向使得翻译现象能够通过其他学科的研究方法来解释，这就是文化研究带来的好处。译者以文化角度来探索翻译研究的问题，使得翻译方法更加多样化，更富有成效。而且，随着翻译研究的不断深入，人们对文化内涵的理解也得到了深化。翻译研究与文化研究的相互借鉴和渗透，为这两个学科的发展都带来了新的活力。

与此同时，随着对翻译研究的深入推进，玛丽·斯内尔－霍恩比（Mary Snell.Homby）、苏珊·巴斯奈特（Susan Bassnett）、安德烈·勒弗维尔（Andd Lefevere）、劳伦斯·韦努蒂（Lawrence Venuti）等人都提出了自己的文化翻译观。这些新的理论视角对全世界学者的翻译研究产生了深远的影响，使得人们对翻译过程中的文化因素有了更深入的理解。

（一）玛丽·斯内尔 – 霍恩比的文化翻译观

德国的玛丽·斯内尔 – 霍恩比（Mary Snell.Homby）是翻译学领域的杰出人物，她强调语言是文化的重要组成部分，而文化则是包含能力、认知、知识等多种元素的集合，与事件和行为等有着密切的联系。她深化了对语言和文化之间关系的理解，认为在特定的文化环境中，语言是动态的、不断发展变化的，它能够反映出个体文化和整体文化的发展脉络。[1]基于语言与文化的关系以及格式塔理论，玛丽·斯内尔 – 霍恩比提出了她独特的翻译观点。她认为翻译不仅仅是从一种语言到另一种语言的转换，更重要的是不同文化之间的转换。源语文本所包含的文化元素，在多大程度上能够通过译文准确再现，取决于源语文本对其所属文化的依赖程度，以及源语文本和目的语读者之间的文化差距。[2]

这种看法意味着翻译的过程并非简单的语义转换，翻译需要译者对源语言文化和目的语文化有深入的理解，译者要掌握源语文本和目的语读者之间的文化差距，然后在尊重两种文化的基础上，找到最合适的翻译表达方式。这也是为什么玛丽·斯内尔 – 霍恩比强调翻译是一种跨文化转换，而不仅仅是语际转换。源语文本的内涵是与其背后的文化背景紧密相连的，译者必须理解并处理这些文化元素，才能准确地将源语文本的信息传递给目的语读者。

---

[1] 斯内尔 – 霍恩比翻译研究：综合法 [M].上海：上海外语教育出版社，2001：39–43.

[2] 斯内尔 – 霍恩比翻译研究：综合法 [M].上海：上海外语教育出版社，2001：131–137.

（二）苏珊·巴斯奈特的文化翻译观

苏珊·巴斯奈特（Susan Bassnett）是英国沃里克大学比较文学与翻译学教授，她关于文化翻译观的主张包括以下几点内容。[①]

第一，翻译活动的基本单位应是文化，而非仅仅局限于语言。这与传统语言学派的翻译理论有所冲突，后者更侧重语言的音素、词汇、短语、句子等元素。然而，巴斯奈特认为，当人们将翻译的焦点移向文化时，翻译的实质更能被准确地把握。这主要是因为在文学翻译中，译者需要了解和传达源语言和源文化的背景，而这一点只有将文化视为翻译的基本单位才能做到。

第二，巴斯奈特提出，翻译既是语言的交际行为，也是文化的交流手段。译者在翻译过程中，应将文化视为基本单位，理解源语文本中的文化元素，然后以译语文化可接受的方式进行表达。翻译最终的目标是实现文化的交流。

第三，巴斯奈特还强调，翻译活动不应仅限于描述源语文本的语言内容，还应实现源语文本在目的语文化中的功能对等。在她看来，源语文本的功能由两个因素决定：一是目的语读者群体的需求，二是源语文本在源语文化中的功能。因此，在翻译过程中，译者需要对这两个方面有深入的了解，并在翻译活动中体现出来，以实现源语文本和译文的功能对等。

第四，在实际翻译方法的选择上，巴斯奈特认为，不同的文本类型需要采用不同的翻译策略。例如，对于描述性的科技文献，译者应选择直译的方法，尽可能保持原文的信息完整性；而对于抒情类或故事类的文本，如散文或名著，译者则可以选择意译或其他更灵活的翻译方法，以更好地传达原文的情感和文化内涵。

巴斯奈特的观点明确强调了文化在翻译中的重要性。在这里，她所

---

① 黄德先.翻译研究与比较文学的未来：苏珊·巴斯奈特访谈 [J].中国比较文学，2009（2）：15–22.

谈到的文化不仅包括源语文化，还包括译语文化，她强调翻译不应被局限在单纯的语言转换中，而应扩大到文化的交流中。这意味着翻译不仅仅是对源语文本的理解和转译，更重要的是对源语言文化和目的语文化的理解和桥梁搭建。只有这样，译文才能真正实现与源语文本的功能对等，才能满足译语读者的需求。此外，巴斯奈特的翻译观侧重历史和社会的角度，她认为，翻译原则和规范会随着历史的变迁而变化，因为翻译的目的是满足特定历史时期的特定文化需求。这使得翻译更具历史性和社会性，也要求译者不仅要有良好的语言能力，还要有敏锐的历史和社会意识。

（三）安德烈·勒弗维尔的文化翻译观

1. 文化翻译的三要素

安德烈·勒弗维尔（Andd Lefevere）以文学翻译为参照，以比较文学为背景，论述了文学系统内部和外部包括"诗学观""赞助人""意识形态"等在内的文化因素对翻译活动的制约。由此形成的"赞助人、诗学观、意识形态"学说将翻译学"文化转向"理论提升到了一种新的高度。

（1）有关"诗学观"。"诗学观"是一种社会主导的、关于文学应该是什么样子的观念。勒弗维尔提出，构成一种诗学观的要素主要包括两种，其一是"论列性"因素，涵盖了文学技巧、主题体裁、原型人物、场景以及象征等内容，① 这些元素构成了文学作品的具体实现方式，是诗学观中的物质形态；其二是"功能性"因素，即文学系统在社会系统中承担的功能，这一点在诗学观对文学系统的影响方面起到了更为主动和直接的作用。因为文学系统一旦形成，其论列性因素便脱离了环境因素的影响，而功能性因素仍然受到环境因素的直接影响。

---

① Lefevere A. Translation, rewriting and the manipulation of literary fame[M]. London and New York：Routledge，1992：9–66.

（2）有关"赞助人"。"赞助人"一词在文学环境中的引用，主要指那些对文学创作、阅读或再创作过程产生积极或消极影响的权力的持有者，这些权力的代表可能是个人或者是机构。此权力的存在与行使，构筑了一种相互影响的力量关系，它的构成元素可以归结为三个方面。

首先，是意识形态因素。意识形态在这里主要起着引导和限制的作用，其能够对文学作品的形式和主题的选择与发展产生直接影响。它贯穿创作的全过程，使作家在创作过程中不断调整自己的思维方式和创作方法，以使作品更加符合社会主流价值观的期待和要求。其次，经济因素也是构成赞助人要素的重要方面。从生活的实际情况来看，没有物质基础，精神的追求是无法实现的。赞助人通过提供经济支持，为作家提供了创作和生活的必要条件，使他们可以专注文学创作，而不必为生活所困。最后，社会地位因素对于赞助人也起到了不可忽视的作用。接受赞助在一定程度上意味着作家对某种群体生活方式的接受。这也是为什么许多作家在接受赞助时会对赞助人对社会地位和价值观进行仔细的考察，因为这关系到他们对社会身份和生活方式的选择。

（3）有关"意识形态"。"意识形态"是指在特定的历史时期内，社会应该如何做的观念。它由观点和态度构成，并能够在特定的历史时期得到社会的普遍认可。一方面，意识形态规定了社会成员的行为规范。它作为一种主导观念，不仅影响着人们的行为方式，而且还在一定程度上塑造了人们的价值观和世界观。这种影响力深入社会生活的每一个角落，无论是政治、经济、科技，还是教育、家庭、个人生活，都能看到它的影子。另一方面，意识形态是维系社会秩序的重要力量。人类社会的稳定和发展，离不开规则和秩序的存在。意识形态为社会成员提供了一种行为和思考的框架，使他们能够在这个框架下与他人和谐共处，共同构建和维护社会秩序。意识形态起源于社会文化系统，最终又回归社会文化系统。社会文化系统是意识形态的源泉，它塑造了人们的思维方式和价值观，而人们通过行动又反过来影响了社会文化系统。这种相互作用，构成了社会文化系统和意识形态之间的动态关系。此外，意识形态在译者翻译和阅读文本时起着窗口的作用，它使译者和读者能够了解文本所处的社会和文化背景，更好地理解文本的意义。意识形态在此过程中扮演了一个中介的角色，使得阅读者可以在理解文本的同时，更深入地理解和认识其背后的社会和文化现象。

2. 翻译是一种改写

勒弗维尔认为，译者在翻译源语文本的过程中，不仅仅是在对文本进行语言上的转换，更是在对源语文本进行一种形式的控制。[①] 这种控制可能会加强现有的诗学和思想观念，也有可能对其产生冲击和破坏，这主要体现在两个方面。一方面，从改写的角度来看，翻译过程实质上是在引入新的观念、方法和文学风格，这不仅有利于文学的发展，也有助于推动文化的交流和交融。改写的过程不仅是语言的改变，更重要的是对原有文化元素的重新解读和重构。这一过程可能会带来深刻的影响，包括但不限于：对既有诗学和思想观念的挑战，对新的文化元素的引入，以及对传统文化的改造和创新。另一方面，改写的过程虽然能够推动文学和社会的进步，但也可能成为改革的阻力。在某些情况下，改写可能被利用来压制新的观念和创新，有时甚至会对原文的意义和价值进行歪曲。这是因为改写过程中不可避免地会涉及权利的问题，译者在翻译过程中既是语言的转换者，也是文化的传播者和解释者，他们的选择和决策会在很大程度上影响译文的效果和读者对于译文的接受度。

在勒弗维尔的理论中，翻译被视为一种改写的行为，因此，他认为翻译研究并不需要将译文和原文进行对比。这种观点对"原著中心论"进行了质疑，主张以"译语为中心"。他认为，翻译的任务不是简单地复制

---

① Lefevere A. Translation, rewriting and the manipulation of literary fame[M]. London and New York: Routledge, 1992: 9-66.

原文的形式和内容，而是要根据目的语文化的特点以及读者的需求和期望，重新构建原文的意义。[①] 这种观念为翻译研究提供了新的视角，也对翻译实践产生了深远影响。

（四）劳伦斯·韦努蒂的文化翻译观

劳伦斯·韦努蒂（Lawrence Venuti）是 20 世纪后期美国的杰出翻译理论家，也是世界上较具影响力且较为活跃的文化研究学派的代表人物。他不仅掌握了大量普遍的翻译技巧，其在文学翻译实践上也有着深厚的功底。

在韦努蒂看来，翻译的核心目标应当是在译文中展现出源语文本的文化差异，而非尽力去掩饰异族的特色。这样看来，译者在翻译的过程中不能是隐形的，反而应该是有形的，即他们的存在和影响力应该被读者明显感知出来。关于翻译策略，韦努蒂倾向使用异化策略，他主张译文应当尽可能地保留源语文本的特色和异国情调，以便让目的语读者能够感受到与母语者一样的感觉。他强调，如果译者选择使用归化策略，那么翻译就会变成一个完全依照源语文化的规范和意识形态进行改写的过程，这样的译文与源语的本土作品无异，读者无法感受到原作的异族特色。[②]

韦努蒂还指出，异化策略在抵制由民族中心主义而产生的对源语文本的篡改具有积极的作用。[③] 相较之下，归化策略则以译者自身的文化为中心，对异族文化的处理方式通常是以自我为中心的，这实质上是一种"文化侵略"的表现。

---

① Lefevere A. Translation，rewriting and the manipulation of literary fame[M]. London and New York：Routledge，1992：39.

② 韦努蒂. 译者的隐形：翻译史论 [M]. 张景华，译. 北京：外语教学与研究出版社，2009：12–30.

③ 韦努蒂. 译者的隐形：翻译史论 [M]. 张景华，译. 北京：外语教学与研究出版社，2009：12–35.

韦努蒂的文化翻译理论不仅仅局限于翻译的层面，他还将其放在了更大的社会政治、文化和历史的背景中进行研究和分析。因此他的理论既具有理论深度，又具有现实意义，对人们进一步理解和开展翻译工作具有重要的指导意义。

二、中国学者的文化翻译观

（一）傅雷

傅雷是中国 20 世纪的文化名人之一，傅雷的翻译成就主要体现在他的翻译作品中。他的翻译作品涵盖了多种文学形式，如小说、诗歌、戏剧等，其中尤以法国作家维克多·雨果（Victor Hugo）、罗曼·罗兰（Romain Rolland）、奥诺雷·德·巴尔扎克（Honoré de Balzac）的作品最具代表性。他的翻译既保留了原作的风格和情感，又具有很高的可读性，深受读者的喜爱。他的翻译作品不仅丰富了中国的外国文学库，也在很大程度上推动了中国文化与世界文化的交流，因此，傅雷被誉为中国现代翻译事业的奠基人之一。傅雷的翻译思想也深刻影响了中国的翻译界，他对翻译的看法主要围绕两个核心观念：对翻译工作的尊重，以及对原作精神和美感特征的忠实。

第一，傅雷视翻译工作为一种神圣的事业。他认为，翻译工作者的责任是把一种语言和文化中的思想、情感和价值观传递给另一种语言和文化中的读者。为了做到这一点，他强调翻译工作者必须深入了解原作和原作者，同时也需要了解自己和自己所处的文化环境。这不仅需要翻译者具有较高的语言技能，还需要他们具有广泛的学识和文化修养。[1] 傅雷就是这样一个人，他不仅精通多种语言，而且具有丰富的历史和文化知识。

第二，傅雷强调在翻译过程中译者必须尊重并保持原作的精神和美

---

[1] 傅雷 . 傅雷经典：回忆的一幕 [M]. 北京：当代世界出版社，2018：52–55.

感特征。他明白，中西方的思维方式和美学情趣存在显著的差异，因此翻译不应该仅仅是对字面意义的简单复制或硬搬，而应该是对原作内在意义和美感的传达。这一思想体现在他的"重神似不重形似"翻译观念中，他坚信，翻译文学作品的主要任务是传达原作的"神"，即原作的核心思想和感情，而不仅仅是语言的形式。[①]

可以说，傅雷的翻译思想强调了翻译者的责任、技能，以及对原作精神的尊重和忠诚。他的思想对后人的翻译工作产生了深远影响，使得许多翻译者开始更加注重理解和传达原作的内在含义，而不是简单地复制字面意义。这种理解和尊重原作的精神，使得翻译成为一种艺术，而不仅仅是一种技术。

（二）钱锺书

钱锺书，一位学识渊博的文化巨匠，其作品对中国的翻译领域产生了深远影响。他的翻译成就和翻译思想是他卓越学术生涯中的重要篇章，他提出的"化境说"已成为中国传统翻译思想的主线之一。

在介绍钱锺书的翻译成就时，不能忽视他的学术背景和他对于翻译的理解。钱锺书毕业于清华大学外国语言文学系，后留学英法，获得牛津大学副博士学位，并在巴黎大学进行研究工作，他的跨文化学术背景为他后来的翻译工作提供了坚实的基础。他的翻译作品，如海因里希·海涅（Heinrich Heine）的《精印本（堂·吉诃德序言）》，希罗多德（Herodotus）《历史》里的一章，马太奥·邦戴罗（Matteo Bandello）《短篇小说集》里的一篇，都显示出他对源语和目的语的深刻理解，以及对原作精神的尊重。这种尊重和理解使他的翻译作品成为文学艺术的再创造，而不仅仅是简单的语言转换。

钱锺书的翻译思想集中表现为他提出的"化境说"。他认为，翻译的

---

① 傅雷.傅雷文集：家书卷 [M].上海：上海远东出版社，2016：396–399.

最高境界是"化境"，即将原文的思想和情感精确地转化为目的语，同时完全保留原文的风味，使译文看起来像是原作者用译语写就的作品。[①] 他将这种翻译看作原作的"投胎转世"，换了躯壳，但精神姿态依然。这种思想强调了翻译的创造性和艺术性，将翻译提升到了一个全新的艺术高度。然而，钱锺书并没有将"化境"看作一种可以轻易达到的目标，他坦然地承认，彻底和全部的"化"是不可能实现的理想。尽管这个理想不能够完全实现，但它却成了所有译者的理想目标，成为他们追求的方向。

钱锺书的翻译思想和成就对中国的翻译领域产生了深远影响，他的"化境说"不仅为译者提供了一个理想的目标，也为翻译研究提供了新的视角。他的翻译成就显示了翻译的可能性和翻译作为一种艺术的价值。尽管他没有留下太多的翻译理论著作，但他的翻译成就和思想无疑是中国翻译思想史上的一部分。在他的影响下，翻译被看作一种文化交流和文艺创作的重要方式，而不仅仅是语言的转换。

（三）杨仕章

杨仕章对"文化翻译"的理解和定义是多元化的，他从三个不同的方面对这个概念进行了阐述。

首先，他将"文化翻译"视为一种翻译策略。在这个视角下，"文化翻译"是指对源语言中包含的文化因素进行转化，目的是使之适应目的语的文化环境。在此过程中，他强调了文化转换和文化移入两种方法。文化转换有可能实现文化的等价性，而文化移入可以创造一个透明的文本，即该文本能够清晰地反映原文的文化特色。

其次，杨仕章将"文化翻译"视为一种翻译的内容。从这个角度看，"文化翻译"是一种微观的变化，通过语言来实现，这种在翻译中原文语言涉及的文化信息和意义，构成了翻译的特性。这种翻译的特性意味着在

---

① 钱锺书 . 林纾的翻译 [J]. 中国翻译，1985（11）：2–10.

翻译过程中，译者不仅要准确地传达原文的语言信息，更要传达原文所蕴含的文化信息和意义。

最后，杨仕章认为"文化翻译"也是翻译研究的一部分，是"文化翻译研究"的简称。在这个领域里，翻译被看作跨文化交流的工具，而译者则是一种在两种文化之间进行传递的桥梁角色。在这个过程中，文化翻译就是在跨文化层面进行的转化、沟通和交流。①

（四）葛浩文的文化翻译观

1. 如何选择要翻译的作品

在葛浩文的翻译生涯中，对于选取何种原作进行翻译这个问题，他给予了极高的重视。他甚至提出，比起决定如何进行翻译，选取什么样的作品进行翻译更加关键。② 因为他意识到，文学观以及审美标准在不同的国家和文化中会有所不同，因此，为了让汉语译作得到西方读者的接纳，译者需要从源头即原作的选择上下功夫，选择那些符合西方审美标准的作品。这意味着，译者不仅需要有深厚的语言功底，还需要对不同文化的审美取向和偏好有深入的了解，这样才能在数量繁多、题材各异的作品中做出恰当的选择。就拿《北京娃娃》和《狼图腾》这两部作品来说，尽管在中国它们可能并未受到过多的关注，但在国外，其英语译本却引起了极大的反响。这背后的原因正是不同文化背景下审美取向的差异。因此，对于如何让中国文学走出国门、走向世界这一问题来说，葛浩文认为译者需要遵循一个循序渐进的原则，即先满足西方读者的兴趣和偏好，然后再逐步

---

① 杨仕章. 文化翻译刍议 [J]. 天津外国语学院学报，2003（5）：18–21.
② 闫怡恂，葛浩文. 文学翻译：过程与标准：葛浩文访谈录 [J]. 当代作家评论，2014（1）：193–203.

向他们介绍具有中国特色的文学作品。^①

2. 对忠实性的理解

葛浩文着重强调了翻译中的忠实性原则。他曾表示过，译者的职责就是在两种不同语言间，忠实地传递作者的思想。译文内容必须与原文内容一致，这就使得忠实性成为译者的首要任务。葛浩文并未否认翻译过程中文体和风格可能发生变化，而是强调了译者在翻译过程中对原作的理解和处理方式的重要性。他倡导译者应当在传达原作精神和作者意图的同时，尊重和保持原作的风格、意义和审美。

3. 翻译就是改写

葛浩文提出，翻译在本质上可以被视为一种改写的行为。^②这种观点揭示了译者在跨文化交流中需要承担的复杂角色和责任。在他的理解中，译者处于创新与忠实之间的不断较量，有时候，为了使译文更好地适应目的语读者，一些妥协和调整不可避免。以《狼图腾》的翻译为例，葛浩文大胆地删除了一些充满中国文化特色的章节，这是出于对西方读者阅读习惯的考量。由于文化背景的差异，那些大篇幅描述中国特色文化的章节对西方读者来说其实是晦涩难懂的内容，可能会降低他们对作品的理解和欣赏欲望。这种删减和调整，可以被视为对原作的一种改写，是为了使译文更贴近目的语文化和读者。再如，刘震云在翻译小说《手机》时，他在与原作者商议后，调整了各个章节的顺序，其目的就是迎合目的语读者的阅读思维，最大限度地激发读者的阅读兴趣。这种对原作结构的调整，也体现了翻译是改写的一种形式。

---

① 闫怡恂，葛浩文 . 文学翻译：过程与标准：葛浩文访谈录 [J]. 当代作家评论，2014（1）：193–203.

② 闫怡恂，葛浩文 . 文学翻译：过程与标准：葛浩文访谈录 [J]. 当代作家评论，2014（1）：193–203.

第二节 文化翻译的概念

一、文化翻译概念的起源与发展

文化翻译作为一个专门的概念，是在翻译学发展历程中渐渐浮现出来的。翻译学的先驱都主张翻译应以目的语语境和文化因素为基础，这种观点无疑为文化翻译的理论构建打下了基础。然而，一些翻译学家的工作主要还是以语言学为核心，他们关注的是如何在语言学的框架内处理文化因素，而并未从纯粹的文化视角来解析翻译活动。

进一步探索文化翻译的概念，可以发现文化翻译实质上是翻译理论的一个重要维度。具体来说，文化翻译是对源语文本内容或明确语言信息的调整，然后用符合目的语文化习惯的方式呈现出来。这是一种在翻译过程中考虑文化因素影响的翻译方式。

然而，对译文中文化问题的关注并不只是西方翻译学的专利，中国的传统翻译理论同样深入探讨了这个问题。中国的翻译家们提出的"对等""化境"等理论，目的也是解决翻译过程中出现的文化差异问题。因此，文化翻译的观念并非空穴来风，而是基于长期人类学研究和数千年中外翻译实践的深刻洞见，它承认并强调了翻译作为一种跨文化交流手段的重要性。

二、文化翻译概念的主要内涵

文化翻译是一个被广泛讨论和使用的概念，但是在众多的使用和讨论中，文化翻译的定义仍未得到共识。本书将根据先前学者对文化翻译的理解来探索这个概念的定义。

关于文化翻译的定义，翻译学界的专家们已经提出了多种观点。他们从方法论等不同角度出发，对文化翻译进行了深入的剖析。尽管所有这些理论都围绕文化进行讨论，但并非所有的学者都使用"文化翻译"这个术语。有些观念和解释甚至互相冲突，或是不够准确。

20世纪80年代，一些思想家主张将文化因素融入翻译理论，他们在相关的论文中明确指出，如果想要全面理解和研究翻译，就必须考虑文化和语言这两个重要因素。他们强调，在翻译的过程中，译者不仅需要对语言进行精准的转译，更需要深入理解和考虑文化的差异。他们提出，在对等翻译理论中，真正的对等是指两种语言在各自的语言文化中的作用、意义和感情都相等。在这些思想家之后，翻译学界还有一些专家从他们自身的视角对文化翻译做了定义。下面是一些具有代表性的定义论述。

文化翻译的任务并不是翻译文化，而是翻译承载着文化信息的意义。

——刘宓庆，1999

翻译是两种语言进行沟通的桥梁，主要任务是在文中将源语的思想内容进行再现。译者在对源语进行翻译时，必然是将源语所体现的文化进行介绍与传播。就这一意义而言，语际翻译就是文化翻译。

——邱樊茹，2000

文化翻译是基于文化研究的语境，对翻译进行考察，即对文化及语言的表层结构与深层结构加以研究，探索文化与翻译之间的关联性与客观规律。

——谢建平，2001

通过对文化翻译各种不同的定义进行深度对比和分析，可以看到，对于文化翻译的理解以及其内在含义的解读，各个学者的观点并不一致。例如，有一些学者从翻译的对象而非翻译的方法来界定文化翻译，他们认为这种定义方式没有正面或负面的意义；有的学者对文化翻译的研究既没有从翻译的对象开始，也没有从翻译的方法开始，他们是从文化的角度出发来分析翻译研究理论体系的构建。这些观点的差异性揭示了文化翻译的复杂性和多元性，同时也体现了翻译研究的深度和广度。本书中提到的每一种观点都从不同的角度、不同的层面提供了对文化翻译的独特见解和深度解读，进一步丰富了人们对文化翻译的认知和理解。

由翻译学家方梦之主编的《译学辞典》对文化翻译的定义强调以下两个关键要素。首先，它着重视角的转换。这意味着译者需要从目的语文化的角度出发，采用目的语的表达方式来传达源语文本中的文化内容。这就涉及一个关键的问题：译者在处理这两种语言时，是否对它们有足够的掌握，是否能注意到它们在内容表达上的微妙差异。其次，在翻译过程中，译者需要补充那些不能直接转化为目的语的源语文本内容，这些补充可能包括目的语中所缺失的元素或者源语言中特有的文化背景信息。

根据以上介绍和分析可以看出，不同学者对文化翻译的不同定义源自其所选研究视角的差异。此外，文化翻译概念的界定也可以从广义和狭义两个层面区分。从广义层面分析，文化翻译是一种文化翻译成另一种文化的过程，目的是促进两种文化之间的沟通与交流，实现社会群体之间的平等对话；从狭义层面分析，文化翻译就是对源语文本中存在的文化因素及其他文化内容的翻译。

第三节　文化翻译的原则

在进行文化翻译时，译者首先要考虑的总体性的原则是文化对等原则。文化没有高低、优劣之分，译者进行文化翻译的根本目的应是传播各个民族的语言和文化，以及促进全球多元文化间的沟通和交流。因此，在翻译过程中，译者不仅需要理解并接纳源语文本，还需要扮演目的语文本创造者和传播者的角色。这就要求译者在尊重源语文本的基础上，怀着文化使命感和对原作者、读者的责任感，掌握翻译的过程和技巧，以此提高翻译的质量。具体来说，除了文化对等的总体原则之外，文化翻译的原则还涵盖了以下几个方面的内容，如图 3-1 所示。

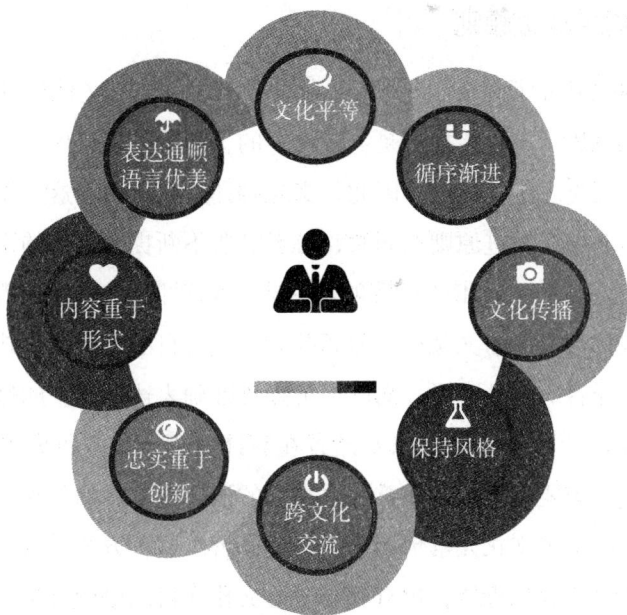

图 3-1 文化翻译的原则

一、文化平等原则

文化翻译的原则之一是文化平等原则，这是由翻译的本质属性决定的。翻译实际上是跨文化的交流和传播活动，译者只有树立正确的文化意识，对目的语文化充满尊重，才能顺利开展翻译活动。翻译并不仅仅是两种语言之间的转换，它包含着两种文化的交流和理解，译者需要在译作中尽可能地保留源语文化的特点和内涵，而不是简单地翻译它们。

文化平等的翻译原则要求译者对源语和目的语文化都有深刻理解和充分认知，特别是对两种文化之间的差异有深入的洞察。这需要译者有敏锐的洞察力，能够准确捕捉并理解原文中的文化元素，同时也需要译者有丰富的知识和广阔的视野，能够把握和理解不同文化的特点和内涵。

二、循序渐进原则

文化翻译中的循序渐进原则至关重要，这是基于文化翻译的文化传播功能来阐述的。文化传播不是一蹴而就的，而是需要经历一段时间的认知、理解和接受才能完成的，因此，文化翻译过程应恪守这一循序渐进的原则。在遵循循序渐进原则的同时，译者需要不断提升自身的文化认知和理解能力，增强对源语和目的语文化差异的敏感性。在翻译过程中，如果遇到源语文化与目的语文化存在显著差异，或者目的语文化中缺乏文化元素的问题，译者应避免直译，而应尽可能地准确表述源语中的这些元素。

遵循循序渐进原则，意味着译者在翻译过程中，不仅要准确传达源语的意义，还需要在理解和尊重源语和目的语文化差异的基础上，有意识地将源语中的优秀文化元素传达给目的语读者。这种方式不仅有利于目的语读者对源语文化的理解，也有利于源语文化在目的语读者中的传播和接受。这种持续的、逐步的、有意识的文化传播是每一位从事文化翻译工作的译者都应牢记的原则，是提升翻译质量的关键所在。

三、文化传播原则

在当今全球化和文化多元化的背景下，翻译在跨文化交流中的角色得到了广泛的认可。翻译的本质和目标决定了翻译过程本质上是文化传播的过程，因此文化翻译需要遵循文化传播的原则。例如，在汉英翻译中，恰当的文化传播能够使英语译文再现出汉语的独特文化特色和内涵。

以中国成语"井底之蛙"的英语翻译为例。这个成语源自《庄子·秋水》，原文是"井蛙不可以语于海者，拘于虚也"，寓意局限在狭小环境中的人无法理解更大的世界。如果译者直接将这句话翻译为"the frog in the well"，可能并不能让目的语读者理解其深层含义。但如果译为"A frog in the well knows nothing of the great ocean."，就可以帮助目的语读者理解这个成语寓意的深层含义，即一个生活在狭小井底的青蛙是无法理解广阔海洋的宏伟壮丽的。这个例子恰当地表达了文化传播原则的重要性。

相对于"the frog in the well","A frog in the well knows nothing of the great ocean."的翻译形式虽然增加了原文没有的语句，但更能再现源语文化的深层含义。这也反映了文化传播原则的另一层面，即在翻译过程中，译者需要在尊重源语文本的基础上，采取适当的方式在目的语中再现源语文化的深层含义。因此，译者不仅要了解和掌握源语和目的语的语言知识，更要具备丰富的跨文化交流能力，以确保在翻译过程中能够准确、恰当地再现源语的文化内涵。

四、保持风格原则

译者在进行文化翻译时，保持风格原则的遵循是至关重要的。在翻译背景下，风格主要包含文体风格、人物语言风格以及写作风格三种。

（一）文体风格

就文体风格来说，不同的文体自然带有各自独特的风格，这样的风格包括但不限于小说、诗歌等各类文学体裁，各自具有其鲜明的个性。翻译这些不同文体时，译者需要在尽可能保留源语言文化特征的同时，精准地再现源语文本的文体风格。例如，在进行法律文本翻译时，译者应努力体现法律语言严肃、正式的特性，避免采用过于口语化或者轻松的语言风格，以免法律丧失权威性。

（二）人物语言风格

针对人物语言风格，译者需要充分意识到，不同人物的身份、地位、性格等因素会形成独特的语言风格，这种风格在文学作品中尤其明显。因此，译者在进行翻译时，必须通过巧妙的语言技巧和准确的字词选择，精确地再现源语文本中各个人物的语言风格，以此描绘出人物鲜明的个性和复杂的情感。

（三）写作风格

写作风格是一个作品独特魅力和作者个性的表现。在开始翻译之前，译者需要先阅读原文，全面了解作者的写作风格，包括语言节奏、句子长度、字词选择等各个方面。理解并掌握了作者的风格之后，译者需要运用恰当的翻译策略和技巧，将这些风格准确地再现在译文中，以此呈现原文的独特魅力和作者的个性。

五、跨文化交流原则

翻译作为不同语言和文化的桥梁，其核心目标是在保证信息准确传递的同时，实现文化的沟通与共享。在这一过程中，译者需要严格遵守跨文化交流原则，使得信息的交流既准确又具有文化敏感性。详细来看，跨文化交流原则在文化翻译中主要体现在两个方面。

（一）突破语言的界限

译者需致力打破语言的边界，全面展示不同语言和文化的特色和内涵。在这个过程中，译者不仅需要掌握语言技巧，更要理解源语和目的语文化的精髓，包括文化的核心价值、基本观念，以及文化在语言表达中的具体体现。这就要求译者在翻译实践中持有一种开放和包容的心态，并以此为基础，建立一种和谐、开放的交流环境。

（二）尊重文化的多样性

尊重文化多样性也是译者在跨文化交流中应该坚持的原则。每个民族的文化都是在特定的历史和社会环境中孕育出来的，因此译者在翻译的过程中，需要考虑两种语言和文化背景的影响，根据翻译的目的和目标，选择最佳的翻译策略，以尽可能准确地展示不同语言文化的特色。简而言之，就是译者要全面认识并尊重各种文化的多样性。对于世界上所有民族来说，文化的多样性是一种常态，也是各种文化背景下人们进行交流的基础，因此，译者必须尊重并欣赏文化的多样性。

六、忠实重于创新原则

在文化翻译的实践中，译者对源语语言和文化的尊重是必不可少的。其中，最显著的表现就是在翻译过程中保持对原文的忠诚度，而非随意删改原文中的词语或短语。需要强调的是，这种忠诚并非绝对的忠诚，在实际操作中，绝对的忠诚是无法实现的，如果译者过于坚持这种忠诚，只会导致翻译变得生硬，也不符合翻译的初衷。忠诚，指的是对源语文本的词语、短语或其他表达的语义、意义及其背后的文化含义进行真实、准确的传达，而非刻意追求形式上的一致。

然而，在具体的翻译过程中，由于汉语与英语存在语言文化上的差异，"概念空缺"或"文化空缺"的现象是常有的。因此，译者不能过分纠结忠实原则，而需要在理解原文的基础上，对其进行适度的创新。特别是在翻译诗词歌赋等文体时，对源语文本的创新也是展示源语言审美价值的一种方式，更重要的是对源语文本进行创新能更好地展示源语言的精神内涵。这里需要特别强调的是，这种创新必须基于语言文化的基本含义和文化内涵，不能任意发挥或歪曲事实。因此，译者在遵循忠实重于创新原则的同时，也要考虑源语言文化的特色，对其进行恰当的创新和调整。

七、内容重于形式原则

这一原则也可以被理解为"内容优先、形式次要"原则。文化语言的"内容"涵盖了文化语言的基础意义、情感表达以及深层次的文化含义，而"形式"则涉及语言在传递这些内容和意义时采用的表达方式，如运用了何种修辞手法，选用了何种话题等。

从文化翻译的视角来看，译者在翻译过程中应当将精确理解和传递源语内容放在首位。同时，尽量保持源语的表达形式，从而更好地传达源语的文化特征。然而，有时候如果坚持源语的表达方式可能会导致源语内容的改变，那么在这种情况下，译者应当果断舍弃原始的表达方式，选择以内容为主的翻译策略。形式的存在是为了更好地服务内容，如果因为形式的问题导致内容发生变化，那么形式就失去了其存在的价值，即使形式上做得再好，也无法满足翻译的目标。因此，译者在进行文化翻译时，应当注重内容的准确传递，而非过分追求形式的一致性。

八、表达通顺、语言优美原则

在进行文化翻译时，除了确保内容的精确度，译者还需兼顾译文的流畅性和优美程度。这就要求在翻译过程中，译者不仅要正确地传达原文的含义，同时也需要注意译文的表达是否通顺，语言是否优美。翻译就像是在创作一幅画作，不仅需要准确地描绘出画面，同时也需要注重画作的整体协调性和美感。在这个过程中，文化因素的作用不可忽视，译者需要适当地融入目的语文化元素，使译文更加贴近目的语读者的阅读习惯，同时展现源语文化的魅力，使译文既准确又优雅，既通顺又生动，满足读者的阅读需求和审美需求。

（一）注意表达通顺

译者要保证译文通顺，需要从以下几个方面入手。

1. 选择合适的主语

在翻译的过程中，主语的定位至关重要。不同语言文化背景下主语的使用有所不同。例如，在英语语境中，句子的主语通常能够决定整个句子的语法结构，主语通常会出现在句子的开始部分，而且主语对句意有着直接的影响。而在汉语中，话题或事件的重要性往往超过主语，决定了句子的构成。因此，在进行翻译的过程中，译者需要充分理解源语的语言习惯和语言规则，根据目的语的语言习惯和语言规则来确定合适的主语，这样才能保证译文的通顺和准确。

2. 合理运用动词

在任何一种语言中，动词的选择和使用都是极其重要的。动词不仅承载了主语的行动或状态信息，也在很大程度上影响了句子的语气和语调。在翻译过程中，译者首先需要深入理解源语中的动词含义，然后再根据译文的需求来选择合适的动词。这样，不仅能保证译文的通顺性，也能使译文在语义上尽可能接近原文。

3. 注重动宾关系

译者对动宾关系的处理是翻译过程中的一个重要环节。在翻译动宾短语时，译者需要先理解宾语部分的含义，从而选择最适合的谓语。在这一过程中，译者需要考虑如何将谓语与宾语进行有效组合，以实现最佳的翻译效果。这不仅需要译者对源语有深入的了解，也需要其对目标语有充分的把握。

4. 考虑时态使用

汉语和英语在动词时态方面有着显著的差异。汉语中的动词并不表达时态，而英语的动词形态则直接反映出时间信息。在将汉语翻译为英语时，译者需要不断注意动词的时态变化，并尽可能精确地表达出原文的时间意义。

5. 注意介词"of"的使用

在将汉语翻译成英语的过程中，很多译者会直接把"的"翻译成"of"，这是因为在英语中，"of"是表示从属关系的一个重要词汇。但在汉语中，"的"具有更丰富的语义和用法，除了表示从属关系，它还可以表示包含关系，甚至是表达一种事物的状态或质地。例如，"这个手机的屏幕"这个短语，如果直译为"the screen of this phone"，虽然没有错误，但比较僵硬，通常我们会选择翻译成"this phones's screen"，这样的表达更自然，也更符合英语的语法习惯。

6. 注意连接原则

汉语是一种以意义为主的语言，而英语则是一种形式和逻辑性更强的语言，因此，译者在将文本从汉语翻译到英语的过程中，保持译文的逻辑性是非常重要的。译者在翻译过程中，不仅需要忠于原文，还要保证译文在形式上的通顺，这就需要译者在必要的时候，对原文进行适当的改写，如增加或者删除一些连词，或者对句子进行适当的缩写或合并。

例如，汉语中的"但是""然而""尽管如此"等转折连词在英语中可能并不需要，或者用一个简单的"but"就足够了。又如，英语中的句子常常会用并列结构或者从句来使句子更加精练，而汉语可能会使用多个短句来表达同样的意思。因此，译者在翻译过程中，不仅需要对原文有深入的理解，还需要对目的语有深入的了解，以确保译文的逻辑性和通顺性。

（二）注意语言优美

注意语言的优美是翻译过程中的一个关键步骤，它涉及的不仅是语言的精准传达，更是文化传承的体现。在进行文化翻译的过程中，译者所扮演的角色不只是一个传递者，更是一个创作者和艺术家。译者要力求使译文达到"信、达、雅"的境界，即不仅忠于原文，流畅易懂，而且具有美感。

具体来说，译者需要对词汇、语法结构、语气和修辞手法等进行谨慎选择，才能描绘出原文的色彩和韵味。在词汇选择上，译者应避免使用生硬或者过于直白的表达，而是选择具有一定文采和美感的词语，以此来增加译文的艺术性。在语法结构上，译者可以根据需要适当调整句子的顺序和结构，使之更加符合英语的表达习惯，同时这样也能更好地传达原文的意义和情感。此外，译者需要灵活运用各种修辞手法，如比喻、拟人、反语等，这些都是赋予译文文采的重要手段。在确保原文意义准确传达的前提下，适当地使用修辞手法能让译文更具生动性和表达力。译者还可以考虑使用一些富有诗意的表达方式，如押韵、音节的控制等，这些都可以使译文更具艺术感。

第四节　文化翻译的策略

一、归化策略、异化策略和归异互补策略

（一）归化策略

归化策略是指在翻译中采用透明、流畅的风格，最大限度地淡化原文陌生感的翻译策略。这种翻译策略尽可能地使源语文本所反映的世界接近目的语读者的世界，从而达到源语与目的语之间的"文化对等"。归化策略强调灵活处理译文，加强译者对源语文化的理解，这使得译文有一定的灵活性和应变性。归化策略的核心在于尽可能使译文与目的语文化的习俗一致。这种适应目的语的策略，不仅体现在词汇和语句的选择上，更体现在表达方式和文风等层面，译者要使译文尽可能符合目的语读者的阅读习惯和文化思维方式。

例1：

原文：卫老婆子叫她祥林嫂，说是自己母家的邻舍，死了当家人，所以出来做工了。

译文：Old Mrs. Wei introduced her as Xianglin's Wife, a neighbour of her mother's family, who wanted to go out to work now that her husband had died.

在《祥林嫂》这个汉英翻译例子中，归化策略的应用主要体现在以

下几个方面：首先，译者成功地在尊重原文中人物的身份特征和文化背景的同时，将"卫老婆子"和"祥林嫂"的称呼归化为"Old Mrs. Wei"和"Xianglin's Wife"。在汉语中，"老婆子"是一种对年纪较大的妇女的尊敬称谓，而"祥林嫂"体现了中国传统文化中对已婚妇女的称谓习惯。译者把"卫老婆子"译为"Old Mrs. Wei"，既保留了人物的尊敬身份，又能够让英语读者理解；将"祥林嫂"直译为"Xianglin's Wife"，既保留了人物的原名，又使其符合英语的语法规则，避免了复杂称谓对西方读者造成的困扰。其次，对于"出来做工了"这一表述，译者将其归化为"wanted to go out to work"。这里，"做工"被译为"go out to work"，这是对中国传统文化中女性外出打工这一行为的归化表达，使其更符合英语表达习惯和文化背景。最后，原句的语气、语序和逻辑关系在翻译过程中也进行了归化。例如，"死了当家人，所以出来做工了"在英语中被译为"wanted to go out to work now that her husband had died"，译者运用了英语的因果关系表达方式，使得语句更符合英语的语序和语法。类似的例子还有：Diamond cuts diamond（棋逢对手），to grow like mushrooms（雨后春笋），Seeing is believing（眼见为实），colourful（五光十色），corrupt official（贪官污吏），wolf down（狼吞虎咽），to draw a snake and add feed to it（画蛇添足）。

当然，在归化的过程中，译者需要全面考虑目的语的语法、句法以及语言习惯，使得译文在形式和内容上都能与目的语紧密结合。译者在处理源语言文化元素时，也需要具备丰富的文化知识和敏锐的文化觉察力，以便更好地把握源语言文化元素的内涵，并找到最适合的翻译策略。然而，值得注意的是，无论是采用归化策略还是异化策略，都是为了更好地服务目的语读者。归化策略的主要优点在于能使目的语读者更好地理解原文，使译文更具有可读性。但在这个过程中，译者必须避免过度归化，以免损失原文的文化特色和信息。

（二）异化策略

异化策略的核心思想在于保留源语言的文化特色，让读者融入原作的文化语境中，而非简单地将源语言文化特色转移到目的语的文化环境。异化策略通过保持原文的情调和色彩，激发读者对源语言文化的兴趣。这种策略的应用有意打破目的语的常规，旨在突显源语言的特色，甚至有时译者可以选择一种不那么流畅、稍显晦涩的表达方式。

在跨文化交流中，异化策略起到的作用尤为重要，它不仅可以增强目的语读者对源语言文化的认识，还可以丰富和扩展目的语的表达方式。异化策略不断挑战并拓展目的语的边界，将源语言的文化元素植入目的语，为目的语的文化内涵注入新的活力。例如，译者可能会采用借词或造词的方式，对源语言的特定词汇或概念进行创新性的转译，即在保留原文文化特色的基础上，对目的语的表达方式进行创新和拓展。

异化翻译策略可视为一种文化创新行为，其挑战性和创新性能够推动人类社会文明的多样化发展。这种策略不仅为读者提供了一种新的、前所未有的阅读经验，也有助于培养读者对源语言文化的理解和认同，从而促进不同文化间的交流和理解。总的来说，异化翻译策略为译者的翻译实践带来了新的可能性和深度，丰富了翻译的艺术性和文化性。

例 2：

原文：不要失了你的时了！你自己只觉得中了一个相公，就"癞蛤蟆想吃天鹅肉"来了！

译文："Don't be a fool!" he roared, "Just passing one examination has turned your head completely–you're like a toad trying to swallow a swan!"

在这个《儒林外史》的汉英翻译例子中，译者应用了异化策略来保留原文的特色，这体现在以下两个方面。一方面，译者直译了成语"癞蛤蟆想吃天鹅肉"，将其表达为"you're like a toad trying to swallow a swan."，这种表达方式虽然在英语中并不常见，但是成功保留了汉语原句的比喻和情感色彩，从而使英语读者能够体验到原文的语言魅力和深层含义。另一方面，"不要失了你的时了！"被翻译为"Don't be a fool!"。译者并没有逐字翻译"失了你的时"，而是选择了一个在英语中更常见、能够传达同样意思的表达方式。这种处理方式虽然在表面上看起来像是归化策略，但实际上，通过对比原文和译文，读者可以感受到中英两种语言表达习惯的差异，这就证明译者实现了异化策略的目的。

异化翻译策略虽然有其独特的优势，但同时也带来了一些挑战和问题，其主要缺陷源自文化差异的深度和广度。中西方由于历史、地理、思维方式、价值观和风俗习惯的差异，形成了截然不同的文化内涵和情感价值。例如，某些中国文化的元素如"松""鹤""梅"和"竹"，在中国读者眼中和外国读者眼中可能会产生完全不同的直观印象、深度理解和情感反应。当译者在对这些充满文化差异性的元素通过异化策略进行翻译时，往往需要添加一些注释来帮助目的语读者理解，这无疑增加了读者的阅读压力，并可能阻碍其对译文内容的理解。如果处理不慎，这种方式甚至可能会使读者对译文内容产生误解。此外，过多的注释和解释也可能会打断读者阅读的流畅性，让读者在阅读过程中感到困扰或者疲倦，从而降低他们对译文的阅读兴趣。因此，尽管异化策略在翻译实践中有重要价值，也能为读者提供一种独特的阅读体验，但其使用也需要谨慎。译者需要充分考虑读者的阅读体验和理解难度，并寻找合适的方式来平衡源语言文化的保留和目的语读者的理解需求，实现真正的有效翻译。

（三）归异互补策略

归化策略和异化策略在翻译实践中都有其独特的重要性和应用范畴。然而，人们对于这两种策略的关系一直存在争议，如它们之间孰优孰劣，以及如何在实际应用中选择这两种策略。实际上，这两种策略并非不能并存，它们可以在某些语境中相互融合，形成归异互补策略。归异互补策略体现了归化策略和异化策略的对立统一关系，它强调译者在特定的翻译过程中，既要考虑对源语言文化的保留，也要考虑目的语读者的理解需求和文化习惯。这需要译者找到一个折中的平衡点，以便充分发挥两种策略的优势，既尊重源语言的文化特色，又保证译文的流畅性。

在采用归异互补策略时，译者需要深入理解原文的内涵，然后结合翻译目标、读者期待、作者意图等多方面因素，精心选择和应用翻译策略。这种策略要求译者具有较高的语言能力和文化敏感度，能够灵活应对翻译中的各种挑战，同时也要具备翻译审美，能够评价和权衡翻译的各种可能性，以取得最佳的翻译效果。

例3：

原文：I gave my youth to the sea and I came home and gave her (my wife) my old age.

译文：我把青春献给了海洋，等我回到家中见到妻子的时候，她已经是白发苍苍。

在这个翻译例子中，译者成功运用了归异互补策略。首先，译者尽力保留了原文的象征性含义，即原文中"I gave my youth to the sea"（我把青春献给了海洋）的部分，译者并没有改变这个句子的结构和意象，保持了原文的诗意和表达方式，这是异化策略的运用。然后在对"and I came home and gave her（my wife）my old age."（等我回到家中见到妻子的时候，她已经是白发苍苍）这部分的翻译中，译者运用了归化策略，将"I gave her（my wife）my old age."中"给予年龄"的抽象表达转化为具象的"她已经是白发苍苍"，这样的翻译更贴合汉语的表达习惯。这种翻译策略体现了译者对源语言和目的语的精妙掌握和灵活运用，将归化策略和异化策略完美融合，既保留了原文的原汁原味，又保证了译文的流畅性和可读性。这种翻译策略也体现了译者的翻译审美——既要保留源语言的特点，又要兼顾目的语的表达方式和读者的阅读习惯。

学者孙致礼曾就如何处理归化策略与异化策略二者之间的关系提出

自己的观点，他认为，翻译应以异化策略为主，归化策略为辅。① 也就是说，译者在进行文化翻译活动的过程中应尽可能地实现异化，必要时要体现归化的作用。具体分析，译者可以从以下几个方面入手，平衡二者的关系。

第一，关于尽可能使用异化法的观点，这是因为它能最大限度地保留原文的风格、文化和情感色彩。当译者选择异化策略时，他们试图将源语言的文化情境尽可能完整地保留在译文中，给予读者一个深入了解源语言文化的机会。这种策略强调了译者对源语言文化的尊重和保留，使得译文在保留原文风味的同时，也尽可能地为读者展示源语言的独特性。而这种语言和文化的保留，可以使读者在阅读过程中获得更深层次的文化认知和感受，从而达到一种"形神兼备"的效果。

第二，在异化策略不能让译文完全达意或者译文不够通畅时，应综合采用归化策略和异化策略的观点是一个对于翻译实践的实际看法。因为翻译不仅仅是语言的转换，更重要的是文化的传达。当单一的异化策略无法有效地将源语言的意思和情感表达清楚时，归化策略的加入就显得至关重要。归化策略可以帮助译文更好地适应目的语文化，使读者能更容易地理解译文的含义。同时，译者在翻译过程中适度地运用归化策略也可以增强译文的可读性和流畅性，使读者在阅读过程中更舒适。

第三，如果异化法完全行不通，就应该采用归化法的观点，是对归化策略重要性的强调。有时候，由于文化差异的原因，译者使用异化策略可能无法有效地完成翻译任务，这时候就需要译者放弃对原文形式的执着，转而使用归化策略，尽可能地向目的语读者传达原文的深层含义。这种策略强调了译者对目的语文化的尊重，同时也考虑了目标读者的阅读习惯和理解程度。虽然归化策略可能会牺牲掉部分原文的形式，但是它更注

---

① 孙致礼. 坚持辩证法，树立正确的翻译观 [J]. 解放军外语学院学报，1996（5）：43–49.

重译文的理解性和通畅性，从而使得译者的翻译工作能够顺利进行。

综上所述，译者在处理这两种策略的关系时，一定要以翻译目标为导向，无论采用哪种策略，都要注意适度使用。译者采用异化策略要保证不影响目的语读者对译文的理解，采用归化策略要保证不改变原作的风格和作者的写作个性，尽力做到"文化传真"。就实现"真实"这一翻译目的而言，异化策略在传播文化方面更能发挥作用，而归化策略在两种语言的转化与适应方面更有意义。总之，即使翻译同一个源语文本，翻译策略的选择也不是唯一的，译者总是需要结合多种策略和方法来进行翻译。在面对不同语言文化的差异时，一名优秀的译者需要运用自己丰富的知识和高超的技巧，采用恰当的策略来完成翻译工作，促进跨文化沟通与交流的实现。

二、文化调整相关策略

（一）文化对应策略

文化对应策略是一种翻译策略，它的核心理念在于利用文化中的相似元素进行互译，以便在不改变原文含义的同时，尽可能地增加译文的可理解性和亲近感。这种策略强调在保持语义准确性的同时，尽可能地减少因文化差异带来的理解障碍。

文化对应策略最大的优势是能够提高译文的可接受性。它通过找到源语和目的语文化中的相似或对应元素，使得译文能够在保留原文信息的基础上，让目标读者感到亲切。这种策略可以帮助译者跨越文化障碍，找到最佳的表达方式。然而，文化对应策略也有其局限性。如果译者在寻找对应元素时过于强调源语文化元素与目的语文化元素的相似性，可能会导致源语中一些独特文化元素丢失。例如，如果将中国的"孔子"翻译成西方的"亚里士多德"，虽然这两位都是伟大的哲学家，但他们所处的历史背景和哲学思想却存在明显的差异。同理，"济公"与"罗宾汉"也可以相互替代翻译。

例 4：

原文：济公劫富济贫，深受穷苦人民爱戴。

译文：Ji Gong, Robin Hood in China, robbed the rich and helped the poor.

原文中的这句话出自浙江兰溪的济公馆，短短的一句话介绍了济公的人物特点；而在西方文化中，罗宾汉（Robin Hood）也是热衷劫富济贫的传奇人物，因此译者在此处采用文化对应策略翻译就很容易被目的语读者理解，也有利于将读者带入原作描写的故事中去，探寻原作的文化内涵。其他相关实例还有：Oriental Venice（or Venice of China 苏州，东方威尼斯），Chinese Cupid（月老，中国的丘比特，丘比特是罗马神话中的爱神），the Fifth Avenue of Beijing（北京的第五大道，第五大道是美国纽约市的商业中心、文化中心、购物中心和旅游中心，那里集中了许多顶级商店和奢侈品品牌，在全球享有盛名。）

（二）文化间性策略

文化间性策略是一种基于文化间性观念形成的翻译策略，这种翻译策略强调在文化传输过程中，译者应促进不同文化之间的相互理解和尊重。这种策略使译者认识到文化之间的差异性，并尝试通过找寻文化之间的共性和促进互动来处理这些差异。译者在采用文化间性策略时，扮演的是一个文化媒介的角色，他们不仅需要理解和内化源语言文化的组成要素，还需要对不同文化的进步和发展持有开放和接纳的态度。这种态度有助于译者更自信、更从容地参与到文化翻译实践中，更好地处理和接纳不同文化的特点和差异。

通过文化间性策略，译者可以获取两大主要效益。首先，他们可以保持一种开放和包容的心态，这使他们可以更得体地对待和处理不同的文化；其次，他们可以更深入地理解和拓展源语言文化，从而推动源语言文化在全球范围内的传播。

例 5：

原文：天时不如地利，地利不如人和。

译文一：Sky times not so good as ground situation; ground situation not so good as human harmony.

译文二：Opportunities vouchsafed by Heaven are less important than terrestrial advantages, which in turn are less important than the unity among people.

在上述示例中，"天时不如地利，地利不如人和"是汉语中的一句俗语，其文化内涵是指，在战争中，气候条件是十分重要的，但相比地理位置来说还是差了一些；但将士们的团结一致、战斗一方又比地理位置优势更加重要。分析以上两个译文，译文一采用了逐字翻译的方式，虽然保留了原句的字面意义，但是并未传递出这句俗语深层的文化内涵和精神实质，因此对于没有背景知识的读者来说，这样的译文可能会引起混淆，甚至误解。相反，译文二运用了更具灵活性和包容性的文化间性策略。这种策略重视源语言的文化含义，致力将这些文化含义传达给目的语读者。译者在这里没有简单地复制原文的字面意义，而是注重表达其核心思想，并将这一思想以目的语读者能理解的方式进行了表达。这个译文不仅准确地传达了原句的含义，而且成功地向目的语读者表达了其背后的文化内涵。

除此之外，文化间性策略强调翻译过程中存在的文化交融、文化沟通现象。译者在促进不同语言文化的交流与互通时还需注意以下四点内容。

第一，译者在对源语文化进行翻译时，应深入理解其具体内容和历史发展脉络。这种深度理解能够帮助译者抓住源语文化的核心，同时理解其在不同环境中的表达方式和影响力。只有译者对源语文化有了深入的了解，才能有效地在翻译中体现源语文化的特色，并成功地在目的语文化中找到合适的表达方式。

第二，在源语文化与目的语文化之间的冲突与融合中，译者要慎重考虑。如果译者希望强调源语文化的特色,他可能需要降低目的语文化在译文中的影响力,这一点需要译者在翻译过程中进行权衡,并灵活地运用翻译策略。

第三,译者需要熟悉目的语文化,并在翻译中适当地反映其特点。这一点既体现了文化间性策略的开放性,也是译者为确保翻译质量所必须做的工作。只有对目的语文化有深入了解,译者才能准确地传达源语文化的信息,并确保译文能够被目的语读者接受和理解。

第四,译者应在翻译过程中保持中立,同时努力寻找源语文化与目的语文化之间的共同点。在这个过程中,译者需要在两种文化之间找到平衡,以实现最佳的翻译效果,这需要译者有一定的灵活性和创新性,同时其也需要具备广泛的文化知识和深入的思考能力。

(三)文化调停策略

文化调停策略在翻译过程中起着重要的作用,它关注的是源语文本的深层含义,而非表层文化环境或具象表达。在这个策略下,译者将把注意力集中在传达源语文本的核心思想和基本观念上,而不是尽可能地保留文化元素。

这种策略的优势在于它的适用性和灵活性。首先,它为译者处理那些无法通过归化策略或异化策略进行有效传达的文本提供了一个可能的解决方案。其次,它还有助于提高译文的流畅性和可读性,使得译文更加易于理解。这是因为文化调停策略旨在直接传达其背后的普遍含义,这样更容易被目标读者接受。然而,这种策略也有其局限性,主要的局限在于,它可能会丧失原语文本中的文化特质,使得译文在文化层面上失去原文的风味。这样一来,译文虽然通畅易懂,却可能无法准确反映源语文化的独特性,无法传播源语文化。因此,虽然文化调停策略有其独特的优势,但译者在实际应用时还需谨慎考虑其可能带来的问题。总的来说,文化调停策略是翻译策略中的一种,适用于特定的情况,但并非在所有情况下都是最佳选择。

例 6：

原文：What a comfort you are to your blessed mother, ain't you, my dear boy, over one of my shoulders, and I don't say which!

译文一：你是你那幸福的母亲多么大的安慰，是不是我亲爱的孩子，越过我的肩头之一，我且不说是哪一个肩头了！

译文二：你那位有福气的妈妈，养了你这样一个好儿子，是多大的开心丸儿。不过，你可要听明白了，我这个话里有偏袒的意思，至于是往左偏还是往右偏，你自己琢磨去吧！

在上述两个翻译示例中，我们可以看到译文一与译文二的翻译方法显著不同。译文一是一个典型的异化策略的应用，其尽量保持与原文的对应，不过由于语言和文化的差异，这样的译文可能使汉语读者理解起来有些困难。而译文二采用的则是归化策略，其成功地将原文的内在含义表达得十分清楚，为汉语读者扫清了理解的障碍。

然而，如果应用文化调停策略，这两个译文都可能有所改进。从文化调停策略角度来看，译文一可以适当地调整一些难以理解的表达，而不是简单地复制源语文本的句式结构。例如，这一译文可以采用更常见的表达方式，以便更好地传达原文的意思，同时保持原文的语气和情感。同时，译者也可以在译文中适当地添加一些解释性的词汇，以帮助读者理解。对于译文二，虽然它成功地传达了原文的含义，但可能过于忽视原文的语气和风格。如果这一译文在归化的同时，尽可能地保留原文的一些特性，如通过保留一些原文的表达方式或者添加一些可以传达原文风格的词汇，那么译文就可能既易于理解，又能尽量保留原文的风味。

例 7：

原文：刘备章武三年病死于白帝城永安宫，五月运回成都，八月葬于惠陵。

译文：Liu Bei died of illness in 233 at present–day Fenjie County, Sichuan

Province, and was buried in Chengdu in the same year.

在这个例子中，译者需要面对两个主要挑战：古老的年代标记和地名，这些都是深植于中国文化的元素，而且在英语中没有直接的对应。这使得译者简单地采用归化或异化策略变得困难：如果采用归化策略，原文中一些具体的文化信息可能会丢失，因为英语读者可能对古代中国的地名和年代标记不熟悉；而如果采用异化策略，虽然可以保留原文的所有信息，但可能会让译文变得冗长而复杂，阻碍读者的理解。因此，译者在这种情况下选择文化调停策略，以平衡忠实原文和读者的理解需求。译者以现代的方式解释了古代的年代标记，将"章武三年"转化为公历年份"233"；对于地名，他们将"白帝城永安宫"翻译为现代重庆市的地点"Fengjie County"，这种策略保留了原文的基本信息，同时提高了译文的可读性和理解性。

第五节　文化翻译的方法

在文化翻译原则的指引下，译者要依据翻译的目标和要求，灵活地选用适当的翻译方法。此部分将主要讨论在文化翻译过程中经常使用的八种翻译方法，如图 3-2 所示，包括但不限于直译法、省译法、意译法。

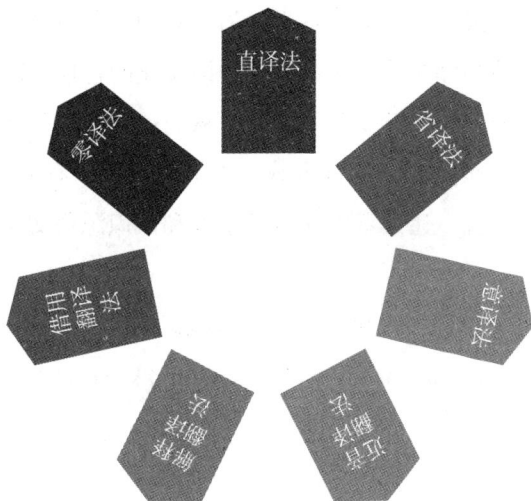

图 3-2　文化翻译的方法

一、直译法

直译法在所有的翻译手法中是非常常见的一种，同时也是在文化翻译中译者选择的主要方式。那么在文化翻译中，直译法应该如何运用呢？具体来讲，这就需要译者在目的语中选取与源语言相对应的词汇及表达手法，将源语文本中体现的文化内容进行翻译。这种方式可以在最大程度上保留源语文化的特性，有助于拓宽目的语读者的文化视角，以及加深他们对源语文化的理解。

例 1：

原文：人有悲欢离合，月有阴晴圆缺。

译 文：Men have sorrow and joy, they part or meet again;The moon is bright or dim and she may wax or wane.

在以上示例中，中国古诗词"人有悲欢离合，月有阴晴圆缺"的译文采用的就是直译法。一方面，"月"和"人"的形象得以保留，活灵活现地展示了源语文本所要传达的意义；另一方面，源语文化的信息也得以准确传递。这样的翻译方式不仅体现了源语文化的特性，同时也能够帮助目的语读者更好地理解和接受源语文化，从而达到文化翻译的目的。所以说，直译法是一种很重要的翻译方式，能够在保留原有文化内涵的同时，有效地传达文化信息，让读者更深入地了解和认识源语文化。

例2：

原文：让每个干部和领导者懂得"水能载舟，亦能覆舟"。

译文：Every cadre and leading official should know that "while water can carry a boat, it can also overturn it".

例3：

原文：但凡事不患难，但患无备。所谓磨好了斧子才能劈开柴。

译文：But the thing we have to fear is not the difficulty itself, but lack of preparedness, just as only a sharpened ax can cut through firewood.

在第二个例子中，"水能载舟，亦能覆舟"这句话的本意是描述古代君臣关系，现在用来比喻人民与干部、领导的关系。译者在这里并未省去原文中"水""舟"这样的文化意象，也未根据其隐含的意义进行翻译，而是将其表面的含义直译了出来。这样的翻译方式既保持了词语的语言含义，又展现了词语的文化特征，读者在理解上下文的语境之后，就能正确捕获讲话者的意图。

在第三个例子中，"磨好了斧子才能劈开柴"这句话是一种常用俗语，源于人民的日常劳作生活，十分贴近生活，译者没有对"斧子"和"柴"的内涵进行解释，而是采用直译法，使得表达更为生动和简洁。配合良好的语境，读者能够理解词语的文化内涵，因此无须再添加任何文字。这些都充分展现了直译法在文化翻译中的实用性和重要性，也突显了直译法的优势：既可以保留原文的文化特征，又可以在保留原始意义的同时，为读者提供足够的信息去理解和接纳源语文化。

二、省略翻译法

省略翻译也是在翻译中经常使用的一种策略，其主要特点在于删减或忽略原文中一些不必要的或者对理解整体含义没有重大影响的元素。这些被删减的部分可能在源语中起到了修饰、强调或者增添趣味性的作用，但在目的语中并无对应的表达，因此，这些被删减的部分对于目的语读者理解主题并不重要。译者采用省译法可以避免译文信息的冗余和重复，使译文更加简洁明了，更易于读者理解。这种方法能够有效地突出文本的主要信息，使读者更好地理解并接受翻译的内容。

例4：

原文：An apple a day keeps the doctor away.

译文：每日一苹果，医生远离我。

在这个例子中，源语表达的实际意思是"每天吃一个苹果对健康有益"。虽然译者也可以通过直译的方式将其译为"一天一个苹果，让医生不要靠近我"，但这样的译文显得过于直接，可能会使读者感到困惑。因此，译者在这里采用省译法，将"keeps the doctor away"直接译为"医生远离我"，简洁地传达了源语表达的核心意义，而忽略了"keeps the doctor away"的直译。这样的译文既符合目的语的表达习惯，又能为读者准确地传达源语的信息。

例5：

原文：人山人海。

译文：Crowded.

在这个例子中，"人山人海"是一个描述某处人很多的汉语成语，如果译者将这个成语直译成英语，可能会变成"People are as numerous as mountains and seas."，这显然在英语中并不常见。因此，译者选择使用省译法，将这个成语直译成"Crowded"，这个单词能够准确地表达原文的意思，并且符合英语的表达习惯。这是省译法的一个典型应用，它可以有效的简化译文，并使其更易被读者接受。

三、意译法

意译法也是一种常见的翻译方法，其核心在于重视翻译的深层含义，而非字面意义。在进行意译时，译者更加注重将源语言中的信息、观点或者情感有效地转化为目的语，而不是死板地照搬源语言的词汇、语法和句子结构。这样的翻译方式往往需要译者对源语言文化和目的语文化有着深入理解和敏锐洞察。意译法在文化翻译中有一定的优势。首先，这种方法把翻译重点放在传递源语的含义上，而非坚持保留源语的形式和字面意义，因此当在目的语中无法找到与源语具有相同文化内涵的词语时，意译法具有显著的优势。意译可以使译文更符合目的语的语法和表达习惯，进而提高译文的可读性。

然而，意译法并非没有缺点。在译者过分强调源语的信息含义，以至于忽视源语的文化特征时，就可能出现问题。一种语言的表达方式和词语选择都深深地植根于其背后的文化，如果译者在翻译过程中忽略了这一点，就可能导致源语的文化色彩和深层含义在译文中的缺失。换句话说，意译法可能会损害源语的文化意象，这在某些需要尽可能保留源语文化的翻译任务中可能会造成问题。

例6：

原文：It's all Greek to me.

译文：这对我来说是天书。

"It's all Greek to me." 这一英语表达源自莎士比亚的戏剧《恺撒大帝》中的一句台词，用来形容一种听不懂、看不懂的状态。如果译者采用直译法进行翻译，译文可能会是"这对我来说全是希腊语"，显然，这样的翻译会让读者感到困惑，难以理解。然而，当采用意译法时，"这对我来说是天书"这样的译文则能够更准确地向读者传达出原文中的含义。意译法虽然在翻译过程中失去了一些源语文本的文化色彩，但使得目的语读者能够更好地理解和接纳源语信息。总的来说，意译法在特定的情况下，能够成为一个有效的翻译手段，虽然它可能会在一定程度上损害源语的文化意象，但它能更好地传达源语的信息，从而满足目的语读者的需求。

例7：

原文：Kick the bucket.

译文：辞世。

英语中的习语"Kick the bucket"的字面意思是"踢桶"，然而在英语文化中，它实际上是一个比较口语化的方式，用来表达"去世"或"死亡"的含义。如果译者采用直译法进行翻译，那么结果可能是"踢掉桶子"，这样的译文显然会让汉语读者感到困惑，无法理解其真正含义。因此，在这种情况下，译者采用意译法将其翻译为"辞世"，能够更准确地传达出原文中的含义。

四、音译法

音译法，顾名思义，是一种根据源语词语的发音进行翻译的方法。这种方法主要用于处理专有名词，如人名、地名等，或者是某些特定的文化产品名称，如电影、歌曲、品牌等。在音译的过程中，译者需要尽可能地保持源语的发音特征，同时考虑目的语的发音规则和语音习惯，以达到在读音上既符合源语特点，又适应目的语读者的要求。例如，在将英语翻译成汉语的过程中，"Harry Potter"就被音译为"哈利·波特"。

在文化翻译的实践中，音译法占据了举足轻重的地位，其优点在于能够最大化地保留源语的特征，并将源语有效地传递给目的语受众。译者在面对源语中独特的物象、符号或者文化现象时，直接借用其原始发音进行翻译，往往能使受众在听觉上有所体验，从而引发他们对源语文化的好奇和探索。同时，音译法也有助于源语在目的语中创建新的语义空间，这对于一种语言的丰富和发展具有积极意义。通过音译，源语中的独特表达方式和文化信息可以被保留并传播，进而形成跨文化的交流和共享，使得源语和目的语的交融和互动成为可能。

例 8：

原文：这些印有福娃的邮票非常有纪念意义。

译文：The stamps printed with Fuwa are commemorative.

例 9：

原文：作为传统文化的一个组成部分，太极拳与哲学、医学、美学等有着密不可分的联系。

译 文：As a part of the traditional culture, Taijiquan is closely related to philosophy, medicine, aesthetics, etc.

音译法在上述两个示例中的应用展示了其对于中国特有文化现象的传播和维护的重要作用。在第一个例子中，"福娃"作为北京奥运会的吉祥物，其本身就是中国文化的集中体现。最初的翻译"Friendlies"无法准确地反映出其文化底蕴，因此引起了争议。最终译者选择音译为"Fuwa"，这个选择保留了福娃的原汁原味，使得目的语受众可以感受到这个词语背后独特的中国文化元素，同时也体现了主办国的民族特色。第二个例子是太极拳，这是中国传统武术的一种，也是中国传统文化的重要组成部分。原先的翻译"Shadow boxing"有误导作用，可能会引起外国人对太极拳的误解。最终译者采取音译法翻译为"Taijiquan"，这种翻译更准确地传递了太极拳背后的中国文化元素，也能够让外国人更好地理解太极拳。

五、解释性翻译法

解释性翻译法，又可称为增译法或补充法，是一种应用广泛的翻译策略。这种方法的运用，常常是因为源语文本中存在着一些带有文化独特性的历史事件、人物描绘或典故等元素。这些元素对于源语读者来说，通常都是常识性的、易于理解的，但对于目的语读者而言，可能就显得陌生而难以理解。

在这种情况下，译者为了使目的语读者能够更好地理解译文所要表达的含义和文化内涵，往往需要对源语中那些历史背景、人物信息或其他含义模糊的内容进行适当的解释或者补充。这样做不仅是为了传递信息，更是为了保留源语的文化特质，让目的语读者能够在理解翻译文本的同时，也能体验到源语文化的魅力。然而，这种方法并非随意使用，需要译者具有高超的语言技巧和丰富的文化知识，增译的内容必须准确、恰当，不能过多或过少，过多会使译文臃肿，过少则不能达到补充解释的目的。此外，增译内容应与译文的风格和语气保持一致，不能突兀，必须融入译文之中，使译文读起来流畅自然。

例 10：

原文：班门弄斧

译 文：show off one's proficiency with axe before Lu Ban, the master carpenter

例 11：

原文：三个臭皮匠，胜过诸葛亮。

译文：The wit of three cobblers combined surpasses that of Zhuge Liang, the master mind.

例 12：

原文：叶公好龙

译 文：lord Ye love of dragons (Lord Ye was so fond of dragons that he adorned his whole palace with drawings and carvings of them. But when a real dragon heard of his infatuation and paid him a visit, he was frightened out of his wits).

在"班门弄斧"的例子中，译者首先采用直译法"show off one's proficiency with axe before Lu Ban"，保留了原成语的文化色彩和形象，让读者可以感知到原有的中国文化元素。然后，译者加上了对这个成语深层含义的解释，即"the master carpenter"，从而帮助读者理解这个成语所代表的概念——在专家面前显摆自己的技能。对于"三个臭皮匠，胜过诸葛亮"，译者采取了相同的策略，通过直译法传达出成语的字面意思，同时又补充了这个成语背后的含义。译者解释了诸葛亮作为智者的才能，这是西方读者可能不熟悉的文化背景信息，这样做有助于读者理解成语的含义——集体智慧可能超越个体的才能。在"叶公好龙"这个例子中，译者将整个故事都翻译了出来。这样做虽然增加了译文的长度，但却使得西方读者能够理解这个成语所隐含的寓意——虚假的热情。

六、借译法

借译法是一种常用的翻译手法，它通过利用目的语中的语言和文化资源来传达源语中的信息。在某种程度上，借译法像是在源语和目的语之间架起一座桥梁，把两者的文化元素和语境联系在一起。借译法的实质是"借用"，这种借用并非单纯地复制或者模仿，而是在理解和把握源语的基础上，运用目的语的语言习惯和表达方式，以在目的语中寻求相应的表达。也就是说，借译法能有效地处理源语和目的语之间的文化差异，让目的语读者能够更好地理解源语的意义。

在文化翻译中，借译法的应用具有重要作用。由于不同语言背后存在的文化差异，源语中的某些词语或表达可能在目的语中并无对应的词语，此时，借译法就可以借鉴目的语中的文化元素或表达方式，在目的语中寻找最接近的对应词语或表达方式，以实现源语的准确翻译。这样的方式不仅可以保证译文的准确性和可读性，而且还可以更好地体现源语的文化色彩，使目的语读者在阅读译文的过程中深入了解源语文化。

例 13：

原文："谋事在人，成事在天。"咱们谋到了，靠菩萨的保佑，有些机会，也未可知。

译文：Man proposes, heaven disposes. Work out a plan, trust to Buddha and something may come of it for all you know.

例 13：

原文：关起门来以邻为壑，解决不了问题的。

译文：The closed door and beggar-thy-neighbor policies cannot resolve problems.

在第一个例子中，"Man proposes, God disposes"是非常地道的英语习语，这个表达在英语中已经有了深厚的文化底蕴和历史传统。然而在源语中，"天"在中国传统文化中有特殊的含义，与英语中的"God"不完全对应。这个时候，译者就巧妙地使用了"Heaven"来替代"God"，这样既保留了源语的特色，也让这个词语在英语中变得更加符合源语的意境。

第二个例子中的"以邻为壑"出自《孟子》的"是故禹以四海为壑。今吾子以邻国为壑"，"壑"的原意是指深谷或者深沟。在这里，"以邻为壑"是指在洪水灾害发生时，有些地方会将邻近的土地作为排水的沟渠，将自家的洪水引向那里去，这样自己就可以避免灾祸。后来，这个成语就被引申为一种贬义词，用来形容一些只考虑自己、不顾及他人的行为。具体来说，就是指为了自身的利益，不顾他人的安危，将问题或灾祸转嫁给他人的行为。在一些情况下，它也被用来形容一种自私自利、损人利己的行为或者态度，如果采用直译法就会比较费事且读者不容易理解。"beggar-thy-neighbor policy"在英语中是一个经济术语，指的是一个国家采取的政策可能对本国有利，但却可能损害其他国家的利益。译者通过这种借译方式，使得源语中难以直译的文化元素得以在目的语中找到恰当的表达，同时也让目的语读者能够理解并接受这一表达。其他类似的表达还有：

本末倒置（put the cart before the horse），爱财如命（skin a flea for its hide），百闻不如一见（Seeing is believing），拆东墙补西墙（rob Peter to pay Paul），唯利是图（draw water to one's mill），杀鸡用牛刀（break a butterfly on the wheel）。

七、零译法

零译法是一种独特的翻译方法，它不是对源语言的直译，而是保留原文的形态和音韵，使源语词汇在目的语环境中保持其原始的面貌。这种方法在省时省力的同时，也有助于增加目的语读者对新概念、新事物的认知。在翻译过程中，零译法主要应用于专有名词、商标、科技术语等，这些词语往往是具有特定含义的，并且在其原本的语言环境中已经形成固定的语境和理解。例如，"iPad"这个词是 Apple 公司的一种标志性产品，其在全球范围内被广泛认知和接受。如果译者对其进行翻译，无论是直译还是意译，都可能改变其原始的语境和含义，甚至会引起目的语读者的困扰和误解。因此，采用零译法，保留其原始形态，无疑是最好的选择。

除此之外，零译法在文化翻译中也有广泛应用。例如，很多流行文化元素、网络用语、娱乐术语等，往往因其独特的文化背景和社会语境，难以用目的语言准确地表达。在这种情况下，零译法就派上了用场，它不仅能够将源语言的原始信息准确地传达给目的语读者，还能让目的语读者更好地了解源语言的文化和社会背景。[①] 例如，VS（对阵），FAX（传真），VIP（贵客），HR（人事部门），DVD（激光视盘）。

虽然零译法在翻译实践中具有许多优势，但也并不适用于所有情况。对于那些与特定文化背景密切相关，且在目的语中无法理解的源语词语，译者仍然需要采取其他翻译方法进行处理。因此，译者在使用零译法进行翻译时，必须对源语和目的语的文化、语境有深入的了解和把握。

---

① 赵璐. 基于语言与文化对比的英汉翻译探究 [M]. 长春：吉林大学出版社，2019：197.

第四章　汉英语言文化对比与翻译

第一节　汉英习语文化对比与翻译

一、汉英习语文化对比

（一）习语的内涵

习语，是人们在长时间的使用中提炼出来的语言精华，它在一个民族的语言中犹如璀璨的明珠。这些简练的短语或句子因其深刻的寓意和易于理解记忆的特点，在书面语和口头语中都有广泛的应用。由于其重要性和普遍性，习语一直是翻译研究的核心和焦点。习语深刻地反映了一个社会文化的思想观念和历史变迁，其包含的意义往往超过了表面的含义，透露出深层的文化内涵和社会背景。因此，人们在理解习语时需要放弃对其构成词汇的直观印象，转而进一步探索其背后的文化含义和历史背景。

习语通常在特定的语境中使用，用来更准确、更生动地表达某一特定的思想、情绪或观点。习语的使用不仅能丰富语言表达，增强说话者的说服力，而且能体现说话者的语言修养和文化素养。在习语中，其各个组成部分通常保持一种固定的顺序，这种顺序不能随意更改，否则可能会导致习语的意义发生改变或者完全丧失。另外，习语在不同的语言中，其形式和含义可能有很大的差异。这主要是由于不同的语言反映了不同的文化和历史背景。因此，翻译习语时不能简单地按照字面意义进行转译，而需要考虑到目的语的文化和语境，以寻找最佳的对应表达方式。

（二）汉英习语基本认知

1. 汉语习语

汉语习语就其广义范围而言主要包括成语、谚语、歇后语、典故、惯用语、俚语等。

其中，成语是汉语习语中的重要组成部分。成语是汉语中独有的语言现象，其独特的四字结构和悠久的历史源泉使其在众多语言中独树一帜。这些精练且充满内涵的短句源自多种渊源，从历史故事、寓言传说到古籍中的经句，它们跨越时间的藩篱，传递着世代的智慧和文化。历史故事中的成语携带着丰富的历史信息，寓言故事中的成语包含了深远的道理，古书中的成语则展示了古代智慧的结晶。每一个成语都是一段故事、一段历史、一段文化的传承。

成语的四字形式，使其字面上不容易被替换或改变，确保了其传统和特性的保留。这些成语不仅是书面语的代表，而且在口语中也常被人们使用，在传播和教学过程中发挥了重要的作用。在现代社会，汉语成语的学习和研究，既是对传统文化的深入理解，也是语言运用能力的提升。无论是作为汉语学习者，还是作为汉语使用者，都应该对成语有深入的理解和娴熟的掌握，这样才能更好地理解和使用汉语，更好地理解和传承中国的传统文化。

谚语是一种较为简练、通俗的语言形式，主要反映了人民群众的生活智慧。谚语包含着深厚的民族文化底蕴，多数源于口头传统，如"工欲善其事，必先利其器""文官动动嘴，武官跑断腿"。谚语以其独特的形式和深远的意义，传承了民族的历史记忆和文化精神。

歇后语是汉语中一种特殊的语言现象，它是由两部分构成的，通常第一部分形象生动，引出一种场景或物象，第二部分通常省略不说，让听者或读者去联想，从而理解其中的含义。第二部分通常是对第一部分的解释或者意象的扩展，是整个歇后语的关键。因此，熟悉和理解歇后语，需要一定的文化背景知识和语言理解能力。例如，"黄鼠狼给鸡拜年——没安好心"，这个歇后语的第一部分"黄鼠狼给鸡拜年"形象地描绘了一种场景，而第二部分"没安好心"则解释了这个场景背后的含义，整个歇后语表达的是对假意的警惕。歇后语还有泥菩萨过江——自身难保，孔夫子搬家——净是输（书），一跤跌在青云里——交好运（云），二两棉花打絮——谈（弹）不上，十月的萝下——动（冻）了心，七十岁配眼镜——老话（花），下巴底下支小锅——吵（炒）嘴哩，下雨不打伞——临（淋）到头上了，下雨出太阳——假情（晴），大公鸡闹嗓子——别提（啼）了，大麦去了皮——白人（仁）。

2. 英语习语

在英语中，习语也是语言的一个重要组成部分，它们多元化且富含特色，分为成语（set phrases）、谚语（proverbs）、格言（epigrams）、俚语（slang）、俗语（colloquialisms）等。这些类型的对应虽然并非完全等同，但基本上在英汉两种语言中具有相似的性质和作用。

首先，成语或称为 set phrases，它们是固定不变的短语，每个短语都有其特殊的含义。例如，"kick the bucket"（死，过世）这个短语，从字面上看与"死亡"无关，但在语境中却表示了这个意思。其次，谚语或

proverbs，是以简洁幽默的方式表达人生智慧或者道德规范的语句。例如，"don't count your chickens before they hatch"（鸡未孵先别数），寓言的含义是提醒人们不要过早、过于乐观地预期结果。

再者，格言或 epigrams，是表达深刻见解或教训的短句，常常在社会和文化中传承下来。例如，"no pain, no gain"（没有付出就没有收获）。俚语或 slang，通常在某个社区中广泛使用，不太正式，有时候甚至具有轻浮或者粗鲁的意味。例如，"bail"（逃走，离开）。最后，俗语或 colloquialisms，常常用在口语中，语气比较轻松，具有一定的地域性。例如，"g'day"（澳大利亚人的问候方式，相当于"good day"）。英语习语充分展示了英语的丰富性和多样性，无论是在书面语还是口头语中，习语都起到了至关重要的作用。

（三）汉英习语的主要类型

在不同的语言文化中，习语的各个组成部分之间以及整体和组成部分之间的词义关系和语法关系是不一样的。其中，习语中的词在保持自己词义独立性的程度上存在着较大的差异，按照语义关系的不同可以将习语分为融合性习语、综合性习语和组合性习语三种类型。

1. 融合性习语

每一种语言中都存在融合性习语，且通常情况下，民族的发展历史越悠久，文化越丰富，这类习语就会越多。这类习语具有独特的魅力，在任何语言中都存在。一般来说，这类习语的数量与文化底蕴和历史的深厚程度成正比。融合性习语是一个整体概念，其中包含的词汇的单独含义之和无法等同于整体的意义。有时，人们即使知道整个习语的意义，也可能不明白它为什么能传达这样的含义。这种情况可能因为习语的历史太过悠久，或者因为它最初使用的语境已经丧失，或者因为其中含有一些古语元素。例如，英语习语"bite the bullet"无法直译为"咬子弹"，而汉语习语"画蛇添足"也无法直译为"draw a snake and add feet"。

2. 综合性习语

这类习语在现代语言学理论中有着坚实的基础。它们的整体意义虽然并非由组成部分的意义相加得出，但却能从整个短语的意义中引申出来。形象化是整合性习语的显著特点，因此它们也被称为隐喻习语。例如，在英语中，"as busy as a bee"（忙碌如蜜蜂）这个习语就是利用直接的比喻手法创造出来的。汉语中也有类似的隐喻习语，如"沉鱼落雁""闭月羞花"。这类习语的结构也是固定不变的，这主要体现在词序不可颠倒，同时，组成部分也无法用其他近义词替换。在翻译过程中，可以将这类习语翻译成目的语中含义相同或相似的习语，如"一石二鸟"在英语中可以翻译为"kill two birds with one stone"。其他例子还有 to break the ice（破冰；打破沉闷），to mask one's batteries（掩蔽炮位；隐藏敌意），to go through fire and water（赴汤蹈火），a bolt from the blue（晴天霹雳），to kill two birds with one stone（一箭双雕）。

3. 组合性习语

这类习语的来源通常有一定的依据，整个习语的意义由组成该习语的各个词的意义合成。也就是说，如果知道了构成习语的各个词的意义，就能理解整个习语的含义。在这类习语中，通常有一个受到限制的词，而其余的组成部分保持原来的意义。例如，习语"carry weight"（有分量），其中"carry"的意义受到限制，因为它不能随意与其他词搭配。

二、汉英习语翻译方法

（一）直译法

在汉语成语翻译中，直译法是在不破坏语言规则和避免产生误解的前提下，尽可能地在译文中维持原文成语的形象表达和文化色彩的一种翻译方法。在翻译某些生动形象、故事性强且内容完整的汉语成语时，如果译者想要准确表达原意且不违反目的语文化规则，那么采用直译法往往更为恰当。这样的译法既可以保留原文的风格，也能使读者品味到译文的真实味道。

例 1：

原文：他们之间的关系，一个像是水中的月亮，一个如同镜中的花。

译文：Their relationship is like a moon in the water and a flower in the mirror.

例 2：

原文：贾瑞在那里焦急地等待，就像热锅上的蚂蚁，但尽管他等啊等，既看不到人影，也听不到声音。

译文：Jia Rui was anxiously waiting there, like an ant on a hot pan. Despite his anticipation, there was no sign of a person, nor any sound to be heard.

在以上两个例子中，译者直接把汉语成语的形象转化到目的语中。这些形象直观的表达易于读者理解，既可以保留原文的语言形象，又有助于不同文化的交流和语言的融通，也能提高读者的阅读兴趣。

一些俗语的表达内容在西方文化中也容易被理解，或者有时目的语听者可以根据上下文语境推断其含义，此时译者可以采用直译法进行翻译。

例 3：

原文：所谓打断骨头还连着筋，同胞之间、手足之情，没有解不开的结。

译文：Bones may be broken but not sinews because we are fellow compatriots. Between us, there is no "knot" that cannot be untied.

"打断骨头还连着筋"比喻亲人之间情意深重，即使有时出现了矛盾，导致双方之间的关系不如以前亲密，但亲情是难以割断的。这句话的表达独具汉语特色，但结合上下文语境中的"同胞之间、手足之情"，目的语读者不难理解这句话的意义，所以译者可以将其翻译为"bones may be broken but not sinews"。

直译法在翻译汉语谚语中的应用也非常广泛，尤其是在处理含有具体形象和鲜明比喻的汉语谚语时，能尽可能地保留原谚语的语言特色和文化色彩。

例4：

原文：一寸光阴一寸金。

译文：An inch of time is an inch of gold.

尽管英语当中有一个较为类似的常用谚语——time is money，但译者仍然采取直译法。可以发现，这两个民族的谚语在形式上虽较为相似，但含义并不完全一样。"time is money"带有明显的功利色彩，而汉语谚语强调时间的宝贵，劝人们加以爱惜。

（二）意译法

一些具有深厚民族文化特色的汉语成语，其表达的寓意和风格往往无法通过直译法完整保留。在这种情况下，译者更应当采用意译法来准确、简洁地传达成语的深层含义。例如，如果采用直译法将成语"杞人忧天"译为"the man from Qi worries about the sky"，这可能会让读者产生困惑，因为他们可能不理解为什么会有人担心天空会坠落。然而，这个成语实际上是在比喻过度担忧无关紧要的事情。因此，采用意译的方式将其翻译为"worries unnecessarily about trivial matters"，将更能准确地传达出该成语的深层含义。此类翻译还有现身说法（warn people by taking oneself as an example），水深火热（live in great misery），出人头地（stand out），攀龙附凤（play up to people of power and influence），引狼入室（open the door to a dangerous person），爱不释手（fondle admiringly），必由之路（the only way）。

某些汉语俗语包含了丰富的比喻、夸张等修辞手法，使得其意义生动而具有深刻的印象。然而，这些俗语如果直接进行字面翻译，往往难以被其他语言的使用者理解，甚至可能无法传达其基本的含义，更无从谈起保留其原有的文化特色。因此，对于这类俗语，采用意译的翻译方法更为适宜。

例 5：

原文：我顿感打入冷宫，变得郁郁不得志。

译文：I suddenly found myself in disfavor and became very depressed.

"冷宫"是中国文化中皇帝为失宠或犯错的妃子安排的住所，现在用来比喻存放一些不常用的东西的地方或者不受人关注的地方。结合上下文语境，可以看出此处的"打入冷宫"就是指人不再被重视，如果直译为"cold palace"肯定会让目的语读者感到费解，因此只能采用意译法将其翻译为 loss of favor、out of favor、in disfavor、fall into disgrace、be neglected 等。

（三）修辞法

成语集中反映了各种修辞技巧的运用。因此，在进行成语翻译时，除了要保证对原文思想的忠实度，并适当使用同义成语进行翻译外，还需要兼顾原文的语言美感。汉英成语翻译中常用的修辞手法，可以让译文的文字表达更具优美性和吸引力。例如，迂回曲折（twist and turn）；吃一堑，长一智（a fall into the pit, a gain in your wit）；不劳而获（no pains, no gains）；眼不见心不烦（out of sight, out of mind）；不打不成交（no discord, no concord）；好了伤疤忘了疼（once on shore, one prays no more）；世上无难事，只要肯攀登（where there is a will, there is a way）。

（四）直译法＋意译法

有一些汉语成语，如果完全采用直译，那么不懂汉语的读者可能会对译文感到困惑；然而，如果完全采用意译，又可能丧失原文的形象性。因此，这种情况下，译者可以采用直译与意译相结合的方式来进行翻译。这种方法既能使原文的含义和形象得到最大限度的表达，又能在一定程度上保持原文的简洁和有力的风格。这种方法的缺点在于可能会损失原文的简洁和有力的风格。

例6：

原文：不到黄河不死心。

译文：Until all is over, ambition never dies.

在这个示例中，"不到黄河不死心"是一种非常具有中国文化特色的成语。直译成英语的话，可能会是"not giving up until reaching the Yellow River"，但对于不了解中国文化的人来说，"Yellow River"可能并没有特殊的含义，因此这样的直译可能无法准确传达成语的含义。与此同时，考虑到这个成语的本质含义是表示一个人在没有完全尝试或达到目标之前，不会放弃，因此译者采用了意译法，将其翻译为"until all is over, ambition never dies"。这是一个很好的直译法与意译法相结合的示例译者既保留了一些直译元素（如"不死心"翻译为"ambition never dies"），也添加了一些意译元素（如"不到黄河"翻译为"until all is over"），从而更好地传达了原文的含义。此类翻译还有贼眉鼠眼（to behave stealthily like a thief），风餐露宿（braving the wind and dew），坐山观虎斗（sit on the top of the mountain to watch both sides go for each other）。

（五）借译法

在翻译汉语谚语时，可以采用同义借用法，运用相同意思的谚语互相翻译，从而使译文更通顺，便于读者接受和理解。尽管英语和汉语在语言习惯、民族特色、地方风情等方面存在差异，但某些汉英谚语，无论是内涵方面，还是形式方面，都具有相似之处。有时这些谚语中使用的比喻、对仗等修辞手法也大致相同。因此，在这种情况下，译者可以较为轻松地从英语中找到与汉语谚语相符合的谚语。这种翻译方法的特点是不需要译者过多进行翻译和修饰，在理解原文的意思后找到相符的谚语进行翻译即可。例如，祸不单行（misfortune never comes singly）；人要衣装，佛要金装（fine feathers make fine birds）；天下无不散之筵席（all good things must come to an end）；一次被火烧，二次避火苗（a burnt child dreads the fire）；鹬蚌相争，渔翁得利（two dogs for a bone, and the third runs away with it）。

第二节　汉英委婉语文化对比与翻译

一、委婉语的内涵

委婉语是一种特殊的语言现象，其根本特征在于含蓄、婉转。它通过语言的艺术手法如比喻、借代等，代替直接表述一些可能引起不适或冲突的信息，实现理想的交流效果。源于希腊语的英语词汇 "euphemism"，意为 "优雅动听的言语"，旨在用更为温和、让人愉悦的表达方式去替代粗俗、唐突或过于直白的说法，这与汉语文化中对于委婉语的解读有着基本的一致性。

从更广泛的角度看，委婉语的出现是伴随着禁忌文化的发展，即人们对一些事物如死亡、疾病、隐私等的回避或不愿过多讨论的社会心理。这种文化现象促使人们创造出一种新的语言表达形式，旨在避免可能引起的不快或冲突，实现更为和谐的人际交往。因此，可以说委婉语也是一种文化载体，它生发于特定的文化环境，具有鲜明的民族性和时代性。比如，在尊重个人隐私的西方文化中，人们可能会倾向于使用委婉语来描述一些个人信息；而在强调团体和谐的东方文化中，委婉语可能更多用于维护人际关系的和谐。因此，研究委婉语不仅有助于人们理解特定文化的价值观和社会规范，也有助于人们理解人类语言的丰富多样性和复杂性。

然而，尽管委婉语的使用目的和功能可能相似，但由于其反映的文化背景不同，使得不同文化中的委婉语的内涵也会有所差异。例如，研究发现，亚洲国家的人们相较于西方国家的人们更喜欢使用委婉语，而在教育水平较高的人群中，使用委婉语的频率更高。因此，委婉语可以被视为是一种社会交际中的策略，其运用的得当与否将直接影响着交际的效果。

二、汉英委婉语文化对比

（一）避免忌讳表达的汉英委婉语

避免忌讳表达，通常指在特定的社会文化背景下，人们倾向于使用某些替代的表达方式来描述一些被认为不吉利或不适当的事物，以规避可能产生的不良影响。这种避免直接表述禁忌事物的方式常常表现为委婉语的使用。汉语和英语文化中都有这种现象，但由于文化背景的差异，这些替代表达的具体词语往往各不相同。

例如，"死亡"就是一个在两种文化中都被视为禁忌的主题。人的生命结束是自然的生命周期的一部分，然而，无论在汉语还是英语的日常表达中，人们通常会避免直接提到"死"字，以免给听者带来不适。为此，两种语言中都出现了大量与死亡相关的委婉语。

在汉语中，死者的身份、性别、年龄、生者对死者的态度等因素都会体现在委婉语中。例如，统治者的死被称为"驾崩""山陵崩"或"弃天下"；士兵的死则被称为"殉国"或"牺牲""捐躯"；老年人的死亡可以被称为"与世长辞""寿终正寝""驾鹤西去"；对于大众之死，普遍的说法包括"逝世"或"过世"。

而在英语中，也存在大量的表达死亡的委婉语。比如，to kick the bucket（踢了水桶），to bite the dust（尝了尘土），to go to sleep（长眠），to close one's eyes（闭眼、合眼），to breathe one's last（咽气、断气），to go west（归西天），to depart from his life（离开人世），to go to ones last home（回老家），to rest in peace（安息），to lay down one's life（献身捐躯），to be no more（没了、不在了），to pass away（去世、与世长辞），to expire（逝世），to end one's day（寿终），to pay the debt of nature（了结尘缘），to go to heaven with God（升天、仙逝、进天堂），to be called to God（去见上帝）。

以上短语，虽然字面上没有明确的死亡含义，但在实际语境中却被广泛接受为表示人的死亡。因此，可以看出，委婉语在避免忌讳上的功能是普遍存在的，它能够以一种相对温和和接受度更高的方式来描述可能会引发负面情绪的事物或事件。虽然具体的表达方式和使用场景因文化和语言环境的不同而有所变化，但其作用和意义却是共通的。这种语言现象的存在，不仅丰富了语言的表达，也为了解和探究不同文化背景下的语言使用习惯提供了有趣的视角。

（二）避免粗俗表达的汉英委婉语

在中西文化中，对于某些敏感或难以启齿的话题，人们往往会使用委婉语进行表达，以显示得体，避免粗俗。但是，由于不同的社会习俗和语言表达习惯，所选用的委婉语形象和表达方式也有所不同。例如，对于"怀孕"这个话题，汉语中常用的委婉语包括"身子有变""有喜了""身怀六甲""梦兰"等，用以表达一种温柔而含蓄的生育之喜。而在英语中，人们可能会使用 to be expecting（期待），to be in the family way（处于家庭状态），to be in a delicate condition（碰不起的状态），to spoil a woman's shape（破坏了女子的体形），a lady-in-waiting（处于等待中的妇女），eating for two（吃双份饭）。这些表达方式，都以微妙而深情的方式，传达出西方人对于怀孕和生育的喜悦和期待。

除此之外，在中西文化中，对于"厕所"或"上厕所"这类日常生活中频繁出现，但又可能引发尴尬的话题，人们也通常会使用委婉语来替代直接表达。这些委婉语的选用旨在保持交流的得体和礼貌，同时体现了不同文化中对于隐私和尊重的理解。

在汉语中，"厕所"常常被称为"卫生间""清洁间""盥洗室"等，"上厕所"则有"去洗手间""解手""出恭"等的委婉表达。此外，一些更微妙的表达，如"方便一下"等，也广泛用于日常生活中。而在英语中，对于"厕所"的表达方式同样丰富多样。例如，"restroom"（休息室）、"washroom"（洗手间），都是对厕所的委婉表达。对于"上厕所"，英语中也有多种选择，如"to use the restroom"（使用休息室）、"to answer the call of nature"（回应自然的召唤）。这些表达方式都试图将这一可能引发尴尬的表达方式转化为一种更加普遍、更加自然的表达方式。

由此可见，无论是汉语还是英语，人们都倾向于使用委婉语来表达一些敏感或难以启齿的话题。这些委婉语，无论源自何处，都承载了相应的文化背景和价值观。它们在语言交流中的使用，不仅能增添语言的表现力，同时能避免引起不必要的尴尬或冲突。

（三）表示礼貌、尊敬的汉英委婉语

在日常交际中，恰当地使用委婉语可以缓和语气，营造出轻松和愉快的交流环境。尤其在谈论可能会引发他人不适的话题时，使用委婉语则更显得尊重和体贴。例如，在描述人的体型时，应尽可能避免使用可能带有负面含义的词语。在汉语中，如果要描述一个女性的身材较为丰满，可以选择"丰腴""圆润""丰满""富态"等字眼，而避免直接说"胖"。在英语中，"voluptuous""curvy"或"full-figured"则常被用来形容身材丰满的女性，人们一般不会直接用"fat"这样可能带有侮辱性的词语。相反，对于身材较为瘦弱的女性，在汉语中，人们可能会用"苗条""瘦

削""纤细""弱柳扶风""弱不禁风"等词语来形容，而不会直接说"瘦"。在英语中，"thin""petite""slender"则常被用来形容瘦弱的女性，人们会避免使用可能带有贬义的"skinny"。

在很多国家，年龄这一议题常常带有特殊的敏感性，尤其在一些西方国家，年龄被认为与隐私、自尊息息相关。在美国，年龄增长在很大程度上被视为退休与经济能力减弱的象征，因为在无儿女抚养的环境下，这往往会引发孤独感和经济压力。因此，美国文化中产生了众多关于年龄的委婉说法，如"advanced in years"（年事已高）、"in one's golden years"（黄金岁月）、"beyond youth"（不再年轻）等，以避免直接说出"老"。这些委婉语的出现反映出了美国社会对青春、活力和变革的追求。

然而，在中国文化中，人们对年龄的认识却有着不同的观点。在这里，尊老敬老的观念深深植根于人们的心中，这使得人们对"老"的描述通常带有褒义的意味。例如，"老而弥坚""老当益壮""老马识途"这样的词语赞美着老年人的坚毅和智慧，还有"李老""王老"等称谓，这是对学识渊博且道德高尚的长者的尊重，此外，"老朋友""老同事"也是常用地对同龄朋友的称呼。这些表达方式都在强调尊重和欣赏老年人的智慧和经验。

三、汉英委婉语翻译

（一）直译

当汉语委婉语与英语委婉语在内涵和形式上十分相似时，就可以用委婉语翻译委婉语，这就是直译法。这种方法不仅能保留源语的形式特点，还能体现源语的文化内涵。

例1：

原文：我也暗暗地叫人预备了。就是那件东西，不得好木头，暂且慢慢地办罢。（曹雪芹《红楼梦》）

译 文：I've secretly sent people to get things prepared. But they haven't found good wood for that yet, so we have to wait.

在这个例子中，"棺材"被说话人委婉地表达为"那件东西"，这一表达方式体现了汉语的委婉语文化，因此可以采用直译法用"that"代替"coffin"。

例2：

原文：几时我闭了这眼，断了这口气……（曹雪芹《红楼梦》）

译文：Once I closed my eyes and breathed my last...

在这个示例中，"闭眼""断气"都是汉语中对于死亡的委婉表达，译文采用直译的方法，也可以让读者理解这一中西方通用的对死亡的表达方式。

（二）意译

由于汉语和英语两种语言文化存在的较大差异，有时一种语言的委婉表达在另外一种语言中找不到对应的表达，即存在委婉语空缺，此时为了保证目的语读者能真正地理解源语文本的文化内涵，译者一般会选择用目的语的表达方式重现源语的内涵和意义。例如，使用意译法将英语委婉语翻译为汉语。

例3：

原文：You're taking it too hard, there's no disgrace in being a love child.

译文：你对这事看得太严重了，私生子并不丢人。

原句中的"love child"是一个英语中的委婉语，用来描述那些在父母未婚时出生的孩子。在 很多文化中，这可能会被看作丢人的事情。所以在译文中，将其直译为"爱情之子"可能会造成误解。因此，译者选择了使用"私生子"这个更具有指代性和文化背景的词语来进行意译。

又如，使用意译法将汉语委婉语翻译为英语。

例 4：

原文：她这些日子，不知怎么了，经期有两个多月没来，叫大夫瞧了，又说并不是喜。（曹雪芹《红楼梦》）

译文：It's been more than two months now since she had a period, yet the doctors say she isn't pregnant.

在例 4 中，"经期"本来是汉语中对女性来例假一事的委婉表达，这种表达是汉语中独有的，因此适合采用意译法用"period"来表示，这样目的语读者就能联系上下文明白这句话的真正含义。

例 5：

原文：为了我们的事业，我已将生死置之度外，如有不幸，就把我埋在阴山顶上，以表示一个共产主义者的崇高而圣洁的节操！（杨植霖《王若飞在狱中》）

译　文：For the sake of our cause, I've never worried about life or death. If the worst happens, please bury me on top of the Daching Mountains so as to show the lofty, pure moral principles of a Communist!

在例 5 中，结合下文的"把我埋在阴山顶上"，"不幸"可被理解为"我"被敌人杀害，译文中没有直译为"been murdered"，而是翻译成了"the worst"，不仅体现了原文的内涵，还复刻了原文的委婉语功能。

（三）直译 + 增译

直译 + 增译的方法就是指把英语委婉语的字面意思或真实含义翻译成汉语，然后通过注释解释原文翻译效果的方法。这种方法的优势在于能保证目的语译文准确地传达源语文本的真实意义、形式乃至风格，从而帮助目的语读者更好地理解原文、促进跨文化交际活动的开展。

例 6：

原文：The boy's laziness all summer got his father's goat.

译文：男孩整个夏天都很懒，这使他父亲很生气。

《圣经》中记载，上帝曾命令撒旦（Satan）去烧雅各（Jacob）的羊群以激怒他，因此英语中的 got one's goat 意为"使某人生气"。

（四）借译

当汉语和英语中都对某一特定词语有相关的委婉语，此时就可以采用那个相对应的委婉语翻译源语文本中的委婉语，这种委婉语的翻译方法就叫做借译法。

例 7：

原文：他妈妈脑子不大好使。

译文：His mother is rather weak in the head.

"脑子不大好使"在汉语中是"大脑发育不全、有智力缺陷"的委婉语，而"weak in the head"在英语中是"stupid"的委婉语，因此可以将源语文本中的"脑子不大好使"翻译为"weak in the head"。

例 8：

原文：他自小父母替他在外娶了一个媳妇，今年方二十来往年纪……最喜拈花惹草。（曹雪芹《红楼梦》）

译文：While he was young his parents had found him a wife who was just about twenty...who loved nothing better than to have affairs.

在这个例子中，译者将汉语中表示对感情或婚姻不忠诚的"拈花惹草"翻译成英语中的同义表达"have affairs"，虽然省去了"花""草"的翻译，但准确表达了原文中的含义。

（五）省译

当原文中的委婉语通过其他方法无法达到相同的效果时，就应该采用省译法，省略不可译的成分。

例 9：

原文：王夫人忙起身笑回道："她妈前日没了，因有热孝，不便前头

头来。"（曹雪芹《红楼梦》）

译文：Lady Wang rose to explain, "She couldn't very well come, madam, because she s newly in mourning for her mother."

原文中的"没了"很明显是汉语中对"死亡"的委婉说法，译者没有直译成"dead"，而是通过"newly in mourning for her mother"说明了她母亲死亡的消息。

第三节　汉英称谓文化对比与翻译

称谓在任何文化和社会环境中都起着至关重要的作用。它不仅是一个用来称呼某人的名称，还体现了社会结构、尊重、熟悉度和社交礼节等各种细微的关系和规则。其中，亲属称谓是对家庭和亲属关系的明确表达。在很多文化中，亲属称谓非常精细和丰富，能够准确表达出亲属关系的亲疏、长幼及性别等。此外，社交称谓主要体现了社会地位、职业、教育程度、性别等因素。接下来本节将从中国与西方国家的称谓文化对比角度出发来分析汉英称谓文化的异同。

一、汉英称谓文化异同

（一）汉英亲属称谓异同

1. 宗族观念不同

在中国文化中，人们对血缘关系的重视程度显著，这种重视在宗族观念中得到了体现。由于儒家思想的影响，中国人对亲属关系的称呼非常具体并且区分明显。例如，对父亲的姐妹和母亲的姐妹的称呼就不同，前者是"大姑""小姑"，后者是"大姨""小姨"。相比之下，西方文化更加重视个人主义和自由主义，不强调宗族观念。他们的亲属称呼较为笼统，如"uncle"和"aunt"等，并无法明确体现出长幼之别，这正反映了他们对宗族观念的淡化。

2. 长幼尊卑的表现

汉语的称谓中，辈分差异非常明显，称呼会因辈分不同而改变。父母、子女、嫂媳等词语都在一定程度上体现了辈分差异。在汉语文化中，长辈可以直呼晚辈的名字，但晚辈不能直呼长辈的名字，否则会被视为不尊重长辈。而在英语文化中，辈分之别并没有那么明显，只有在描述祖孙三代的差异时，才会和汉语的亲属称谓有些对应。

3. 称谓系统的对比

汉语和英语在称谓系统上的差异主要体现在汉语的叙述性特征和英语的分类性特征上。汉语的称谓系统较为详细，体现了叙述性的特征。基于汉语文化中的"九族五服制"，汉语的称谓系统包括了血缘关系和非血缘关系、父系和母系、直系和旁系，这些称谓都有详细的区分。与此相对，英语的称谓系统要简单得多，主要包括祖父母辈、父母辈、兄弟姐妹辈、子女辈和孙子辈五个系统。

4. 表达尊敬的方式

在表达尊敬的方式上，汉语和英语有显著的不同。汉语文化中，尊重长辈是一种核心的价值观，这一点在称谓上有清晰的体现。比如，人们会加入尊称来称呼长辈，如"李老师""孙大爷"等。这种使用方式，传达了对长辈的敬意和尊重。然而，在西方文化中，尊重的表达方式更偏向于平等与自由，他们倾向于将人们的相处方式视为朋友间的互动，更加随意自然。所以在英语中，人们常常将尊称与姓氏相结合，如"Uncle Johnson""Aunt Lisa"等。

5. 血缘和婚姻关系的表达

在反映血缘和婚姻关系上，汉语和英语也存在着明显差异。汉语在这方面的细致度要超过英语，它对于血缘和婚姻关系的描绘更加深入和具体。在一个家庭中，夫妻两人各自都有自己的血缘关系，结婚后又形成了新的婚姻关系。比如，在汉语中，"哥哥""弟弟""姐姐""妹妹"等称呼属于血缘亲属，而"嫂子""弟媳""姐夫""妹夫"则属于婚姻亲属。而在英语中，血缘和婚姻关系的区分并不显著，常常使用较为模糊的称呼，如"cousin""uncle"等词汇，这些词都没有精确区分血缘和婚姻关系。

（二）汉英社交称谓异同

1. 汉英关系称谓异同

（1）亲密关系的称谓。在汉语中，有一系列专门用于表示亲密关系的称谓。例如，称呼较小的孩子或年轻人时，通常会在其名字前加"小"字，如"小明""小丽""小可爱""小淘气""小调皮"。此外，也有其他的亲昵称呼，如"宝贝儿""小鬼""小毛孩"。这些称呼都传达出了对对方的喜欢和亲近感。而在英语中，虽然也存在表示亲昵的词汇，但数量和种类远不如汉语丰富。一些常见的英语亲昵词包括"honey""sweetheart"以及一些有趣的昵称如"munchkin"等。

（2）比较亲密关系的称谓。对于较亲密的关系，汉语中有很多不同的称呼，包括老师、同学、老板、老乡、朋友等。这些称呼不仅表示了实际关系，如学生称呼其老师为"老师"，也可以表达对对方的尊重，如家长称呼孩子的老师也为"老师"。而在英语中，表示较亲密关系的称呼相对较少，主要为"father"（父亲）、"doctor"（医生）和"boss"（老板）。这反映了英语文化中强调人与人之间的关系较为平等，不过分强调身份和地位。

2. 汉英交际称谓异同

汉语中用于交际的称呼语主要分为两种。一种用于较正式的场合，如"先生""女士""太太"等。这些词可以单独使用，也可以放在姓名、职称后面，如"李先生""教授先生"等。另一种则用于拉近交际距离，常常借用亲属关系的称谓，如小孩在问路时可以称呼年长的女性为"阿姨"，在医院可以称呼年轻护士为"护士姐姐"。

在英语文化中用来交际的比较正式的称呼语有 Sir、Madam、Mr.、Miss、Mrs. 等。这些词的使用方法也各有特点。单词 Sir、Madam、Miss 通常单独使用，来称呼陌生人；Ms、Mr.、Mrs. 和 Miss 与人的姓氏连在一起使用，如 Mr. John、Miss Smith；Mr. 可以和官衔、军衔连在一起使用。这些称呼语在英语的交际场合里使用频繁。与汉语中在学校直接称呼老师不同，英语文化中老师被称为 Mr. 或 Miss。

3. 汉英敬语称谓异同

敬语是全球各地人们表达尊重和礼貌的重要方式。在汉语中，尤其是在中国文化中，对职位、年龄或辈分高于自己的人，通常会使用敬语。例如，学生对老师、员工对上级领导，通常会使用"您"。此外，还有许多其他的敬称，如称呼他人的"贵姓"、称呼他人的家人为"令尊""令堂"等，这都是表达尊重的方式。与此同时，中国人在尊重他人的同时，也会对自己使用谦称，如"在下""敝人""不才"等，以此表达自己的谦虚和尊重。

在英语中，敬语的使用则比较简洁和直接。通常来说，当你跟他人关系较远，或者他们的职位较高时，你会使用敬语。例如，你可能会称呼医生为"Doctor"，上校为"Captain"，或者教授为"Professor"。这不仅表达了对他们职位的尊重，也表达了一种社交距离。另外，在英语中，"you"同时用于正式和非正式场合，没有像汉语中的"您"和"你"这样的区别，这也是英语文化强调平等的一种体现。

4. 汉英头衔称谓异同

头衔，包括官方头衔、职称头衔、学术头衔和军衔，在交流中常常被用作称谓，反映了人们对身份和地位的尊重。在汉语中，官方头衔在称呼中的使用十分普遍，如"李总理""赵部长""吴将军"等。这种现象在很大程度上受到了中国社会严格等级结构的影响。人们往往通过称呼他人的头衔来表达对其社会地位和等级的尊重。

相对之下，在英语中，头衔作为称谓的使用则不太常见。这并不是因为权力和权威在西方国家不重要，而是在大多数情况下，英语文化强调的是个人之间的平等。尽管如此，英语中仍有一些官方头衔，如"Prime Minister"（总理）、"Ambassador"（大使）、"Senator"（参议员）、"Judge"（法官）、"Pastor"（牧师）、"Major"（少校）等。

二、汉英称谓文化翻译

根据上述分析介绍可知，汉语和英语在亲属称谓文化、关系称谓文化、交际称谓文化中存在很多差异，译者在翻译时首先要了解这些差异，然后选择合适的方法进行翻译。

（一）亲属称谓的翻译方法

1. 基本对等

亲属称谓语是每种语言的基本元素之一，很多的亲属称谓在不同的语言之间都有相应的词语，这些词语在表达的含义和使用场景上有着密切的一致性。例如，汉语中的"父亲"对应英语的"father"，"母亲"对应英语的"mother"，"儿子"对应英语的"son"，"女儿"对应英语的"daughter"，"祖父"对应英语的"grandfather"，"祖母"对应英语的

"grandmother"。在翻译这类亲属称谓时，译者可以直接使用基本对等法，即直接找到目的语中与源语相对应的词语进行翻译。

2. 增加注释

然而，并不是所有的亲属称谓语都能找到直接对应的词汇。在汉语中，许多亲属称谓包含了丰富的信息，如亲戚关系的辈分、性别、出生顺序等。例如，汉语中的"外甥女"和"侄女"在英语中都被翻译为"niece"，但这两个词在汉语中分别表示的是"sister's daughter"和"brother's daughter"。为了保持源语的信息，译者在翻译时可以采用增加注释的翻译方法，也就是在译文中添加一些具体的描述，来传达源语中的特殊含义。

3. 灵活变通

有些亲属称谓在汉语中包含了中国特色的文化和社会背景，在英语中没有直接的对应词汇。例如，汉语中的"找个婆家"包含了中国特色的婚姻观念，在英语中没有直接对应的词汇。为了表达这种特定的文化含义，译者在翻译时可以采取灵活变通法，即根据上下文的语境，选择符合原意的词语或短语进行翻译。如在此例中，译者可以将"找个婆家"翻译为"find a husband"，既保留了原文的语境，也符合英语的表达习惯。

（二）交际称谓文化的翻译方法

1. 基本对等

在翻译中，基本对等法是一种常用的方法，它在处理汉英社交称谓中有着广泛的应用。基本对等法主要是在源语和目的语之间找到相应的对应关系。在一些情况下，汉语中的称谓表达方式在英语中有相应的等效词汇。例如，汉语中的"李先生"可以直译成英语的"Mr. Li"，"周女士"可以直译成英语的"Mrs. Zhou","赵小姐"可以直译成英语的"Miss Zhao"。

2. 适当改写

并不是所有的称谓都能直接找到对应的词汇。有些时候,译者需要改写原文中的称谓,以使译文更符合目的语的表达习惯。例如,汉语中的"师母"在英语中没有对应的称谓,但译者可以将其改写成"the wife of teacher",这样既保留了原文的信息,又使译文符合英语的表达习惯。

3. 等效翻译

在翻译过程中,有时候译者需要根据上下文的语境和文化背景来理解并翻译称谓。例如,汉语中的"小伙子"在英语中没有直接对应的称谓,但译者可以根据上下文的语境将其翻译成"lad"或"young man"。这种方法被称为等效翻译法,它强调的是根据上下文的语境和文化背景来选择适合的译文,而不仅仅是在词汇层面上寻找对应关系。

第四节　汉英修辞文化对比与翻译

在学习和实践汉英翻译的过程中，许多初学者会发现他们的译文读起来不够自然，或者说不够"地道"。这种现象的原因可能很多，但一个关键的因素可能是他们还未完全熟悉和掌握目的语的修辞规则。实际上，由于不同文化背景的影响，各民族在使用他们的语言时，会有不同的语言加工、美化和调整方式。因此，汉语和英语在词汇、句法等方面有明显的差异，同时在修辞方面，即用词和造句方面也有自己独特的规律和特征。对这些差异的理解和掌握，不仅有助于跨文化交流，也有助于译者提高译文的质量。以下将对汉语和英语的一般修辞规律进行简要的比较和分析。

一、汉英修辞文化对比

（一）连接词的使用

相较于汉语，英语是一种更重视形式化表达的语言。这种形式化的表现主要在于句子之间的关联通常通过连接词来构建。例如，英语中的"and"表示并列关系，"but"表示转折关系，"so"表示因果关系等。也就是说，各种连接词在英语中作为一种形态标记得到了广泛的使用。然而，汉语在表达中，通常会省略连接词的使用，各分句之间的联系主要通过语序和逻辑隐性地呈现出来。这个显著的区别可以被称为形合和意合的区别。在考虑这种区别的情况下，一般在英译汉的过程中，会将原文的连接词省去；在汉译英的过程中，要加上适当的连接词。

例 1：

原文：The sky was gray, yet the city was alive with colors.

译文：天空灰蒙蒙的，城市却色彩斑斓。

在这个例子中，汉语译文省去了原文的连接词"yet"，但两个句子之间的关系并没有丢失，而且很符合汉语的表达习惯。

（二）修辞风格的选择

在修辞风格方面，英语和汉语的显著差异之一是英语表达常常显现为静态，而汉语表达则更倾向于活动。具体来说，英语在表达动作时往往会选择使用非动词的方式来表达动作含义；相比之下，汉语则更偏向于使用动词来描绘动作，这一点在汉语中对动作的详尽分类中得到了体现。鉴于这些区别，译者在进行汉英互译时，根据需要选择加强或减弱源语的活动性。

例 2：

原文：The sun was setting, bathing the city in a golden light.

译文：夕阳西下，城市沐浴在一片金色的光芒中。

在这个例子中，英语原文使用了静态的表达方式，这种表达方式使语言更为准确、简洁。然而，由于汉语是一种活动语言，译者在翻译时采取了更为活动的方式，这使得译文的活动性得到了强化，整体风格也更为生动。

（三）句子主语的选择

英语的另一修辞特点是物称的使用。具体来说，汉语句子的主语通常是能够主动行动的生物或事物，而英语句子在选择主语时，往往会选择不能主动行动的非生物。例如，汉语的"我希望……"可以翻译成英语的"It is my hope that..."。这一特点在英语的书面语，特别是新闻、科技、学术论文和一些散文中尤其明显。换句话说，汉语强调人称（生命）的表达，而英语强调物称（无生命）的表达。在将英语翻译为汉语的过程中，通常会把原文的物称主语翻译为人称主语，以使译文符合目的语的表达习惯。例如，It was his decision to leave the company.（他决定离开公司。）在这个例子中，尽管可以将物称主语翻译为"他的决定……"，但人称说法更为自然和直接。然而，有时也可以根据需要选择保留原文的物称。

（四）主动与被动的选择

主动和被动语态的使用在汉语和英语中有着明显的差别。汉语通常更偏爱主动语态，而英语则更经常使用被动语态。这种现象与汉语偏重人称主语，英语偏重物称主语的方式密切相关。语态的选择和主语形式的使用是相互影响的。例如，如果英语中没有物称这样的表达方式，就不可能出现被动语态；相反，如果没有被动语态，物称表达方式也无法成立。因此，在汉英互译过程中，译者需要灵活地将汉语的主动句转化为英语的被动句，反之亦然。

例3：

原 文：Our city council has recently approved the construction of a new shopping mall.

译文：我市的市政府最近批准了新购物中心的建设计划。

在这个例子中，英语原文中的主动句被译为汉语中的被动句，这样更符合汉语的表达习惯。

二、汉英修辞翻译方法

修辞是提高译文语言表达水平的重要手段，在汉英翻译的过程中，译者要注意选择恰当的翻译方法翻译源语文本中的修辞。此处主要从词语的修辞翻译角度分析如何提升修辞翻译的水平。

（一）精准选词

在翻译实践中，词语的选择对于译文的质量具有至关重要的影响。译者需要仔细研究和反复推敲源语和目的语中的词语在词义范围、语境重要性、语言色彩等方面的差异，力求译文的用词准确、得体。

例 4：

原文：他经常在公共场合贬低他的妻子。

译文：He often disparages his wife in public.

在这个例子中，译者将"贬低"翻译为"disparages"，比翻译成"criticize"这样的词更能准确地传达原文中的含义和语境。

（二）简洁明快

汉语表达常常喜欢使用重复的修辞手法，而英语则更倾向于简洁明了。汉语中的重复修辞手法一般有两种作用：一是为了强调某个观点；二是为了平衡文章的节奏，增强文章的可读性。然而，在英语中，过度的重复往往会显得冗余或者拖沓。因此，译者在进行汉英翻译时，需要舍弃或省略源语文本中的一些重复表达。

例 5：

原文：这是革命的春天，这是人民的春天，这是科学的春天！让我们张开双臂，热烈拥抱这个春天吧！

译文：Let us stretch out our arms to embrace the spring, which is one of the revolution, of the people, and of science.

在此翻译中，"which is one of the revolution, of the people, and of science"这部分对原文三个春天——革命的春天，人民的春天，科学的春天的并列句进行了合并，这体现了英语的简洁性。而"let us stretch out our arms to embrace the spring"则直译了原文的后半句。这样，通过合并和直译的手法，译者成功地将原文的四句话翻译成了一句，既保留了原文的信息，又体现了英语的简洁性。

1. 节奏性重复

汉语表达中常常出现四字对偶的成语，这些成语内部往往存在语义的重复。在翻译这样的词组时，译者通常无须将所有内含的意义都翻译出来，翻译其中的一部分就可以了。例如，油嘴滑舌（glib tongue）、长吁短叹（sighing deeply）、精疲力竭（exhausted）、随波逐流（swim with the stream）、发号施令（issue orders）、土崩瓦解（fall apart）、两面三刀（two-faced tactics）、水深火热（in deep waters）、自吹自擂（blow one's own trumpe）。

2. 搭配性重复

汉语中的范畴词也属于语义上的重复。范畴词是具有概括意义、表示事物分类范畴的词语。范畴词经常放在具体词语的后边，对具体词语进行分类、总结，目的是方便与其他词语搭配使用。而在英语表达中，具体的词语就能构成搭配关系，原文中的范畴词变成了多余的部分。

例6：

原文：那时他们最渴望的就是结束这摇摆不定的局势。

译文：What they wanted most was an end of uncertainties.

此句中的"局势"就是一个典型的范畴词，它提供了一个大的范畴，让读者了解"摇摆不定"的对象是一个具有抽象性质的环境或状态。但在英语翻译"What they wanted most was an end of uncertainties."中可以看到，"局势"这个词并没有被直译出来。原因是在英语中，"uncertainties"这个词已经足够表达原句的意思，更准确地传达出了"摇摆不定"这种状态，无须再引入一个范畴词。这种差异反映出英汉两种语言在处理概念分类和抽象概念方面的不同。汉语倾向使用范畴词来对事物进行分类和概括，而英语则更加注重具体和明确，往往会直接用一个词来表示某种状态或特性，无须额外的分类词语。

（三）生动形象

在翻译过程中，清晰的逻辑和生动的描绘都是非常重要的元素。一个有效的翻译需要能够清晰地传达原文的意思，同时尽可能地保留原文的精神和韵味。例如，通过"化静为动法"，即将静态的情境或事物通过动态的语言表达出来，可以使译文显得更加生动和形象。

例7：

原文：山行六七里，渐闻水声潺潺，而泻出于两峰之间者，酿泉也。（欧阳修《醉翁亭记》）

译文：A walk of two or three miles on those hills brings one within earshot of the sound of falling water, which gushes forth from a ravine known as the Wine–Fountain.

在这个例子中，译者将"渐闻"这一静态动作的描写用"bring"这样具有动态意义的词语来翻译，复刻了原文生动形象的描写手法，实现了从静态到动态的转换。这样的转换使得译文在传递信息的同时，也让读者有了更强的身临其境的感觉。

第五章　汉英物质文化对比与翻译

第一节　汉英饮食文化对比与翻译

一、汉英饮食文化概述

在当今世界，随着全球化的进程不断加速，人们的生活越来越丰富多彩，尤其是文化交流的机会增多，使人们有机会深入了解并欣赏不同国家和地域的饮食文化。饮食，作为人类生活的基本需求，不仅满足了人们的生理需求，还承载着丰富的历史信息和文化内涵，映射出了各个文化的独特性。

中国，一直以来就以深厚的饮食文化而著称。在中国，饮食不仅仅是一种生活的需求，更是一种生活的艺术，一种文化的体现。中国的烹饪技术丰富多样，精湛绝伦，有数千年的历史，深受全球人们的喜爱。各种美食不仅令人口舌生津，而且富含各种营养素，有益于身体健康。而中国食物的烹饪和食用方式，也反映出了中国人深入骨髓的生活哲学和人生态度。当然，西方国家的饮食文化也同样独特，具有吸引力。西方的饮食文化主要以面包、奶酪、红酒和肉类为主，这与东方的饮食文化形成了鲜明的对比。西方烹饪技术强调原料的新鲜度和食物的原始风味，旨在保留和提升食物的原有口感和营养价值。此外，西方餐桌上的餐具和用餐礼仪，也展示了其独特的饮食文化。

不论是东方还是西方，都有其各自独特且鲜活的饮食文化。这些文化不仅包含了各自的烹饪技术和食材选择，还承载了各自地域和民族的历史、习俗和价值观。随着全球化的推进，各地的饮食文化不断交流和碰撞，形成了新的美食和烹饪方式，丰富了人们的生活，提升了人们对世界的认知和理解。

二、汉英饮食文化对比

从饮食观念、食材选择、烹饪方式、用餐氛围、用餐环境五个方面来对比汉英饮食文化的差异，如图 5-1 所示。

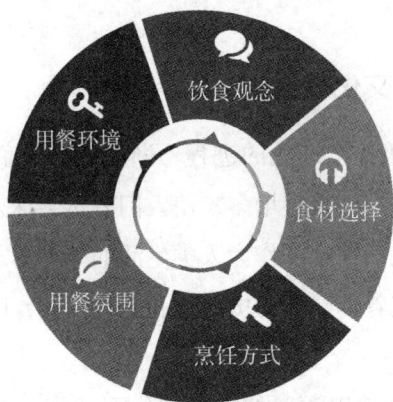

图 5-1　汉英饮食文化差异

（一）饮食观念

1. 中国饮食观念

在中国，饮食被赋予了深厚的文化内涵和社交意义。古话"民以食为天"揭示了中国人对于饮食的重视。饮食对于中国人来说，不仅仅是满足生理需求，更是一种社交的方式和生活的艺术。无论是在日常生活中的问候，还是在各种重要场合的庆祝，都离不开饮食。例如，结婚、葬礼、生日庆祝、迎新送旧等场合，都会伴随着丰盛的宴席和聚餐。中国人重视食物的色、香、味、形和营养价值，并且菜肴的命名往往富含文化和历史的底蕴，如"东坡肉""金玉满堂"等，这些都是中国饮食文化的独特表现。

2. 西方饮食观念

与中国饮食观念相比，西方国家在饮食方面的理念有显著的不同。西方人将饮食视为生存的必需和保持健康的重要手段，他们非常注重食物的营养成分和饮食的营养搭配。即使食物味道平淡，或者菜品比较单一，只要能满足身体的营养需要，他们也可以接受。这种理性的饮食观念让西方人在饮食上更倾向于选择那些对健康有益、营养丰富的食物。此外，西方饮食也是一种交际手段，他们通过共享餐桌来增进人际关系，但这种交际的方式与中国的聚餐文化有所不同。

（二）食材选择

1. 中国食材选择

中国的食材选择则受到地域环境和生产方式的深刻影响。中国地广人众，地理环境和气候条件多样，形成了以农业为主、畜牧业为辅的生产结构。因此，素食在中国人的饮食中占据主导地位，如米饭、面食、各种蔬菜等，而肉类食物如猪肉、鸡肉、鱼肉等则辅之。然而，随着中国社会经济的发展，人们的饮食范围日益扩大，肉类和水果的消费也逐步增长，这使得中国人的饮食结构趋向于均衡。这种丰富多样的饮食对象也反映出中国传统文化中"天人合一"的哲学观念。

2. 西方食材选择

西方国家的食材选择受其主导的生产方式影响。西方人的食材构成主要是奶制品和肉制品，以及谷物类农作物。这种饮食模式使得他们的饮食具有高热量和高脂肪的特性。然而，西方人更加注重食材的原汁原味，因此，虽然他们的食材种类丰富，营养价值高，但制作方式相对简单，调味品使用较少。这样的饮食对象选择多是为了维持生命和保持身体健康，而不仅仅是为了美食的享受。

（三）烹饪方式

1. 中国烹饪方式

在中国饮食文化中，烹饪方式是千变万化的。受中国地理环境、食材种类、地方口味等多种因素影响，烹饪的规则和程序相当丰富和多样。在中国的厨师眼中，辅料的使用常常用"适量""一勺""半勺"等大概的量词来度量，而火候的掌握则包含了大火、中火、小火、慢火、文火等不同层次，这些都是以经验和感觉为主，没有严格的标准。因此，不同的厨师制作出的菜肴，味道往往各具特色。另外，烹饪方式也常常根据厨师自己的理解和经验进行调整，不拘泥于固定的烹饪步骤，这也是中国不同地区形成各具特色菜系的原因之一。

2. 西方烹饪方式

相较之下，西方的烹饪方式主要以保持食物原有风味和营养为主，因此他们的烹饪步骤通常按照统一的标准进行。西方的菜谱在调料的使用和烹饪时间上，都强调精确控制。这种精确的烹饪方式使得食物的原始味道得以最大限度地保留，同时使得不同的厨师能够做出相同的菜肴。这样的烹饪方式除了满足生存和交际的基本需求，也体现出了他们对食物原汁原味的追求和对烹饪过程的科学理解。

（四）用餐氛围

1. 中国用餐氛围

无论是在家庭聚餐还是大型宴会，中国的用餐氛围往往体现出一种共享、团结和热闹的氛围。中国人习惯围桌而坐，所有的菜品，无论凉菜、热菜，甚至是甜点，都放在桌子中央共享。在用餐过程中，人们常常互相敬酒、夹菜，这种用餐氛围给人一种和谐、欢乐的感觉。这一饮食习惯，体现出了中国人追求团团圆圆、重视集体的民族心理。

2. 西方的用餐氛围

西方人的用餐氛围，主要体现在他们对生存和交际的重视上。他们通常采用分餐制，使用公勺、公筷，每个人可以根据自己的喜好添加食物。此外，西方人非常喜欢自助餐，其自助餐的场馆通常布置得优雅、温馨，食物依种类排列，人们可以根据自己的需求取用，这也便于人们随意走动和交流。西方的这种饮食习惯体现出了他们尊重个体、注重形式与结构的特性。

（五）用餐环境

1.中国用餐环境

在中国的饮食文化中，用餐环境通常围绕一张圆桌而布置。圆桌象征着家庭的团圆与和谐，这一设计意图恰好契合了中国文化中对于和谐团圆的深切追求。此外，围坐在圆桌周围的每一个人都平等，没有地位的高低之分，这也体现出了中国文化的一种价值观——和而不同，人人平等。再者，中国人普遍喜欢在一起吃饭，这既是社交活动的一种方式，也是享受生活的方式。一顿饭，不仅是满足口腹之欲，更是感情交流、心灵沟通的过程。对话、笑声、敬酒、夹菜等细节，都体现了中国人在餐桌上的亲情、友情和敬意。

2.西方用餐环境

在西方，人们用餐时通常围坐在一张长方形的餐桌前。这样的设计，使得每个人都拥有自己独立的空间和一定的私人距离，这无疑是对个人空间的尊重，也反映了西方文化中对个体主义的强调。餐桌上，西方人有着自己的餐具和餐盘，食物按份上菜，这也展现了他们对食物卫生和个人口味的重视。这种分餐制体现了西方饮食习惯中注重个体差异的特点，每个人都可以根据自己的口味选择自己喜欢的食物，而不会受到他人的影响。这种用餐环境与中国的饮食环境形成了鲜明的对比。

三、汉英饮食文化翻译

（一）烹饪方式的翻译

中国饮食花样繁多，不仅重视材料的配比，对于烹饪方式也有很多要求。对于这些烹饪动词的精确翻译能够使外国人了解中国饮食文化的特点。在翻译一些中国饮食烹调方式的术语时，译者可以采用直译法。例如，蒸（steaming）、烧（braising）、煎（pan-frying）、炒（stir-frying）、爆（quick-frying）、煮（boiling）、炸（deep-frying）。

（二）菜肴名称的翻译

1. 直译

中国的菜名体系是丰富多元的，主要可划分为两大类。首先，有些菜名直接揭示了菜肴的主要成分、烹饪手法以及味道特征，如常见的"麻婆豆腐""地三鲜"和"糖醋里脊"。这类菜名在进行翻译时，通常采用直译法，因为这种方式能够准确地传达菜品的制作材料和方法，同时能保持菜名的原有文化特质。例如，"道口烧鸡"的英语翻译为"Daokou roast chicken"，和北京烤鸭（Beijing roast duck）译法一样，比较容易让游客接受，并从中产生同"北京烤鸭"这类知名度比较高的美食类似的联想，有助于实现吸引游客前来品尝的目的。这类翻译还有炸春卷（deep-fried egg rolls）、糖醋排骨（spareribs with sweet and sour sauce）、炒鸡丝（stir-fried chicken）、红烧鲤鱼头（stewed carp head with brown sauce）、烧鹅（roast goose）、油鱼唇（braised fish lip with oyster oil）、白切鸡（steamed chicken）。

2. 意译

另一类中国菜名就无法通过直译的方式准确地反映菜肴的原料或烹饪方法。这些菜名中，一部分是以人名命名的，如"太白鸭子""罗汉大虾""东坡肉"等；另一些菜名本身蕴含着丰富的典故，如"叫花鸡""佛跳墙"和"回锅肉"等。还有一些菜名使用了独特的表述，营造了一种诙谐而有趣的饮食氛围，如"蚂蚁上树"和"火山下雪"等。

这些菜名如果仅通过音译或直译，可能会使外国食客感到困惑。此时，译者可以使用意译法或者音译加注释的方式进行翻译。例如，"江米切糕"这个菜名就无法直接反映其制作原料和烹饪方式。然而，将其翻译为"glutinous rice cakes"，就明确地向读者展示了这道菜的主要成分是糯米，糕点的口感软糯，大体形状如蛋糕。这样的翻译既满足了以目的为导向的翻译原则，又有效地传达了菜品的主要信息。

又如，"白扒豆腐"这个菜名，如果直译或者音译，很可能无法准确传达菜品的特点。但是，将其翻译为"bean curd in white sauce"，就能明确地告诉读者这是一道以豆腐为主要成分，再配以白色酱汁的菜肴。这样的翻译既简单易懂，又揭示了菜品鲜嫩多汁的特点，能有效地吸引外国游客去品尝。

3. 音译

中国饮食文化中一些简单的主食还可以采用音译的方法用汉语拼音的表达方式体现饮食的特点，对于一些不太常见的主食可以结合释译法进行具体介绍。这样不仅能充分体现中国饮食的民族特色，还能增添食物的神秘色彩，引发外国观众的好奇心。

（1）完全音译：馕（nang）、泡馍（paomo）、炒面（chow mein）、馄饨（wonton）、饺子（jiaozi）、包子（baozi）。

（2）音译＋直译：兰州牛肉面（Lanzhou beef noodles）、鱼香肉丝（yuxiang shredded pork）、狗不理包子（the Goubuli steamed stuffed bun）。

（3）音译＋增译：粽子 zongzi (a traditional Chinese food made of glutinous rice with different stuffings)、黄酒 huangjiu、(yellow wine brewed from rice)。

第二节　汉英服饰文化对比与翻译

一、汉英服饰文化对比

服饰文化是指人类在长期生活实践中，形成并传承下来的关于衣着的各种社会风俗、礼仪规范、艺术观念和审美情趣等。它不仅包括衣着的材质、色彩、形式、装饰等物质方面，也包括了衣着的使用场合、礼仪规则等非物质方面。服饰文化不仅反映了人们的生活习惯和审美取向，也是人类文化的重要组成部分，体现了一个地区或一个民族的历史、文化、宗教、风俗、习惯等多方面的信息。每一种服饰都承载着深深的历史和文化烙印，无论是中国的汉服、印度的纱丽，还是西方的礼服，都是各自地域和文化的独特表现。本节将从服饰色彩、服饰观念、服饰审美以及特色服饰四个方面分析汉英服饰文化的差异。

（一）服饰色彩

1. 中国服饰色彩

上古时期，由于黑色被视为神秘且代表天帝的统治力量，皇家仪式中的礼服多以黑色为主。然而，随着封建集权制度的确立，黄色成为尊贵的颜色。这是因为黄色被认为是传说中神龙的颜色，皇帝作为龙的传人，自然应穿黄色的服饰。从汉文帝开始，黄色龙袍成为各朝各代皇帝的传统服饰，黄色被视为权威、高贵与庄严的象征。此外，红色在中国文化中也受到极大的喜爱，被认为是热情、喜庆和庆贺的象征。无论是士兵立功后的红色勋章，还是新人婚礼上的红色装饰，红色都给人带来喜气洋洋和生活美好的寓意。

2. 西方服饰色彩

相较于中国丰富的颜色喜好，西方人则主要崇尚白色和紫色。白色在西方文化中被视为纯洁、高雅和正直的象征，无论是神话中的天使还是新娘的婚纱，白色都扮演着圣洁和纯真的象征角色。另一方面，紫色也深受西方贵族的喜爱，是至高无上和神圣的象征。在基督教和犹太教的文化中，紫色都被视为神圣和尊贵的颜色。

（二）服饰观念

1. 中式保守观念

中国是一个历史悠久的国家，其文化中的儒家思想和道家理念影响了中国人的着装观念。儒家倡导用道德和礼仪规范人们的服饰，而道家主张人的服饰应顺应自然和人体的需求。这两种思想都主张在设计服饰时应遮盖人体，以体现道德礼仪的约束和与自然的和谐。教育理念中的服装规范被认为是修身的一部分。人们相信合适的着装不仅应适合个人的身份，也应适应不同的场合。而近代以来，中国虽然引进了西方的服装观念，但相较于西方的开放性，中国的服饰特点仍旧偏向于端庄、保守和含蓄。

2. 西式开放观念

西方的服饰观念强调个性的展现和自我实现。无论是男性还是女性的服装设计，都倾向于凸显其身体特征和个性风范。例如，男性服装强调胸肩宽厚和腿部挺拔，这被认为是男性风范的体现；女性服装则注重突出曲线美，以体现女性的魅力。在现代，西方人更重视展现个性，因此通过一个人的服装和配饰可以看到其个性特征和喜好。

（三）服饰审美

1. 中式的逍遥追求

中式的逍遥审美观体现在对自由和随性的追求上。这一理念强调人与自然的和谐，以及人的内心状态的自由表达。在服饰设计上，这种审美观追求的是服饰的舒适度和"气"的表达。这种"气"反映了人的内心状态和精神境界。服装不仅是身体的遮蔽物，也是个性和内心世界的体现。因此，逍遥之美并不依赖于过多的装饰，而在于人与自然、人与自我之间的和谐。这种逍遥美，一直是中国服饰审美的基调，影响着人们的日常穿着和审美观念。

2. 西式的荒诞个性

西方的荒诞审美观体现在对新颖和非常规的追求上。与中国的和谐相反，荒诞审美赋予服装一种独特的个性和创新的形式感。荒诞审美的起源可以追溯到哥特时期的服装风格，这一风格在文艺复兴和洛可可时期得到延续。随着存在主义的兴起，荒诞被正式视为一种美的表现形式。这种审美观念影响了西方男士对服饰的追求，从阳刚转向柔性，再到更具叛逆风格的朋克风、海盗风。荒诞审美通过服装设计展示了人们的独特个性和创造力，同时带有一种趣味性。在全球一体化和文化多元化的影响下，荒诞审美呈现出多元化的特征，越来越成熟，并更好地融合了不同形式的美。

（四）特色服饰

在中西方服饰文化中，有一些能代表各自文化特色的服饰，看到这些服饰，人们就会想到这个民族。在国外，中国的唐装和旗袍的知名度较高；而西方具有民族特色的服饰则非西装和中世纪欧洲贵族服饰莫属。这些服饰虽然形态各异，功能不同，但无论哪种服饰都蕴含着丰富的民族文化底蕴，体现着不同民族的审美和个性。

1. 汉服与西装

（1）汉服。汉服，顾名思义，是汉族的传统服饰，起源可以追溯到几千年前的黄帝时期。它主要包括商周时期的衣冠制度，秦汉时期的宽袍宽裤，以及魏晋南北朝时期的曲裾交领袍等形式。汉服不仅仅是一种衣物，它蕴含了中华文化的深厚内涵，体现了汉族礼仪的重要精神。汉服的设计主要体现了汉族的审美观和道德观。在传统的汉服中，可以看到直线与曲线的完美结合，这反映出中国人民对于自然与和谐的崇尚。此外，颜色和图案的选择也充满象征意义，如红色代表喜庆，龙和凤象征皇家权威等。

汉服也体现了社会等级和性别的差别。中国古代社会对于服饰的规定非常严格，服饰的种类、颜色、纹样、装饰等都具有特定的含义，表达了个人的身份和社会地位。同时，男性和女性的服装也有明显的区别。

（2）西装。西装是西方男士的正式服装，其设计理念强调的是人的权威性和社会地位。它的线条清晰，剪裁精致，强调的是人的身体曲线和挺拔的形象。同时，西装在面料选择上通常优选细致柔软且透气性好的面料，如羊毛、麻布等，这与西方人的生活环境和审美习惯有关。在配色上，西装常见的颜色有黑色、蓝色和灰色等，强调的是稳重和权威。

2. 旗袍与西式长裙

（1）旗袍。旗袍是中国传统女性服装，其设计理念强调的是女性的温婉与知性。旗袍以其贴身剪裁，优雅的线条，凸显了女性的柔美与婉约。同时，旗袍在面料选择上也表现出对自然的热爱，常用的面料有丝绸、细布等，通过精细的工艺展现出中国传统文化的魅力。在颜色搭配上，旗袍经常选择大地色、花鸟图案等，反映出中国文化中的自然和谐观。发展到现代，中国的旗袍仍然很受现代女性的喜爱，旗袍的设计也增加了许多新的元素，如背部拉链开口、蕾丝花边等，其选用的面料种类也更加丰富、现代化。

（2）西式长裙。西式长裙是西方女性的正式服装，其设计理念强调的是女性的优雅与独立。西式长裙以其复杂的层次和细腻的裁剪，体现了女性的高贵与气质。在面料选择上，西式长裙常选用轻柔透气且有一定垂感的面料，如雪纺、锦缎等，强调的是质感和视觉效果。而在颜色搭配上，西式长裙常选用鲜艳的颜色或者经典的黑白色，展现了西方文化中的自由和个性。

二、汉英服饰文化翻译

（一）直译

当中国服饰特征的语言表达与英语表达在意义和结构方面都相同或类似的时候，译者可以采取直译法进行翻译。

例1：

原文：原来是一个十七八岁的极标致的一个小姑娘，梳着溜油光的头，穿着大红袄儿，白绫裙子。（曹雪芹《红楼梦》）

译文：A slip of girl of seventeen or eighteen, pretty as a picture, with hair as glossy as oil, wearing a red tunic and a white silk skirt.（杨宪益、戴乃迭译）

译者将"梳着溜油光的头，穿着大红袄儿，白绫裙子"翻译成"with hair as glossy as oil, wearing a red tunic and a white silk skirt"，这种翻译方法就是直译法。这种翻译方法的好处便是保留了原文中的韵味，国外的读者读起来也比较容易理解。

例2：

原文：随即一个戴纱帽、红袍金带的人揭帘子进来，把俺拍了一下，说道："王公请起！"（吴敬梓《儒林外史》）

译文：Then a man in a gauze cap, red robe and golden belt came in, who shook me and said, "Mr. Wang, please get up!"

上述示例中，译者将"戴纱帽、红袍金带"直译为"in a gauze cap, red robe and golden belt"，能够使目的语读者快速领会到人物服饰特点。

（二）意译

由于汉语和英语在语言结构上的差异，在翻译过程中有时难以保证意义和结构的统一，此时译者就要通过舍弃一部分结构将原文的含义真实地翻译出来。

例3：

原文：刘姥姥见平儿遍身绫罗，插金戴银，花容玉貌的，便当是凤姐儿了。（曹雪芹《红楼梦》）

译文：Pinger's silk dress, her gold and silver trinkets, and her face which was pretty as a flower made Granny Liu mistake her for her mistress.（杨宪益、戴乃选译）

在这个例子中，译者将"遍身绫罗"中的"绫罗"这一富有中国服饰文化特色的表达意译为"silk dress"，是符合原文表达含义和目的语的表达习惯的。

例4：

原文：那男孩子的母亲已有三十开外，穿件半旧的黑纱旗袍，满面劳碌困倦，加上天生的倒挂眉毛，愈觉愁苦可怜。（钱锺书《围城》）

译文：The toddler's mother, already in her thirties, was wearing an old black chiffon Chinese dress;a face marked by toil and weariness, her slanting downward eyebrows made her look even mole miserable.（珍妮·凯利、茅国权译）

旗袍是中国典型的女性裙装，带有浓厚的地域文化色彩。在上面的例句中，译者将原文中带有中国文化特色的服饰"旗袍"翻译为 Chinese dress，虽然这并不是直译，但是译语读者能够在这种翻译手法的作用下，在脑海中勾勒出关于这种裙装的图像。

（三）音译

在对中国服饰文化进行翻译时，音译法确实能够最大限度地保留原始服饰文化的内涵。这种方法可以使外国读者对中国特色的元素有直接的感知。然而，音译法的局限性在于，如果目的语读者对中国传统服饰文化缺乏了解，他们可能难以理解音译词所蕴含的文化意义。因此，在处理中国特有的服饰种类或元素时，译者需要进行更深入的解释性翻译。也就是说，除了音译外，译者还需要提供关于特定元素的文化和历史背景，使目的语读者可以更好地理解和欣赏这些服饰元素的独特性和含义。例如，"旗袍"是一种独特的中国女性服装，如果仅仅音译为"Qipao"，那么外国读者可能无法理解这种服装的特点和象征意义。因此，译者可以将其翻译为"Qipao, or Cheongsam, a form-fitting dress that originated from the Manchus in the Qing dynasty. It is representative of China's historical culture and the unique aesthetic values of Chinese women."。

这种方法不仅在音译的基础上增加了解释，使得外国读者能更深入地理解中国的服饰文化，也对中国文化的丰富性和独特性进行了展示，有助于增强跨文化交流和理解。又如，中山服可以翻译为"Sun Yasten uniform, or Zhongshan Suit embodies Chinese history and culture. Designed for function and simplicity, it symbolizes Confucian virtues and Dr. Sun Yatsen's political philosophies. Blending Chinese and Western styles, it signifies an era of modernization in China."。马面裙可以翻译为"Mamian skirt: a long skirt pieced together by whole widths of satin, with a back and front embroiderd on the flap and the skirt hem."。

第三节　汉英建筑文化对比与翻译

一、汉英建筑文化对比

中国与西方国家的建筑文化差异主要包括以下几个方面的内容，分别是本位差异、材料差异、形态差异、形制差异等，如图 5-2 所示。

图 5-2　汉英居住文化差异

（一）本位差异

在中国的传统建筑中，宫室本位的观念深入人心，根植于整个建筑文化的理念之中。这主要源于历史长河中中国古代君主对于自己的绝对地位和权力的坚持。他们认为自己是天选之人，是社会秩序的维护者，是神灵的代言人。因此，他们将自己的皇权镶嵌在了每一座建筑之中，让每一砖一瓦都充满了权力的象征。这就使得中国的建筑形态充满了权威和庄重，使得每一座建筑都代表了君主的威望和权力，都是对社会秩序和稳定的维护。

相反，在西方的建筑中，宗室本位的观念则是主导。这主要源于西方社会的历史背景和信仰体系。西方社会自古以来就对宗教有着深厚的信仰，他们视教堂为神圣的地方，是与神沟通的桥梁。因此，他们的建筑大多以教堂为核心，注重展示教堂的神圣和庄重。他们通过建筑的高度和规模，以及复杂精细的装饰，展示了对神的敬畏和崇拜。这种宗室本位的建筑，使得每一座建筑都充满了神圣和庄重，每一座建筑都代表了对神的敬畏和崇拜。

（二）材料差异

中国传统建筑的主要材料是木质的，这既与其深厚的文化背景有关，也与实际的施工条件有关。儒家思想倡导"仁"的精神，认为木材的特性——深邃与坚韧，与"仁"的精神相契合；同时，在实际的施工过程中，木材的采集和处理比石材要容易得多，也能更加灵活地适应各种设计需求。而且，木材的弹性和韧性使得木质建筑具有较好的抗震能力。西方传统建筑主要使用石材，这是由于早期的西方人对石头有强烈的依赖性，他们使用石头建造的建筑精巧绝伦，展示了他们高超的技艺和独特的情感表达。

（三）形态差异

受到"天人合一"哲学思想的影响，中国传统建筑形态讲究中轴对称和外合内开。整个建筑群布局常常以一条明显的中轴线为基础，左右对称，使得建筑群呈现出一种有序而和谐的画面。这种布局方式，使得建筑群不仅有统一性，也保证了各个建筑之间的相互联系和统一。而外合内开的设计方式，使得每一个院落都能成为一个相对独立而和谐的空间，充分体现了中国人崇尚内敛和谐的人生观。

而在西方建筑中，功能性和实用性是设计的首要考虑因素。他们以建筑的使用功能为出发点，然后再考虑建筑的形式。因此，西方建筑的形式多种多样，但都是以实用为主导。他们更注重建筑与周围环境的关系以及建筑内部空间的布局和流线的设计。这种对实用性的强调，使得西方建筑既具有实用性，又不失美感。他们追求的是建筑与环境的和谐统一，追求的是建筑内外空间的完美结合。同时，西方建筑更加强调个体风格，他们认为每一座建筑都应该是设计师的艺术创作，每一座建筑都应该有其独特的个性和风格。

（四）形制差异

建筑形制的差异体现了中西建筑对于形式和功能的不同追求。中国传统建筑在形制上的稳定性反映了古代社会的稳定，无论是四合院、皇城还是园林，都以简洁明了的线条、比例和对称形式，展现出了一种恒久的美感。它们不仅符合人们的生活习惯，也承载着深厚的文化内涵。西方建筑则反映了其文化的多元性和变革性。从古希腊神殿的柱式结构，到古罗马的拱形构造，再到中世纪的飞扶壁和肋拱，可以看到西方建筑形制的发展和变迁，展示了西方文化的开放性和进取精神。

（五）布局差异

在中西建筑的布局理念上，东西方的文化传统和思想观念形成了鲜明的对比。中国建筑的布局体现出了一种围墙文化，这既是中国文化内敛、含蓄的体现，也与中国古代的封建社会制度有关。在封建社会，国家、家庭和个人都是封闭的系统，这种封闭性在建筑中表现为对核心空间的保护。围墙就是这种保护的体现，它为内部的空间提供了隐私和安全，保护了居住者不受外界的侵扰。在中国的四合院、宫殿和园林中，人们都可以看到这种围墙文化。反观西方的建筑，其布局理念更强调开放性和有序性。广场是开放的公共空间，供城市居民集会、交流和休闲。广场的设计不仅注重与周边建筑的和谐配合，也注重与城市环境的整体协调，以营造出开放而有序的城市景观。

（六）空间差异

在探讨中西建筑的空间差异时，需要将视线投向双方对于建筑空间设计的理解。中国传统建筑，尤其是古代建筑，其空间设计强调内在性和动态性。如何理解内在性？有关这一问题可以从中国的四合院建筑中找到答案。这种典型的中式传统住宅，内部空间被巧妙地划分为主体和附属两部分，主体空间（正房）作为居住者生活的重心，附属空间（东西厢房）则充当次要的活动场所。而它们之间的过渡空间——庭院，则扮演了生活空间和自然环境间的联系角色，形成了一种内向而井然有序的空间组织方式。西方建筑中，广场空间的设计则体现了开放性和静态性。在西方城市中，广场往往是城市生活的中心，也是人们集会、交流的重要场所。广场的设计展现了西方人对开放空间的欣赏，且空间内部常常设有雕像、喷泉等固定装置，表现出其空间的静态性。

（七）审美差异

审美观念在中西建筑中的体现，也揭示了文化的独特性。中国建筑中，对称之美以及中轴线的设计讲究和谐与平衡，正如中国的道家思想所弘扬的"道法自然"，倡导天人合一，内外一致。而园林的设计则追求意境之美和自然之美，通过巧妙的布局，使自然景色与建筑结合，营造出宁静的环境，以此满足人们追求和谐生活的需求。相较之下，西方建筑更重视形式之美，注重建筑的外观和立面设计，同时强调建筑的规模和气势，体现出其文化的明确性和理性。例如，希腊神殿的柱式结构、中世纪教堂的尖拱和尖塔设计，都是为了在视觉上产生壮观的效果。这些差异深深烙印着中西两种不同的审美观念，一种追求内在的和谐，一种追求外在的壮丽。

（八）发展差异

对待建筑革新的态度，是中西建筑文化差异的重要表现。中国建筑文化在发展过程中，展现出了相对保守的特点。尽管中国的建筑形式和建筑材料在几千年的历史中经历过一些变化，但大体上，这些变化并没有改变中国传统建筑的基本形式和风格。例如，从秦朝的宫殿和汉朝的豪宅，到唐宋的园林和明清的四合院，中国的建筑始终保持了内向、和谐的基本特征，这体现了中国人的审美习惯和生活方式的稳定性。与之不同，西方的建筑文化在演变过程中，体现出了强烈的革新意识和实验精神。从古希腊的柱式结构，到古罗马的拱形和穹顶，再到中世纪的哥特式飞扶壁和尖塔，以及现代的钢筋混凝土结构，西方的建筑不断在尝试和创新，既体现了西方建筑技术的进步，也反映了西方人对于新事物的接受和追求。这种态度对于建筑的革新，使西方建筑在历史的长河中形成了丰富多样的风格和形式。

二、汉英建筑文化翻译

（一）直译

对于描述类的中国建筑，译者在翻译介绍时可以采用直译法。直译法有助于目的语读者更直观地了解中国传统的居住文化，感受中国人民的智慧和中国文化的魅力。

例 1：

原文：北京宫殿又称"紫禁城"，呈南北纵长的矩形，城墙内外包砖，四面各开一门，四角各有一曲尺平面的角楼，外绕称为"筒子河"的护城河。

译 文：Beijing Palace, also known as "the Forbidden City", showed a rectangle with a north-south longitudinal length. City walls covered by bricks, pierced by a gate on the four sides and decorated by a turret in the four corners are surrounded by a moat called "Tongzihe River".

在这个翻译案例中，直译法的作用主要是保持了原文的基本结构和词义，使英语读者能够理解汉语原文的基本含义。但是，直译法在某些情况下可能会使译文的流畅度和自然性受到影响。例如，"呈南北纵长的矩形"被直译为"showed a rectangle with a north-south longitudinal length"，这种直译的表达方式在英语中并不常见，可能使读者觉得生硬和不自然。因此，尽管直译法在保持原文含义上有其优势，但在实践中需要适当结合意译以提高译文的流畅度和自然性。

（二）意译

中国建筑与西方建筑之间的差异非常明显，这导致大部分的中国建筑在翻译过程中无法直接进行字面翻译，而需采用意译法。这种翻译方式更注重传达原文的意思和情境，而非逐字逐句的翻译。

例 2：

原文：这里薛姨妈和宝钗进园来瞧宝玉，到了怡红院中，只见抱厦里外回廊上许多丫鬟老婆站着，便知贾母等都在这里。（曹雪芹《红楼梦》）

译文：When Aunt Xue and Baochai reached Happy Red Court to inquire after Baoyu, they knew from the throng of maids and nurses on the verandah that the Lady Dowager and others must be there.（杨宪益、戴乃迭译）

这个例子中，译者并没有直接将"抱厦"和"回廊"等具有中国特色的建筑术语进行直译，而是采用了"verandah"这个更为通用的词汇。这样做的目的是让没有接触过中国传统建筑术语的外国读者也能理解译文的含义。此外，"丫鬟老婆"被意译为"maids and nurses"，更能传达这个词语在原文中的含义和情境。

（三）音译＋注释

许多中国建筑承载着丰富的历史，拥有独特的风格。然而，其中的很多术语对于外国人来说可能是陌生的。如果在翻译过程中不采取特殊处理，就可能让读者感到困惑，无法理解译文的含义，进而无法达到翻译的目的。因此，对这类词语的翻译，译者需要从源语文本的角度出发，以传播中国建筑文化为目标，通常采用的是音译加注释的方式。

例 3：

原文：高大的承天门城楼立在城台上，面阔九间。

译文：The tall and noble Chengtianmen Rostrum stand on the platform with a nine Jian (the distance between two columns; often used in descriptions of ancient architecture).

这里的"间"是中国传统建筑术语，指的是由四根木柱构成的空间。但对于西方建筑来说，这并不常见。西方建筑通常使用"平方米"来计量面积。然而，这两者之间的换算目前尚无明确规定。因此，对于此类词汇的翻译，最佳策略是采用音译法，并在后面附加注释，以帮助读者理解原文的含义。

（四）借译 + 类比

借译法是一种在翻译过程中选择目的语中与源语在实际含义上相似，但在字面意义上并不相同的表达方式来替换源语中具有特定文化特征的词语的方法。这一方法的衍生版便是类比法。类比法主要是将源语文化中的某一概念与目的语文化中相似或者接近的概念进行比较，从而协助读者更好地理解源语中的含义或感情色彩。

例 4：

原文：中国的万里长城是一项宏大的工程，这是全世界最长的人造建筑。

译 文：China's Great Wall is an immense project, it's the longest man-made structure in the world, or for a clearer picture, it's like driving from New York to Los Angeles, and then back to New York.

这段译文的核心在于描述万里长城的长度。对于不了解长城实际长度的外国读者来说，单纯的长度数字可能并没有多大的意义。为了让读者对长城的实际长度有更直观的理解，译者采用了一个具有类比性的表达方式，即将纽约至洛杉矶的往返距离作为参照。这样的比喻不仅形象地描绘了万里长城的长度，也让读者对此有了更深刻的理解。显然，译者需要具备对源语文化和目的语文化的深入了解，才能在翻译过程中准确地进行文化转换，并使表达方式既准确又生动。

（五）省译

在翻译与中国居住文化有关的内容时，译者需要根据具体情况对源语进行适当的删减，以便更有效地提取并传递相关信息和意义。在很多跨文化交流的场景中，外国人更关心的是对中国文化的了解，而非对汉语本身的掌握。因此，译者需要始终以交流的目的为导向。

例5：

原文：我们在这个庭院中可以看到许多精致的雕塑，其中的牡丹花雕是非常罕见的，因为在古代，牡丹花被视为富贵之象征，通常只有地位显赫的官员才能在庭院中种植。

译文：In this courtyard, we can see many delicate sculptures, among which the peony is a rare sight. In ancient times, the peony was considered a symbol of wealth and was usually grown only by high-ranking officials.

在这段翻译中，译者将"地位显赫的官员"简化为"high-ranking officials"，这是省译法的应用。虽然"地位显赫的官员"可以具体翻译为"officials with prominent status"，但这对大多数读者来说可能过于复杂且难以理解。通过简化为"high-ranking officials"，译者更直接地传达了该词语的主要文化含义，使读者可以更快地理解庭院主人的社会地位。

第六章　汉英民俗文化对比与翻译

第一节　汉英节日文化对比与翻译

"节日"一词源于日常生活中特殊的日子或时刻，它包含了深远的历史文化内涵，并在长期的社会实践中逐渐形成。节日是一种集体的记忆，融汇了一个民族的价值取向、道德观念、生活习惯和精神信仰。就中西方的传统节日文化而言，它们明显地反映出集体主义与个人主义的价值取向差异。

一、汉英节日文化对比

在中国的传统节日中可以看到强烈的集体主义价值取向。在这一取向下，人们强调社会群体之间的联系和依赖，尤其是家庭成员之间的关系。春节、元宵节、中秋节等传统节日都体现出家庭团聚的重要性。无论人们平时身处何方，无论生活有多么繁忙，一到这些重要的节日，人们总会设法回到家中，与家人共度佳节。节日餐桌上的美食、亲戚朋友的笑谈声，这些都是中国人重视家庭的生动体现。团圆饭不仅仅是一顿饭，它包含了亲情和对幸福生活的向往。此外，像清明节和端午节这样的节日，也体现了中国人对于尊重长者、追思祖先的价值取向。在清明节，人们会扫墓祭祖，表示对过去的怀念和尊重。在端午节，人们则会举行龙舟比赛，以此纪念古代的伟人。这些活动都显示了中国人在尊重个人历史和集体记忆方面的价值取向。

与此相反，西方的传统节日更多地体现了个人主义的价值取向。这不是说西方人不重视家庭和社区，而是说在西方的文化背景下，个人的自我实现和自由发挥被赋予了更高的价值。在圣诞节和感恩节这样的节日中，人们固然会聚在一起，分享美食和快乐时光，但多是表达个人的感谢和尊重。人们互赠礼物，互相祝福，这些都体现了个人的情感和体验。万圣节可能是西方个人主义价值取向较为明显的节日。在这一天，人们会装扮成各种形象，无论是可怕的妖魔鬼怪，还是漫画中的英雄，甚至是自己的理想形象，都可以毫无顾忌地展现出来。这一天，人们可以忘记身份、忘记年龄、忘记性别，只是尽情享受自我表达的乐趣。万圣节的庆祝方式充分体现了西方人对个性的尊重和追求。

二、汉英节日文化翻译

（一）直译

在翻译中国特色节日及习俗文化的过程中，直译确实能有效地帮助外国读者理解和感受中国的文化特色。直译保留了原文的结构和表达方式，有助于传递原文的精确含义，展现出原始文化的鲜明特色。以端午节为例，这个节日通常被翻译为 "the Dragon Boat Festival"。这种翻译方式直接将"龙舟"这一中国特色的元素带入了英语的译文中，让读者可以直接感受到这个节日的特色活动——划龙舟。

除了节日名称，许多与节日相关的习俗也可以使用直译进行翻译。

例如,"扫墓"通常被翻译为"tomb-sweeping",这个译文准确地传达了清明节人们去墓地扫墓、祭祖的习俗。又如,"包饺子"被直译为"making dumplings",这让读者可以清晰地知道在中国的冬至或春节等重要节日,中国人会聚在一起包饺子。

在一些重要的翻译实践中,直译也得到了很好的应用。例如,在翻译《红楼梦》这部中国古代四大名著之一的时候,许多与中国传统节日和习俗相关的内容都被采用直译法进行了翻译。

例1:

原文:元宵节那一天,大家在花园中放烟火。

译文: On the day of the Lantern Festival, they set off fireworks in the garden.

这个译文直接保留了"元宵节"这一节日名称,同时准确地翻译了放烟火这一节日习俗。中国特色节日名称及习俗文化的翻译还有中秋节(the Mid Autumn Festival)、重阳节(the Double Ninth Day)、春联(Spring Festival Couplets)、庙会(Temple Fairs)、舞狮(Lion Dancing)、耍龙灯(Dragon Lantern Dancing)等。

(二)意译

意译在中国特色节日及习俗文化翻译中的应用也是十分广泛的。意译的主要特点是根据原文的意思,用目的语的表达方式进行翻译,使译文在传达原文意思的同时,更符合目的语的语言习惯和文化背景。使用意译翻译节日文化,可以帮助外国读者更好地理解中国的传统节日和习俗。例如,"清明节"通常被翻译为"the Tomb Sweeping Day",这个译文直观地表达了清明节祭祖、扫墓的主要活动,让外国读者可以直接理解这个节日的主要习俗。又如,"守岁"被翻译为"staying up late on New Year's Eve"。在中国,家人会在春节的除夕之夜守岁,等待新的一年到来,这是中国春节的一种重要习俗。这个译文既准确地传达了守岁的活动内容,也符合英语表达的习惯。再如,"发压岁钱"被翻译为"giving red envelopes"。压岁钱通常包在红色的信封里，因此用 "red envelopes" 来代替 "压岁钱"，既保留了中国习俗的特点，又使得外国读者可以很直观地理解这个习俗。此外，"门神""财神" 被译为 "the god of doors""the god of wealth"。这个译文保留了原文的神祇元素，并通过具象化的方式，使外国读者能够理解这些神祇的含义。

通过以上的例子可以看出，意译在中国特色节日及习俗文化的翻译中起到了非常重要的作用，它能够使外国读者更好地理解和感受中国的传统节日和习俗。

（三）直译 / 意译 + 注释

有时为了让目的语读者更好地了解中国的节日文化，译者可以在直译或意译节日名称的基础上，使用注释法加以补充说明。

1. 直译 + 注释法

例如，七夕节——Double Seven Day (Chinese Lover's Day with the story of head–boy and weaving girl)。

直译 + 注释法的使用在 "七夕节" 这个例子中非常明显。"七夕节" 的直译是 "Double Seven Day"，这个译名通过字面的翻译传达了七夕的原始含义，即农历七月初七的日期。然而，仅仅通过直译是无法让外国读者了解到七夕节是中国的情人节以及其背后的牛郎织女的美丽传说的。因此，注释法就在这里起到了作用，译者在直译的基础上增加了对七夕节特殊含义的说明，即 "Chinese Lover's Day with the story of head–boy and weaving girl"，这样就更好地传达了七夕节的文化内涵。

2. 意译 + 注释法

例如，中秋节——Moon Festival (The Moon Festival originated from the worship of celestial phenomena and evolved from the worship of the moon on the autumn evening in ancient times. During this day, people will take following actions: offering sacrifices to the moon, enjoying the moon, eating moon cakes, playing with lanterns, appreciating osmanthus flowers and drinking osmanthus wine.)。

对于"中秋节",采用的是意译+注释法。首先,译者通过意译法将"中秋节"翻译为"Moon Festival",这个译名传达了中秋节观月的主要习俗,并符合英语的表达习惯。然后,译者又通过注释法详细解释了中秋节的起源以及在这一天人们的主要活动。这样的翻译方式不仅传达了中秋节的名称,还详细解释了中秋节的文化背景和主要活动,使外国读者能够更好地理解和感受中秋节的文化内涵。

(四)音译

音译法也是翻译和介绍中国传统节日及习俗的一种有效方法。采用音译法有助于保留汉语的发音和节日文化的内涵。例如,清明节(the Qing Ming Festival)、中元节(the Zhong Yuan Festival)。

译者使用音译法翻译中国传统节日名称时,以音译汉语词语的方式来传达其原始含义,这种方式虽然在一定程度上无法直接传递节日的文化内涵,但是却很好地保留了原文的发音特色,让人感受到中国传统节日的异域色彩。例如,在"清明节"的翻译中,"the Qing Ming Festival"的音译方式保留了这个节日名称的原始发音,对于懂汉语的人来说,这种翻译方式能够直接引起对清明节的联想,同时让不懂汉语的人对中国文化有了一种新的认识和尊重。同样,在"中元节"的翻译中,"the Zhong Yuan Festival"也保留了节日名称的原始发音。这样的翻译方式虽然无法体现节日的含义,但也提供了一个机会,可以让读者去进一步了解和探索这个节日背后的文化内涵。

第二节 汉英典故文化对比与翻译

一、汉英典故文化对比

典故这个概念在一定程度上可以理解为一种特殊的引语，它是某一民族历史、神话、传说、文学等的产物，承载着独特的历史记忆和文化内涵。一个典故往往源自一个被广大人民接受并记忆的具体历史事件或者文化现象，也就是说，它不只是一个简单的故事或者事件，而是一种具有象征性和启示性的历史和文化信息。

（一）汉英典故设喻方式

设喻是将一个事物与另一个事物相比较，寓指某种深层含义或者象征意义。设喻方式是典故中非常重要的组成部分，是用来描述或解释典故中的某个主题或含义，它可以帮助人们理解和揭示典故的深层含义。

汉英典故在设喻方式上有很多相似之处，如都广泛使用了比喻、隐喻、象征等手法，但在具体的文化内涵和象征意义上却有着很大的差异。根据现有资料分析，汉英典故的设喻方式无非以下几种类型。

1. 以地名设喻

地名设喻方式是借用特定地名来表达某种特定的意思或情境，这种设喻方式旨在通过对地名的引用，提供丰富的文化背景和历史信息，从而增加语言的深度和影响力。

例如，在汉语中，"大意失荆州"这个典故源于三国时期，关羽负责镇守荆州，但由于他在出兵攻打曹操时对荆州防务疏忽，导致荆州最终被孙权夺走。这个典故现在用来形容一个人因为疏忽大意而失去重要的东西或位置。在英语中，"Dunkirk"这个典故源于二战时期的敦刻尔克撤退。1940年，盟军在法国北部的敦刻尔克地区被纳粹德国军队包围，面临全军覆没的危险。然而，通过大规模的海上撤退行动，大部分士兵得以撤退回英国，这被认为是在绝望中找到的希望。这个典故现在常用来形容在困境中的成功撤退或者在逆境中找到的希望。

地名设喻方式在汉语和英语中都有广泛的应用。在汉语中，地名设喻的重点通常在于动作和结果，强调的是人物的行为和达成的目标；而在英语中，地名设喻的重点则更倾向于突出地名本身和事件的重要性，强调的是决定的关键性和结果的重大影响。

2. 以人物设喻

人物设喻方式是借用特定的人物来表达某种特定的意思或情境。这种设喻方式依赖于对人物的认知，需要对人物的特征、经历和人生经历有深入的了解。比如在汉语中，"韩信点兵，多多益善"这个典故来自中国历史上的一位名将韩信，他有能力将不足的兵力发挥到最大化，以取得战争的胜利。这个典故现在常被用来形容人力越多越好。"姜太公钓鱼"这个典故源于中国的历史传说。姜太公，原名姜子牙，周武王的重要助手，被尊称为太公。根据传说，姜太公曾经在河边垂钓，而他钓鱼的方式很特别：钩无鱼饵，且高高地悬挂在水面之上。人们都笑他钓鱼的方式不现实，但姜太公总是微笑着回答："愿者上钩。"意思是，他愿意等待那些真正愿意上钩的"鱼"。后来，这个"鱼"寓指的是周文王的儿子周武王。周武王尊重姜太公的才智，主动找他为自己出谋划策。在姜太公的帮助下，周武王最终打败了商朝，建立了周朝。因此，这个典故后来被用来形容那些愿意耐心等待，有远见和策略的人。

在英语中，"David and Goliath"这个典故来自《圣经》中的故事，小个子的大卫（David）击败了巨人哥利亚（Goliath）。这个典故现在被用来形容弱小者胜过强大者的情况。汉语和英语中的人物设喻方式都通过人物的特性和经历，展示了深厚的文化背景和社会价值观。不同的是，汉语中的人物设喻通常聚焦于人物的行为和品质，以此来强调一种道德教诲或人生智慧；而英语中的人物设喻则更注重于人物的冲突和矛盾，以此来强调一种社会现象或人性的复杂性。

3. 以事件设喻

事件设喻方式是将特定的历史事件或故事作为象征，以此传达一种深层次的寓意或含义。例如，在汉语中的典故中，"负荆请罪""完璧归赵""退避三舍""纸上谈兵"等，都运用了此类设喻方式。以"纸上谈兵"为例，这个典故来自战国时期，赵国的大将赵奢曾在战场上以弱胜强，大败秦军，因此被赵惠文王任命为上卿。他的儿子赵括，虽然从小就熟读兵书，善于理论上的军事讨论，却没有实战经验。赵奢曾对此深感忧虑，认为赵括只是纸上谈兵，缺乏实战经验，如果赵国让他来指挥军队，那么赵军一定会遭遇失败。公元前259年，秦军再次侵犯赵国，赵国的军队在长平进行防守。那时赵奢已去世，而廉颇被任命为全军指挥，虽然年事已高，但他的战术灵活，使得秦军无法轻易取胜。秦国施行反间计策，散播消息称秦军最害怕赵奢的儿子赵括。赵王信以为真，将指挥权交给了赵括。然而，赵括却只是纸上谈兵，没有实际的战争经验，只知道死板地照搬兵书上的条文。他到达长平后，完全改变了廉颇的作战方案，结果赵军被秦军全军覆灭，四十多万赵军战士牺牲，赵括也被秦军射杀。这个典故通过赵括的失败，警示人们不能只有理论知识而缺乏实践经验，不能只在纸上谈兵，要有实际行动。现在，"纸上谈兵"这个词常常被用来形容那些只懂理论，却没有实际操作能力的人。

在英语中，同样有一些使用事件设喻方式的典故。例如，"the Last Supper"（最后的晚餐）这个典故，源自基督教故事。故事描述耶稣（Jeshus）得知自己将被门徒背叛，但依然平静地召集他的十二个门徒共享最后一餐，并在餐桌上揭示了这个预言。现在，"最后的晚餐"被用来比喻遭受背叛的情形。在设喻方式上，汉语中的事件设喻常常通过动词详细描述事件的过程，从而展现出事件的寓意；而英语中的事件设喻则多使用偏正结构，通过形容词修饰事件，使事件本身充满了丰富的文化内涵。

（二）汉英典故文化渊源

1. 汉语典故文化渊源

汉语典故的文化渊源丰富多样，涵盖了历史故事、神话传说、民间风俗以及古典文献多个方面，如图 6-1 所示。

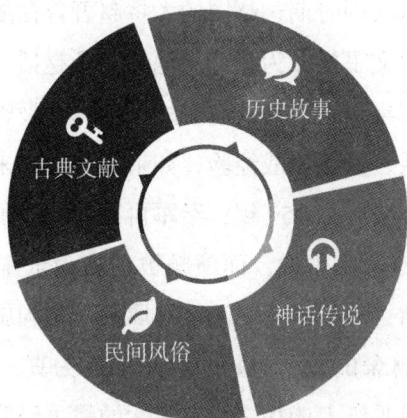

图 6-1　汉语典故文化渊源

（1）源自真实发生的历史故事。许多典故源于中华民族深厚的历史底蕴。例如，闻鸡起舞、四面楚歌、乐不思蜀等典故是对真实历史事件的概括说明，而助纣为虐、罄竹难书、普天同庆等典故则表达了人们对历史事件的看法与评价。其中，"闻鸡起舞"的故事讲的是在西晋末年，社会动荡不安，强权横行，导致社会矛盾不断加剧，人民生活痛苦无比。在这个动乱的时代，有两个名叫祖逖和刘琨的人共同在司州做主簿。他们对当时社会的黑暗深感痛心，想要通过自己的力量，恢复晋国的光明，为社会做出贡献。祖逖和刘琨的志向一致，他们共同为国家的繁荣和民族的幸福而努力。他们白天在衙门工作，晚上共用一床被子。然而，西晋皇族的内斗，各族的起义，使得国家面临巨大的威胁。这使得祖逖和刘琨对国家的前景感到非常焦虑。

在一个深夜，祖逖被远处的鸡叫声唤醒。他把刘琨叫醒，告诉他听到了鸡叫。刘琨听到了鸡叫声，认为这在半夜是个不吉利的征兆。然而，祖逖却有不同的看法。他认为鸡叫可以唤醒他们，他建议他们每次听到鸡叫时都起床舞剑。刘琨赞同了他的建议，并一起舞剑，直到天明。通过长期的努力学习和训练，祖逖和刘琨都成为学识渊博、武艺高强的人才。他们全力以赴地为收复北方做出贡献，为实现他们的愿望付出了艰辛的努力。

这个故事告诉人们，刘琨和祖逖能成为东晋将领，原因是多方面的。首先，他们有远大的抱负，国仇家恨和爱国精神为他们提供了巨大的动力。其次，他们勤奋刻苦，为实现梦想付出了很多心血和精力。成功之路并不平坦，只有持之以恒、永不放弃，才有可能享受胜利的喜悦和荣光。

（2）源自中华民族的神话传说。古老的神话传说也是典故的重要来源。例如，女娲补天、夸父逐日、精卫填海等传说，它们取材于神话传说中关于神祇和英雄的传说，有时代表了古代人民对自然界的观察，有时候则寓含了对理想生活的期望。其中，精卫填海的故事源于中国上古的神话传说。这个故事讲述的是炎帝神农氏的小女儿女娃，在一次到东海游玩的过程中不慎溺水而亡。悲痛欲绝的女娃在死后化身为一只神鸟，名叫精卫。精卫每天都从山上衔来石头和枝条，投入大海，好像要用这种方式填满大海。她的悲鸣声"精卫、精卫"回荡在空气中，仿佛在向世人诉说她的悲伤和遗憾。

精卫填海的神话属于变形神话中的一种，又被归为"死后托生"神话，即将灵魂寄托在现实存在的物质上。此外，这个神话也被认为是复仇神话的一种。因为在生前，女娃和大海并无过节，然而就是这个大海让她失去了生命，从此她将仇恨寄托大海，化身精卫鸟，用自己的一生来进行填海的复仇。这个神话体现了人类面对自然的弱小和无助，同时展示了生命的脆弱。女娲的死象征着意外事件对人的破坏力，也揭示了大海的强大。然而，精卫填海的故事也寓意着坚定的意志和毅力，即使面对巨大的困难和挑战，也要坚持到底，即使知道可能无法完成，也要全力以赴。这种精神鼓励人们面对困难时不放弃，永远保持坚韧和执着的精神。

（3）源自中国的民间风俗。民间风俗是一个民族或地区长期形成并传承下来的传统生活习惯和行为方式，这些习俗深深地扎根在民族文化的土壤中，是民族精神和社会生活的反映。民间风俗包括了节日、仪式、礼节、风尚、习俗等方面的内容，其中融入了对于历史、宗教、文化、艺术等方面的理解。例如，"吃百家饭，穿百家衣"讲的是中国传统民间习俗中婴儿吃饭穿衣的典故。在中国民间，祖父会带着未满周岁的孙子，扮作乞丐，沿街乞讨。他们会从一百户人家那里乞讨到食物，然后将这些食物烩在一起，煮成稀饭供孩子食用，这样做是为了让孩子能得到百家的庇护，避免遭遇灾难。百家衣也是同样的道理，其由一百个家庭赠送的布片制成，在这百家布片的基础上，人们会将其缝制成一件婴儿服，这就是"百家衣"。

（4）源自中国古代的古典文献。还有一部分汉语典故出自中国古代古典文献中的名言名句，这些名言名句一般具有表达形象生动、容易被人理解的特点。例如，出自《三国演义》的"如鱼得水""望梅止渴""才高八斗""七步成诗"等；出自《水浒传》的"拳打镇关西""雪夜上梁山""智取生辰纲""醉打蒋门神"等；出自杜甫诗句的"射人先射马，擒贼先擒王"；出自李清照诗句的"生当作人杰，死亦为鬼雄"等。"才高八斗"的典故源自南朝宋时期的文人谢灵运。他在一次聚会上自豪地说，自魏晋以来，所有的文学才能相当于一石（共十斗），其中曹操的儿子曹植（字子建）独占八斗，他自己得一斗，其余所有人共享剩下的一斗。从此，"八斗之才"被用来形容曹植，而"才高八斗"则用来形容才情出众、文采飞扬的人。

2. 英语典故文化渊源

对比汉语典故的文化渊源，英语中典故的文化渊源范围更广，包括的方面更多。

（1）英语典故的一大来源是历史事件，其中不仅包括英国本土的历史，而且涵盖了其他欧美国家的重要历史事件。例如，"Trojan Horse"（特洛伊木马）这个典故源于古希腊历史，现在常用来比喻假装友善以达到破坏的目的。又如，"Waterloo"（滑铁卢）这个典故源自拿破仑（Napoléon）在滑铁卢战役的失败，现在常用来形容一个决定性的或毁灭性的失败。

（2）古代经典也是英语典故的一个重要来源，其中尤以古希腊和古罗马的神话传说为主。例如，"Achilleus' Heel"（阿喀琉斯之踵）这个典故源自古希腊神话，阿喀琉斯（Achilleus）的母亲在他出生时将他浸入冥河以使他不死，但她抓着他的脚踵没能浸到水中，从而成为他唯一的弱点，现在常用来比喻某人或某事物的唯一缺点或弱点。又如，"Pandora's Box"（潘多拉的盒子）这个典故源自古希腊神话，潘多拉（Pandora）打开了一个禁止打开的盒子，释放出了世界上所有的邪恶，但底部却留有希望，现在常用来形容一旦开始就会带来无尽麻烦的事情。

（3）文学作品也是英语典故的重要来源。例如，"Catch-22"（第二十二条军规）这个典故源于约瑟夫·海勒（Joseph Heller）的同名小说，描述的是一种无论如何都无法解决的困境，现在常用来比喻一种无法解决的矛盾或困境。又如，"Moby-Dick"（白鲸记）这个典故源于赫尔曼·梅尔维尔（Herman Melville）的同名小说，描述的是主人公为了追捕一只白鲸所付出的极大努力，现在常用来比喻那些需要付出巨大努力才能获得的目标。

（4）由于体育活动在英语国家的文化中占据了重要地位，尤其是在美国，各种体育项目包括篮球、棒球、橄榄球等都深受人们喜爱，因此很多体育术语经过长时间的积累和流传，成为人们日常生活中的常用语，并最终转变为了典故。例如，"Home Run"（全垒打）这个典故源自棒球运动，现在常用来比喻取得了巨大的成功。又如，"Down for the Count"（倒数计时）这个典故源自拳击比赛，现在常用来形容处于失败或无法反抗的状态。

（5）现当代的文学、影视作品也为英语典故提供了丰富的源泉。例如，"Big Brother"（大哥）这个典故源自乔治·奥威尔（George Orwell）的小说《1984》，现在常用来指代对个人生活进行过度监控和控制的政府或组织。又如，"Groundhog Day"（土拨鼠之日）这个典故源自同名电影，现在常用来形容重复的、单调乏味的生活。

（6）还有一部分英语典故源自莎士比亚的戏剧作品。莎士比亚的戏剧作品深受人们喜爱，他在作品中的一些表达方式逐渐发展成为典故。例如，"To Be or Not to Be"（生存还是毁灭）这个典故源自莎士比亚的戏剧《哈姆雷特》，现在常用来形容面临抉择时的困扰和挣扎。

二、汉英典故文化翻译

接下来介绍一下汉英典故文化的翻译方法。对于汉英典故的翻译，译者一般可以选择使用以下几种方法。

（一）直译

直译法是译者进行汉语典故翻译经常会用的一种方法，这种直接按照字面意义进行翻译的方法有利于保留汉语原文中的意象，传播中国传统文化。

例1：

原文：只因薛蟠天性是"得陇望蜀"的，如今得娶了金桂，又见金桂的丫鬟宝蟾有三分姿色，举止轻浮可爱，便时常要茶要水的，故意撩逗

她。(曹雪芹《红楼梦》)

译　文: Now Xue Pan was a living example of the saying "To covet the land of Shu after getting the region of Long".After marrying Jingui, he was struck by her maid Baochan's charms. As she seemed approachable as well as alluring, he often flirted with her when asking her to fetch tea or water.(杨宪益、戴乃迭译)

在这个例子中,直译法主要应用于典故"得陇望蜀"的翻译。这个典故出自中国古代历史,用来比喻得到一样还想得到另一样,永不知足。译者采用直译法,直接将这个典故翻译成"to covet the land of Shu after getting the region of Long"。这种翻译方式虽然对于不熟悉这个典故的英语读者可能会显得难以理解,但是它确实有效的保留了原文的意象,传播了中国的传统文化。

同时,译者也对原文中的其他部分进行了直译。例如,"举止轻浮可爱"被直译为"she seemed approachable as well as alluring"。这样的翻译方式尽可能保留了原文的表达方式和含义,使得英语读者可以更好地理解原文的意思。

(二)直译 + 注释

直译法不是万能的,译者在对部分汉语典故进行翻译时,只采用直译法可能无法使目的语读者较好地理解原文的含义,此时就可以选择直译加注法。具体分析,直译 + 注释法就是在保留原典故特有意象的基础上,对这些意象加以解释和说明。

例2:

原文:穷棒子闹翻身,是八仙过海,各显其能。(周立波《暴风骤雨》)

译文:The way we poor folks try to emancipate ourselves is just like the way the Eight Fairies crossed the sea each displaying his own talent (the eight immortals of Taoism in Chinese folklore）.（许孟雄译）

译者先将"八仙过海"直译成英语，然后注明 the eight immortals of Taoism in Chinese folklore，让读者认识到八仙是中国神话故事中的人物，从而对译文有更深入的理解。

（三）意译

例3：

原文：先生大名，如雷贯耳。小弟献丑，真是班门弄斧了。吴敬梓（《儒林外史》）

译　文：Your great fame long since reached my ears like thunder. I am ashamed to display my incompetence before a connoisseur like yourself.

在这个示例中，译者没有直译"班门弄斧"这一典故的来源与内涵，而是结合上下文语境将对方翻译为"connoisseur"（行家），整句话连起来就是"班门弄斧"的意思，这种表达方式更容易被读者理解。

（四）套译

在汉英典故翻译中，套译的应用是为了传达相似或相同的文化信息和意义。虽然直译也可以表达相似的意思，但套译更注重保留源语典故的文化特色和形象。

（1）隔墙有耳：这个成语意味着小心隐私被泄露，表示要谨言慎行。在英语中，类似的典故是"The walls have ears"，保留了隐私和小心谨慎的含义。

（2）有其父必有其子：这个成语意味着子女往往继承了父母的特点和行为方式。在英语中，类似的表达是"Like father, like son"，套译法保留了原有的比喻意义，使译文读者能够理解源语中关于父子关系的类似文化观念。

（3）有志者事竟成：这个成语表示只要有决心和意愿，就能够克服困难并取得成功。在英语中，类似的成语是"Where there is a will, there is a way"，套译法保留了决心和成功之间的关联，以传达相同的文化信息。

　　在套译法的应用中，译者需要考虑到两种语言之间的确切含义和感情色彩的差异。尽管形式上的相似性有助于传达文化信息，但仍需确保翻译的准确性和适用性。因此，在选择使用套译法时，译者需要综合考虑语言的特点、文化差异和上下文等因素，以便有效地传达源语典故的含义和形象。

第三节　汉英数字文化对比与翻译

一、汉英数字文化对比

　　数字在人们日常生活中起着至关重要的作用，作为人类语言的一个重要组成部分，被赋予了浓厚的文化内涵。受到独特的思维方式和文化传统的影响，汉语和英语使用者在数字喜好上呈现出显著的差异。这种差异源于两个民族在各自的发展历程中形成的，具有鲜明的民族特点。由于文化因素的作用，一个民族可能对某些数字有偏爱，而对其他数字有忌讳。人们通常认为喜欢的数字是吉祥的、神圣的，并能为人们带来好运。相反，人们对某些数字产生忌讳，主要是因为这些数字被认为是不吉利的，会给人带来不幸。因此，在语言中，数字不仅具有表示计数的功能，还蕴含着各民族赋予的丰富的文化内涵。

（一）一与 one

1. 汉语中的"一"文化

汉语中的数字"一"在文化含义方面有着丰富的内涵。自古以来，中华民族对数字"一"都有特殊的感情，这与民族对统一与和谐的渴望密切相关。尤其在中国传统文化中，数字"一"的重要性得到了体现和发扬。

《老子》这部中国道家经典中提道："道生一，一生二，二生三，三生万物。"在这里，"一"作为道的产物，具有非常重要的地位。道是宇宙万物的本源，而"一"是道所产生的最初状态，因而也象征着万物的起源。在道家哲学中，"一"的概念强调了从无至有、从简至繁的过程，揭示了宇宙万物生成的道理。这种观念体现了中华民族对于宇宙万物统一性的认识，进一步凸显了"一"的重要地位。

在汉语文化中，"一"还代表了天人合一的整体思维模式，强调了整体性、统一性以及大一统的民族文化观念，这种观念贯穿汉语文化的各个方面，如《易经》的"太极生两仪，两仪生四象，四象生八卦"以及儒家的"大道一，天下兴亡"等思想观点。这些都体现了"一"的核心地位和广泛影响。

在汉语文化中，关于"一"的例子还有很多，如"一心一意"表示全心全意、集中精力，"一举两得"表示一次行动取得双重效果，"一帆风顺"表示顺利无阻等。这些词语都表现出"一"的丰富内涵和多种意义，展示了人们对"一"的崇拜和重视。

2. 英语中的"one"文化

在英语文化中，数字"one"除了表示一个计数单位外，还具有一些特殊含义和用法。

（1）one 有时候可以用作代词，表示任何一个不特定的人，类似于汉语中的"某人"或"一个人"。例如，"One should always be kind to others."（一个人应该始终对他人保持友好。）

（2）在口语中，"one"也可以表示强调。例如，"This is the one book you must read."（这是你必须读的那本书。）

（3）"one"有时用于表示一致性、团结或统一。例如，美国誓言中的一句话是"one nation, under God, indivisible"（上帝庇佑下的不可分割的国家），表示美国是一个团结一致的国家。

（4）一些短语或习语中也包含数字"one"。例如，"one in a million"表示罕见或特别的事物或人；"one-hit wonder"指的是一个艺术家只有一首很受欢迎的歌曲，而其他作品并未获得同样的成功。

（5）在竞技比赛中，"one"可以代表冠军，即第一名。例如，某个冠军球队可能被称为"number one"（第一名），因为它赢得了比赛。

（二）二与 two

1. 汉语中的"二"文化

在汉语文化中，数字"二"常常被赋予正面的寓意。自古以来，中国人希望自己的生活能够双喜临门、两全其美。人们在人情交往方面也不喜欢选择单数，如在结婚、生子等重要场合，喜欢用双数作为吉祥的象征。然而，数字"二"在汉语中也有一些贬义的用法，如"一心不可二用"表示心神不能同时分散在两件事上，"一山不容二虎"意味着两个强者不能共存。

2. 英语中的"two"文化

在西方文化中，数字"two"有着丰富的象征和内涵。它既体现了平衡与和谐，也象征着对立与矛盾。

首先，数字"two"代表着平衡与和谐。例如，宗教中的善恶、光明与黑暗等一系列二元对立概念，共同强调了生活中的平衡和对立统一。同时，在古希腊文化中，阿波罗（Apollon）与狄俄尼索斯（Dionysos）代表了理性与感性，进一步体现了"two"的和谐意义。

其次，"two"在西方文化中也象征着伙伴关系与互补。例如，成语

"two peas in a pod"（如出一辙）表示两个人或事物较为相似，彼此存在紧密联系。而在婚姻中，夫妻被视为一个不可分割的整体，他们之间需要相互支持与依靠。

然而，数字 two 在西方文化中也有一定的负面寓意。例如，英语中的 "double-dealing" 表示欺诈与背叛，暗示了两面性。除此之外，西方人在送鲜花时也不喜欢送双数，而是要选择单数（13 除外）。

（三）三与 three

1. 汉语中的"三"文化

在汉语文化中，数字"三"具有丰富的文化内涵和神秘色彩，它在历史、传统、哲学和民间信仰等多个方面都占据着重要地位。

首先，在道教中，数字"三"与三生、三族和三清之说息息相关。三生即指生、死和轮回，这是道教信仰中生命循环的核心观念；三族则包括了天、地和人三个层次的存在，构成了道教的宇宙观；三清则是道教最高的三位神祇，分别为元始天尊、灵宝天尊和道德天尊，它们分别代表了道教信仰的创世、宇宙和道德。

其次，在古代，数字"三"被视为吉祥的玄数。例如，"三皇"指的是中国史前时代的三位神圣皇帝，他们被认为是文明的开创者和治理者。"三朝元老"则代表着政治上的权威和智慧。而"三纲五常"是古代中国道德伦理的基本原则，分别为君臣、父子和夫妻三种关系，以及仁、义、礼、智、信五种美德。

此外，数字"三"在汉语中还具有其他方面的寓意。它可以表示少量，如"三句话不离本行"表示某人专注于自己的职业，"三人行，必有我师焉"强调了向他人学习的重要性。同时，它也可以表示较多的次数，如"三顾茅庐""孟母三迁"。然而，数字"三"在某些情况下也具有贬义，如"三心二意"表示态度不坚定，而"事不过三"则暗示某事不会一直持续下去。

2. 英语中的"three"文化

在英语中，数字"three"同样具有丰富的文化含义和象征意义。它在宗教、民间传说和日常表达中都占据着重要地位。

首先，在基督教信仰中，数字"three"具有神圣的含义。例如，基督教教义的核心观念"三位一体"，指的是圣父、圣子和圣灵。这个观念强调了上帝的完整性和多元性。另一个例子是"三项美德"，即信仰、希望和爱，它们被认为是基督徒应当追求的精神品质。

其次，在西方民间传说和神话中，"three"也具有特殊的意义。例如，在西方童话故事中常出现的"三个愿望"和"三次试炼"，这些故事情节的设定都体现了"three"这个数字的神秘感和吉祥寓意。还有三个女巫、三个仙女等角色，它们在故事中扮演着重要的角色，进一步强调了数字 three 的象征意义。

在日常英语表达中，数字"three"也常常出现在成语、习语和谚语中。例如，"Three's a crowd"表示三个人在一起容易产生纷争；"Third time's the charm"则表示尝试三次后会成功。此外，"three cheers for..."则用来表示对某人或某事的赞美和祝贺。

（四）六与 six

1. 汉语中的"六"文化

在汉语文化中，数字"六"被认为是吉祥的象征，代表顺利、平安和幸福。这种积极的内涵与"六"的发音与"禄"相似有关。人们把它与"福禄""荣禄""体禄"等美好事物联系在一起，寓意着吉祥、顺遂和富饶。民间常说"六六大顺"，意味着事事顺心如意。

在汉语文化中，"六"的意象广泛出现在各个领域。例如，在朝廷制度中，军队被称为"六军"，表示强大的军事力量；怀孕的妇女被称为"身怀六甲"，寓意着生命的传承和家族的繁衍；家族间的亲属关系被称为"六亲"，包括父、母、兄、弟、妻、子，泛指亲人和亲戚。这些用法都体现了"六"的吉祥和重要地位。

此外，带有数字"六"的汉语成语也非常丰富，如"六神无主"表示恐慌不知所措，"六畜兴旺"意味着家庭财产繁荣，"六根清净"寓意修行者的内心清净，"六亲不认"形容对亲人翻脸不认。这些成语进一步展示了"六"的丰富文化内涵。

在中国，从古至今，带有"六"的日子都被人们认为是吉日，人们会选择这些日子进行婚礼、搬家、开业等重要活动。总的来说，在中国文化中，数字"六"的地位特殊，是吉祥、顺利和幸福的象征，深受人们喜爱和尊重。

2. 英语中的"six"文化

在西方文化中，数字"six"的内涵相对复杂，既有积极的意义，也有消极的联想。

首先，在基督教信仰中，数字"666"在《圣经》中被称为"野兽数字"，代表撒旦和邪恶。这使得数字"six"在西方文化中具有一定的负面含义。然而，需要注意的是，单独的"six"并不具备如此强烈的负面含义。

其次，在某些情况下，数字"six"也与一些具有积极意义的事物相关联。例如，在体育比赛中，尤其是板球比赛中，击球员一次击打得分六分被称为"a six"，是一种令人兴奋的表现。此外，在音乐领域，六弦吉他是一种非常受欢迎的乐器，体现了数字"six"的美好寓意。

此外，在西方文化中，数字"six"也常出现在日常用语和成语中，此时"six"的用法体现出正面和负面两种类型的含义。例如，"at sixes and sevens"表示混乱和束手无策的状态；"six of one, half a dozen of the other"表示两者无甚差别；而"knock somebody for six"或"hit somebody for six"则表示彻底击败某人。

（五）七与 seven

1. 汉语中的"七"文化

在汉语文化中，数字"七"具有丰富的内涵，既有神圣和吉利的意义，也有一定的贬义。

首先，在汉语文化中，"七"被尊为神圣的数目。据《周易》记载，天道循环运行的周期数是七天，使得"七"成为一个象征无限时空的无穷大的极数。在汉语中，与"七"相关的词汇众多，如建安七子、竹林七贤等，都显示了"七"的神圣地位。同时，"七"也常用于表示多数，如"七擒孟获"和"七进七出"。

其次，尽管数字"七"在汉语文化中具有神圣和吉利的象征，但它在某些情况下也带有贬义。例如，它与"八"结合，形成了一些表示混乱和无序的固定搭配，如"七拼八凑"（拼凑而成）、"七扭八歪"（形容东西歪歪扭扭）和"七颠八倒"（形容颠簸不稳定）等。

此外，在中国传统文化中，数字"七"也与死亡和不吉之事联系在一起。因此，"七"被认为是带有不祥之意的数字，所以人们在日常生活中常避免使用它，尤其在举办喜庆活动时。例如，民间在挑选结婚日子时，通常会避开包含数字"七"的日期，以求好兆头。

2. 英语中的"seven"文化

在英语文化中，数字"seven"具有丰富的内涵，既有神圣和吉祥之意，也体现了西方人的世界观、宗教信仰和审美观念等多方面的文化特征。

首先，数字"seven"在西方文化中是神秘和幸运的象征。在许多西方国家中，人们普遍认为"seven"是幸运数字，常常与美好的事物联系在一起。举例来说，在彩票中，人们常会选择包含数字"seven"的组合，希望能够带来好运。

其次，在西方文化中，"seven"还与宗教信仰紧密相连。基督教中，数字"seven"被视为完美和圣洁的象征。在《圣经》中，上帝创造世界的过程历时七天，其中六天创造万物，第七天休息。因此，基督徒将"the seventh day"（周日）视为安息日，用于祷告和休息。此外，《圣经》中还提到"seven churches"（七堂教会）、"seven golden lampstands"（七个金灯台）、"seven angels"（七个天使）等，进一步强调了"seven"的神圣地位。

在英语文化中，数字"seven"还广泛出现在文学、艺术和民间传说中。例如，莎士比亚的剧作《皆大欢喜》中，提到了人生的"seven ages"（七个阶段），从婴儿到年老，形象地描绘了人生的完整过程。此外，在童话故事中，常常出现"seven dwarfs"（七个小矮人）"seven pirates"（七个海盗）等形象，使得"seven"成为寓言和寓意的象征。

（六）八与 eight

1. 汉语中的"八"文化

在汉语文化中，数字"八"有着深厚的历史底蕴和独特的文化内涵。它代表着完整和平衡，被认为是一个充满力量和能量的数字。

例如，在中国古代建筑中，八角形是一种常见的设计元素，如八角亭和八角宝塔，这些建筑体现了"八"的和谐与平衡观念，使人们感受到宇宙万物的有序和协调；中国历史上有许多与数字"八"相关的典故和传说，如"八仙过海"，传说八仙是道教神话中的八位仙人，他们具有神奇的法力，象征着吉祥和幸福。这些故事传承着古代民间对"八"的美好寓意，强化了它在人们心中的吉祥象征。

在汉语中，有许多与数字"八"相关的成语，它们传达了各种意义，反映了中国文化的丰富性。例如，八面玲珑——形容一个人心机灵活，善于处理各种复杂关系；八仙过海——各显神通：形容不同人各自发挥特长，共同解决问题；八字没一撇——表示事情还没有眉目；八拜之交——形容关系非常密切的朋友。

在当代，中国人对数字"八"的喜爱也体现在日常生活中的各个方面：在商业活动中，人们认为带有"八"的门牌、电话号码和车牌等会带来好运，因此愿意花费较高的价格购买这些含"八"的标识；在住宅设计中，人们喜欢选择带有八字形状的布局和装饰，以期望家庭生活充满吉祥和幸福；在节日庆典和喜庆场合，如婚礼、生日等，人们会选择八字形状的礼物或装饰，寓意着吉祥、顺利和繁荣；在餐饮文化中，人们喜欢点八大碗、八宝饭等带有"八"的美食，以寓示团圆、富饶和吉祥。

2. 英语中的"eight"文化

在英语文化中，数字"eight"同样具有积极的象征意义，其中主要包括以下几个方面的内容。

（1）象征永恒：数字"eight"可以写为"8"，在图形上呈现出连续不断的循环形状，类似无限符号∞，因此在西方文化中，数字"eight"被视为无穷和永恒的象征。

（2）象征平衡与和谐：数字"eight"，即"8"由两个完美对称的圆组成，因而在西方文化中，人们认为这个数字具有维持稳定和平衡的特性。

（3）成功和繁荣：在西方文化中，数字"eight"，即"8"与成功和繁荣密切相关。例如，在股票交易中，股票价格达到8美元被认为是一个重要的心理关口，突破这一关口意味着股票可能迎来一轮上涨。

（七）十与 ten

1. 汉语中的"十"文化

在汉语文化中，数字"十"具有丰富的象征意义，主要表现在以下几个方面。

（1）完美和圆满：在中国文化中，数字"十"常常被用来表示完美和圆满。例如，"十全十美"意味着事物达到了完美的状态。这反映了中华民族追求完美和圆满的心理。

（2）大数和多：汉语中的"十"也代表着大数和多的概念。例如，"十恶不赦"表示罪行极其严重，不可饶恕；"十年寒窗"表示长时间的苦读。

（3）全面和深远：汉语中的"十"还代表全面和深远，如"一目十行"表示读书速度非常快，具有出类拔萃的才能；"五光十色"则表示事物丰富多彩，给人以强烈的视觉感受。

2. 英语中的"ten"文化

在西方文化中，数字"ten"同样具有特殊的象征意义。

（1）全体和创造：在西方文化中，数字"ten"象征着全体和创造，因为它是一个整数，也是数字系统中的一个基数，代表了一个完整的单位。

（2）完美的象征：Perfect Ten——在体操比赛中，满分为 10 分，得到 10 分意味着选手的表现完美无瑕；Top Ten——在音乐、电影或其他领域的排行榜中，进入前 10 名代表了在众多竞争者中脱颖而出的成就。

（八）十三与 thirteen

1. 汉语中的"十三"文化

在汉语文化中，数字"十三"具有积极的文化内涵。它通常与知识、智慧和历史悠久的传统联系在一起。以下是一些与数字"十三"在中国文化中相关的例子。

（1）十三经：它包括了儒家学派的十三部基本经典，如《诗经》《尚书》《礼记》等。这些著作代表了中国古代的道德、伦理和政治思想，至今仍对中国文化具有深远的影响。

（2）《孙子兵法》：这是中国古代的军事著作，共分为十三篇。它详细阐述了战争策略、战术和兵法原则，是讨论世界军事理论的瑰宝。

（3）十三统：古代中医将人体划分为十三个主要系统，如气血、脏腑、经络等，这些统是中医理论的基础。

2. 英语中的"thirteen"文化

在西方文化中，数字"thirteen"通常被认为是不吉利的，甚至被视为邪恶的象征。这种负面看法源于历史和宗教传统。以下是一些与数字"thirteen"在西方文化中相关的例子。

（1）最后的晚餐：基督教传统认为，耶稣在被钉死在十字架上前的最后一餐中，是与他的门徒共进晚餐，总共 13 人。这场晚宴后，耶稣被第 13 个参加晚宴的人犹大出卖，进而遭遇了痛苦的死亡。因此，数字 13 与背叛和不幸紧密相连。

（2）建筑和酒店：在西方国家，许多建筑物和酒店会避免使用 13 这个数字。例如，他们可能没有第 13 层楼，也不会设置 13 号房间。这种做法反映了人们对数字 13 的恐惧和忌讳。

（3）聚餐忌讳：在西方文化中，聚餐时避免 13 个人共同用餐，因为人们认为这样做会带来厄运。这种信仰可能与最后的晚餐的传说有关。

（4）13号：在西方，13号被认为是不吉利的一天，人们在这一天可能会避免举行喜庆活动，如婚礼或生日聚会；特别是当13号落在星期五时，这一天会被称为"黑色星期五"，人们认为这一天会发生很多倒霉或者不幸的事。

二、汉英数字文化翻译

根据以上内容可知，无论在汉语文化中还是在英语文化中，数字都有丰富的文化内涵。对两种文化中的数字文化进行对比和翻译，有助于来自不同文化背景下的人们相互了解。具体分析，汉英语言中的数字文化词可采用以下几种翻译方法。

（一）直译

因为数字的基本功能是计数，也就是表明数量，因此不同文化背景下的人们在多数情况下对数字的理解和使用是相通的。在这种情况下，采用直译法就是传递原数字词想要表达的基本含义。例如，悬于一线（hang by a thread）；猫有九条命（a cat has nine lives）；沧海一粟（a drop in the ocean）；三三两两（twos and threes）；一石二鸟（kill two birds with one stone）；一举两得（gain two advantages by a single move）；一日不见，如隔三秋（one day apart seems three autumns）；搬家三次等于失火一遭（three removes are as bad as fire）；三天打鱼，两天晒网（go fishing for three days and dry the nets for two）；一个篱笆三个桩，一个好汉三个帮—a fence needs the support of three stakes, and an able fellow needs the help of three other people）。

（二）意译

当英汉数字词语的文化内涵存在较大差异时，译者在翻译时就不能采取直译的方法，否则就会传递出错误的言语信息，此时可以根据具体情况采取意译手段。例如，三只手（a pick pocket）；丑八怪（a very ugly man）；三五成群（in threes and fours）；九死一生（a narrow escape from death）；不管三七二十一（do something at will regardless of the consequences）；新官上任三把火（a new broom sweeps clean）。

（三）借译

在英语和汉语这两种语言中存在这样一部分数字表达，他们在内容、意义乃至表达形式上具有相同或相似之处，在翻译这类数字词语时，译者可以适当地借用对方语言中的同义习语；有时虽然比喻的事物不同，但如果内涵完全相同，也是可以借用的。例如，千载难逢（very rare）；三心二意（in two minds）；三思而后行（think twice）；一丘之貉（birds of a feather）；三长两短（unexpected misfortune）；一朝被蛇咬，十年怕井绳（once bitten, twice shy）；半斤八两（it is six of one and half a dozen of the other）。

（四）改译

在不同的语言文化中，受历史典故、表达习惯等因素的影响，其数字的使用和表达会存在些许差异，此时译者需要根据具体情况变动数字，以符合目的语的表达习惯。例如，三朋四友（a lot of friends）；三番五次（many times）；三百六十行（all trades and professions）；九牛二虎之力（use every ounce of one's strength）；对不起，不二价（sorry, it's one price for all）；你房间里的东西乱七八糟（everything in your room is at sixes and sevens）。

（五）省译

在翻译数字词语的过程中，有时根据目的语的表达习惯，不用把数字翻译出来就能传递出原文想表达的信息与内涵，此时译者可采用省译法进行翻译。例如，八字脚（splayfoot）、八音盒（music box）。

第四节　汉英色彩文化对比与翻译

一、汉英色彩文化对比

（一）白色与 white

1. 汉语中的"白色"文化

（1）表示纯洁、无辜。在汉语文化中，白色有"圣洁、善良、无辜"的文化象征，如"他是清白的"。

（2）表示清楚、明白。在汉语文化中，白色还有"发现事实真相""使事实变得清楚"的含义，如"真相大白""不白之冤"等。

（3）象征人的性格。在汉语中，白色是对忘恩负义或奸佞之人的称呼，如"白眼狼""唱白脸"等。

（4）代表死亡、枯竭。在中国文化中，白色属东南西北四个方向中的西方，而西方被认为是人死后要去的地方，因此白色与死亡、丧事相联系，如"白事""白幡"。

（5）象征虚无、徒劳。在中国文化中，白色有"空无一物"的含义，如"一穷二白""白忙活""白手起家"等。

2. 英语中的"white"文化

英语文化中"white"的含义非常丰富。具体分析，"white"在英语文化中主要有以下几种不同寓意。

（1）代表纯洁、高雅、神圣。纯洁是"white"的一个基本含义，高雅、神圣也是"white"的重要含义，因此妇女都喜爱白色服饰。例如，西式婚礼中新娘身穿白色婚纱，新郎身穿白色西服，表示他们的婚姻是神圣的，他们愿意承担起对婚姻的责任。

（2）代表欢悦、幸运、吉利、有益。例如，英语中有这样的表达："a white Christmas"表示欢快的圣诞节；"white lies"表示善意的谎言，在一些场合，人们认为说白色谎言是为了保护他人的感情，避免伤害，因此它被认为是有益的；"white elephant party"的意思是白象派对，是一种充满欢乐气氛的派对，参与者通过交换礼物增进友谊，寓意快乐和幸运。

（3）象征正直、诚实、守法。例如，在西方文化中"a white man"表示忠实正直的人；"white market"表示合法市场；"white collar"（白领）通常用来描述在办公室工作的、遵守法律、具有较高社会地位的职业人士。

（4）代表和平与调和。在许多文化中，"white dove"（白鸽）通常被用作和平的象征；"wave a white flag"（举白旗）表示求和或投降。

（二）黑色与 black

1. 汉语中的"黑色"文化

（1）代表神秘、沉稳和潜藏的力量。在中国的五行色彩观中，黑色属于"水"，水是深不可测的，因此黑色寓意着深邃和无穷。

（2）象征权威、严肃和庄重。在春秋时期，官员都身穿黑色的朝服；现如今，公务员的车辆往往多为黑色，给人一种稳重、可靠的感觉。

（3）代表公正无私，刚正不阿。这一含义主要表现在中国戏剧文化中，戏剧中的一些带有黑色脸谱的人物往往具有铁面无私、不惧强权等令人信服的性格特征，如《三国演义》中的张飞，北宋名臣包拯等。

（4）表示恐怖、无助、不喜等情绪。在日常生活中，人们往往将黑色与黑夜联系起来，由于人们认为黑夜中可能存在未知的事物，而人们对自己认知范围以外的事物常常怀有恐惧之心，因此黑色会给人一种神秘的、恐怖的感觉。看到黑色的动物，人们也会感到害怕、不喜甚至厌恶。

（5）表示邪恶、反动、不光彩。汉语文化中，人们会将黑色与光明对立起来，表示邪恶、不光彩的一方。例如，黑市是指暗中进行非法买卖的市场；黑幕是指在某种特定的状况下，导致某些不公正现象产生的内情，有时包括违法犯罪行为。

2. 英语中的"black"文化

在英语文化中，"black"一词具有丰富的文化内涵，其含义和象征可以根据不同的语境和应用场景而有所不同。接下来将通过以下示例进一步阐明"black"在英语文化中的文化内涵。

（1）象征权力与权威。例如，法官、律师和政府官员等身份象征着权力与权威，穿着黑色的制服。这种联系可能源于黑色在历史上的稀缺性和昂贵性，使其成为一种独特的颜色，仅有权力和财富的人才能拥有。

（2）代表保守与传统。黑色在英语文化中也与保守和传统价值观联系在一起。因此，在正式场合，如婚礼和葬礼等，人们通常会选择穿着黑色，以表示对这些传统习俗的尊重。这可能与黑色的庄重和低调特性有关。

（3）代表对立或与众不同。在某些语境中，黑色用于强调两种事物之间的对立或对比。例如，"black and white"表示明显的对立，"black sheep"表示在一群人中与众不同的人。

（4）象征盈利与成功。在财务领域，"black"常用于表示盈利和成功。例如，"in the black"意味着公司或个人的财务状况良好，收入超过支出。这可能源于历史上黑色墨水用于记录盈利，而红色墨水用于记录亏损。因此，黑色成为象征财务成功和稳健的颜色。

（5）代表邪恶、耻辱和犯罪。这种关联可能源于黑暗与恶势力、恐怖和不安全感之间的联系。例如，"black magic"表示邪恶的巫术"black lies"表示有害的谎言。这些表达都强调了黑色在道德和道义方面的负面含义。

（6）象征无希望与悲观的情绪。在英语表达中，"black"还常用于描述无希望、悲观和沮丧的情绪。这可能与黑暗和阴郁的氛围相联系，因为这种氛围往往会引发人们的负面情绪。例如，"the future looked black"表示前景暗淡，"black news"表示坏消息。这些说法反映了人们在面对困境和不幸时，可能会感受到的无助和绝望。

（三）黄色与 yellow

1. 汉语中的"黄色"文化

黄色在中国文化中的内涵丰富多样，包括尊贵、皇权、稚嫩、神灵、萧条和衰败等多种含义。

（1）象征尊贵和皇权。在古代，黄色因与土地紧密相连而被视为神圣，成为皇家专用的颜色。这种特殊地位使黄色在社会地位和身份上具有重要意义。除了皇家服饰，黄色还出现在皇宫建筑和皇家仪式上，如皇宫的黄瓦金顶，以及皇帝加冕时头戴的黄金冠冕，都体现了皇帝至高无上的地位。

（2）代表稚嫩和幼稚。在民间传说和故事中，黄色常用于形容年轻一代的无知和天真。例如，在《西游记》中，孙悟空身着黄金甲，象征着他在初入世界时的稚气和顽皮。

（3）象征神灵。在道教信仰中，黄色与五行之一的"土"相互关联，因此与土地、财富和丰收密切相关。道教神明中，如王母娘娘和玉皇大帝等高位神灵，常常身着黄色神衣，显示其崇高地位和神秘力量。

（4）象征着萧条、衰败和死亡。在中国文学中，黄色的落叶和凋零的花朵往往寓意着人生的无常和衰老，如"满地黄花堆积"等。此外，在民间信仰中，黄泉路代表通往阴间的道路，进一步强调了黄色与死亡的关联。

2. 英语中的"yellow"文化

在英语文化中，"yellow"的含义相对较少，且多具有贬义色彩。它通常用来表示胆怯、卑鄙、靠不住、忌妒等负面特征。以下是"yellow"在英语文化中的内涵。

（1）代表卑鄙和可耻。这种负面寓意源于宗教文化，主要是犹大背叛耶稣的故事。在此背景下，"yellow"成为象征背信弃义和道义败坏的颜色。例如，英语表达"yellow belly"表示可耻的胆小鬼。

（2）代表懦弱和胆怯。在西方文化中，人们常将"yellow"与胆量不足、害怕面对困难和挑战的人联系在一起。例如，英语词组"to have a yellow streak"意指某人是一个懦夫。这种说法可能源于黄色与疾病和虚弱的关联，因为黄疸等疾病会导致皮肤发黄。

（3）表示忌妒。人们通常用"green with envy"来表示忌妒，但有时也会用"yellow with envy"表达同样的意思。这可能与黄色在某些文化中被视为不吉利的颜色有关。

（4）代表低级、耸人听闻的内容，尤其是在报刊等媒体中。例如，"yellow journalism"是一种指责性的说法，表示一种追求煽动性标题和低俗内容的新闻报道方式，这种报道通常忽略事实和真相。这种说法的起源可以追溯到19世纪末的美国，当时两家报纸为争夺市场份额，采用了耸人听闻的新闻报道手法，其中一家报纸上的卡通人物形象采用了黄色作为背景色。

（四）绿色与 green

1. 汉语中的"绿色"文化

绿色在汉语文化中的内涵丰富多样，既包括积极的象征如安全、希望和和平，也包括贬义的象征如对爱情或婚姻不忠等。

（1）象征着安全和希望。这源于绿色与自然界的关联，如青山绿水、植物茂盛等。人们通常认为绿色代表生机勃勃、生长和繁荣。在中国古代诗词中，绿色也常用来表达对春天的赞美和对生活的向往，如"千里莺啼绿映红，水村山郭酒旗风""最爱湖东行不足，绿杨阴里白沙堤"。此外，在现代社会，绿色也成为环保和可持续发展的象征。人们倡导绿色生活，提倡节约资源，保护环境。

（2）象征和平。这种象征源于古代兵器的青铜制品，如"青铜剑"等，它们在长时间的和平岁月中逐渐氧化，表面呈现出绿锈，从而使绿色与和平相联系。在诗歌和散文中，绿色往往用来描绘宁静、祥和的景象，如"青青园中葵，朝露待日晞"。

（3）绿色在汉语文化中也具有一定的贬义色彩。尤其是在日常生活中，绿色与婚姻不忠的概念联系在一起。

2. 英语中的"green"文化

在英语文化中，"green"这个词确实具有多层含义。这些含义可能源于不同的文化、历史和社会背景。

（1）象征环保和生态意识。在英语文化中，"green"表示对环境保护和生态可持续性的关注。例如，在当今社会，人们常用"green energy"（绿色能源）来指代可再生能源，如太阳能和风能。"green"这个词还可以表示生态友好的做法和产品，如"green building"（绿色建筑）和"green transportation"（绿色交通）。

（2）表示健康和有益健康的食物。在西方文化中，"green"也与健康饮食和营养有关。例如，"green"可以指代绿色蔬菜和水果，这些食物富含维生素和矿物质，对健康有益。"green smoothie"（绿色果汁）是一种混合了绿色蔬菜和水果的健康饮料，受到许多健康爱好者的喜爱。

（3）代表青春、有活力。例如，"in the green wood"意思是成长中的少年处于青春期；"in the green"可翻译为血气方刚、年轻力壮。

（4）代表幼稚、不成熟、没有经验等。例如，"green from school"代指刚出校门的年轻人；"green around the gills"形容某人看起来很虚弱或不舒服，可能是因为缺乏经验或不适应某种情况。

（5）代表金钱、钞票。这是因为，美国的钞票的主色调是绿色，因此绿色也有了钞票的含义。例如，"green back"（美钞），"green power"（财团）。

（6）表示嫉妒。例如，"green-eyed monster"是对嫉妒情绪的一种隐喻，源自莎士比亚的《奥赛罗》；或者当某人因嫉妒或羡慕而变得难以忍受时，可以说他们"turn green"。

（五）红色与 red

1. 汉语中的"红色"文化

红色在中国传统文化中具有丰富的象征意义，它不仅仅是喜庆和吉祥的象征，还具有其他多重含义。以下举例分析红色在中国文化中的不同象征意义。

（1）具有驱邪避凶功能。在中国民间信仰中，红色被认为是具有驱邪避凶功能的颜色。例如，在春节期间，人们会贴红色对联、门神，以期在新的一年里避邪纳福，保佑平安。

（2）象征团结和喜庆。在中国的传统节日中，红色扮演着重要角色。除了春节，在元宵节、端午节等节日，人们会点亮红灯笼、穿红衣，寓意团圆、喜庆和吉祥；在中国传统婚礼中，新娘一般会穿红色的礼服，新郎也会佩戴红色配饰。此外，婚礼现场会布置红色的喜字、花球和绸缎，传达浓浓的喜庆氛围，预示着新人的美满生活。

（4）象征欢乐与热闹。红色在中国民间艺术中也占据重要地位，如剪纸、年画、泥塑等，都会使用大量红色元素，以体现欢快、喜庆、热闹的气氛。

（5）象征吉祥或威严。在中国书法艺术中，红色是一种重要的书写颜色。例如，用朱砂写的对联，寓意吉祥、美好。此外，历史上的皇帝御笔亲书，也常以红色为主，展现皇权威严。

2. 英语中的"red"文化

在英语文化中，"red"也具有多种内涵，包括爱情、危险、勇敢、力量等。以下是一些说明红色在英语文化中内涵的英语示例。

（1）象征爱情与浪漫。在英语文化中"red"常与爱情和浪漫联系起来，如"red roses"（红玫瑰）通常被认为是爱情和浪漫的象征，情人节期间，红玫瑰是最受欢迎的礼物之一。

（2）象征危险与警告。"red"在英语文化中也常用于表示危险和警告。例如，交通信号灯中的"red light"（红灯）表示停止，以避免发生事故；在警告标志中，红色字体或图形通常表示危险、禁止等。

（3）象征勇敢与力量。"red"在英语文化中还代表勇敢和力量。比如，"red badge of courage"（红色英勇勋章）是美国文学作品中的一个概念，象征着勇气和无畏精神。此外，超级英雄闪电侠的红色服装也象征着力量和速度。

（4）象征政治与权力。"red"在英语文化中也有政治和权力的象征。例如，"red carpet"（红地毯）表示特权和尊贵，在颁奖典礼、重要活动等场合，红地毯往往用来迎接贵宾。另外，美国的两大主要政党之一，"Republican Party"（共和党），其象征色就是红色。

二、汉英色彩文化翻译

（一）直译

汉语和英语的色彩词基本可以分为三类：基本颜色词、实物颜色词和色差颜色词。汉英民族对基本颜色词的分类基本相同，也就是说，汉语色彩词有黑、白、红、黄、绿、蓝、紫等，与这些颜色词相对应的英语色彩词有 black、white、red、yellow、green、blue、purple 等。就所反映的色彩的物理属性来看，这些汉英基本颜色词的词义基本一致。因此，当英语中的某个颜色词和汉语中的某个颜色词在语义上是相同的时候，译者在翻译的时候就可以保留颜色词进行直译。例如，血红（blood red）、蓝天（blue sky）、白雪皑皑（snow-white）、绿色革命（green revolution）、灰色的制服（grey uniform）。

翻译家杨宪益、戴乃迭夫妇在翻译《红楼梦》中出现的部分带有中国文化特色的颜色词时所采取的方法也是直译法。

例 1：

原文：那个软烟罗只有四样颜色：一样雨过天晴，一样秋香色，一样松绿的。一样就是银红的，若是做了帐子，糊了窗屉，远远地看着，就似烟雾一样，所以叫作"软烟罗"。

译　文：This soft-list silk comes in four colors only: light blue, russet, pine-green and pink. Used for bed-curtains or window gauze, from a distance it looks like smoke or mist—that's how it got its name.

对于原文中的"雨过天晴""秋香色""松绿""银红"，译者采用了直译法，直接译为英语中与之相对应的词语，简单直观，便于读者理解。

例 2：

原文：宝玉掀帘一迈步进去，先就看见薛宝钗坐在炕上做针线，头上挽着漆黑油光的髻儿，身穿蜜合色棉袄，玫瑰紫二色金银鼠比肩褂，葱黄绫棉裙，一色半新不旧，看去不觉奢华。

译文：Lifting this he stepped inside. Baochai was sewing on the kang. Her glossy black hair knotted on top of her head. She was wearing a honey-colored padded jacket, a rose-red sleeveless jacket lined with brown and snow-weasel fur, and a skirt of leek-yellow silk. There was nothing ostentatious about her costume, which was none too new.

对于原文中的多种颜色词，译者采用了直译法进行翻译，不仅有效保留了原文的色彩形象，也传达了原文信息，更便于读者直观地了解中国文化。

（二）意译

意译法是根据汉语或隐喻色彩词所表达的意义进行翻译，而不是直译色彩词本身。这种方法适用于那些汉语或英语在对方语言中没有对应色彩词的情况或者直译会引起歧义的情况。

（1）面红耳赤——red in the face and ears。这个成语表达的一个人因羞愧、尴尬或生气而脸红的情形，如果直译为"red face and ears"可能无法表达出这个意思。通过意译，译者可以将其翻译成"red in the face and ears"，以传达原文的意义。

（2）灰头土脸——with a dirty face。这个汉语短语的意思是一个人脸上沾满灰尘，显得很脏，如果直译为"grey-headed and muddy-faced"可能无法准确表达这个意思。通过意译，译者可以将其翻译成"with a dirty face"，以准确传达原文的含义。

（三）惯用法翻译

有些汉语或英语色彩词在对方中有对应的惯用表达方式，这时译者可以选择将色彩词翻译成汉语或英语的惯用表达。

（1）绿水青山——picturesque scenery。这个颜色短语描述的美丽的自然风光，如果直译为"green water and green hills"可能不太符合英语表达习惯。通过惯用法翻译，译者可以将其翻译成"picturesque scenery"。

（2）青出于蓝——the student surpasses the master。这个成语原本的寓意是学生的能力超过了教师，如果直译为"green out of blue"可能无法传达出原文的意思，通过惯用法翻译，译者可以将其翻译成"the student surpasses the teacher"。

第七章　汉英翻译实践中的跨文化翻译

第一节　汉英翻译实践中的商务翻译

一、商务翻译的概念

商务翻译作为一种特定领域的翻译活动，是在经济全球化的过程中，在各国间不断加深交流的进程中，作为促进商业文化和物质交流的经济活动的一部分而出现的一种翻译活动。商务翻译可以从多个角度加以理解，如广义、狭义和一般意义。

在广义上，商务翻译覆盖了所有与国际商务活动相关的翻译工作，这些工作涵盖了众多商务领域，如政策文件翻译、外交事务翻译等都属于广义商务翻译范畴；狭义的商务翻译主要关注直接带有经济利益的经营活动中的翻译工作，通常是指特定领域内的翻译，如某公司在进行国际贸易时所需的翻译服务；而从一般意义上来看，商务翻译指的是涉及跨国商业活动的各个方面，包括商品、资本、劳务等各种经济资源在国际交流中所涉及的翻译工作，如国际商务活动中涉及的法律法规翻译以及涉外旅游推广的翻译等。

从翻译的内容、类型和技能等方面也可以探讨商务翻译的概念。

从翻译内容来看，商务翻译主要包括商业合同、财务报告、市场调查报告、广告宣传、产品说明书、商业信函等各类商务文件的翻译。从翻译类型来看，商务翻译可以分为笔译和口译。笔译主要包括对书面材料的翻译，如前述的商业合同、财务报告等。口译则是针对商务场合的实时翻译，包括同声传译（如在国际会议中进行的实时翻译）和交替传译（如在商务谈判中的对话式翻译）。从技能角度来看，商务翻译要求译者具备扎实的语言功底、丰富的商务知识以及高度的文化敏感性。译者不仅需要熟悉商务术语，了解商务实践，以便准确地表达原文意义，还需要具备一定的跨文化沟通能力，以便在不同文化背景下进行有效的信息传递。

二、影响商务翻译的跨文化因素

商务翻译不可能仅仅通过翻译商务的专有词汇或术语就能完成，它涉及生产、生活的方方面面。所以，跨文化知识在商务翻译中是一个重要的组成部分。在商务翻译中，译者除了必须了解商务英语的规律和特点外，还需要了解商务英语中的跨文化因素才能取得理想的效果。

（一）思维模式

思维模式作为一种跨文化因素，对商务翻译产生了重要影响。在不同的文化背景下，人们的思维方式存在显著差异。例如，在汉语文化中，人们倾向于直观、整体性的思维方式，关注具体情境并从多元角度进行综合分析。在表达上，汉语更注重直接的陈述和以动词为核心的句子结构，强调整体协调和时间顺序。而在西方文化背景下，人们的思维方式偏向逻辑分析，关注抽象概念并从单一角度展开多方面的剖析。在表达上，西方语言更强调简洁陈述和以主谓结构为基础的句子组织，主次分明并富有逻辑性。

这种思维模式的差异在商务翻译过程中会体现在句子结构、词汇运用和信息呈现等方面。例如，在将英语长句翻译成汉语时，译者可能需要将其分解为几个短句以适应汉语的表达习惯；而在将汉语短句翻译成英语时，译者可能需要将多个短句整合为一个长句以符合英语的逻辑表达。请看以下示例。

例 1：

原文：Practice has proved all the more clearly that the APEC Approach, which responds to the reality in the region, is conducive to achieving a balance of rights, interests and needs of various members.

译文：实践越来越证明，"亚太经合组织方式"符合本地区的实际，有利于各成员的不同权益和需求得到较好的平衡。

英语原文是一个长句，翻译成汉语后变成三个短句，就很符合中国人的思维模式和阅读习惯，容易被中国读者理解。

（二）表达习惯

语言表达习惯作为一种跨文化因素对商务翻译的影响体现在多个方面，接下来通过举例来说明。

1. 谦虚与礼貌的表达

中国文化倡导"谦虚"，在商务沟通中表现得谦逊、内敛。比如，中方在商务合同中可能会使用"以确保公平""在多次协商后"等表达，这些表达体现了礼貌和敬意。然而，西方人士可能会认为这些表达仅仅是客套话，他们更注重合同的法律效力，认为合同的履行取决于双方遵守条款，而非客套言辞。尽管如此，西方人士在商务场合仍然讲究礼貌，如在英语中频繁使用"please"。

除此之外，中方在商务沟通中常使用一些礼节用语，如"敬请指教"或"请多关照"，以表示对对方的尊敬。然而，在西方文化中，这些表达可能没有直接对应的翻译。在翻译过程中，译者需要找到恰当的英语表达来传达相同的敬意。

2. 直接与间接的表达

东方文化倾向使用较为间接的表达方式，以避免冒犯他人。而西方文化则更直接、明确。例如，当一家中国公司拒绝一项提案时，他们可能会说"我们会认真考虑"，而实际上这可能意味着他们已经决定不同意。而西方公司可能会直接说"我们不能接受这个提案"。

3. 赞美和批评的表达

汉语中有很多成语或修辞手法来赞美或批评某人或事物，而这些表达在其他语言中可能难以直译。例如，"举足轻重"这个成语用以形容某人在某个领域具有重要地位，但在英语中没有直接对应的表达。译者在翻译时需要用其他方式来表达这个意思，如"play a pivotal role"。

（三）价值观念

价值观念在跨文化交流中起着关键作用，商务翻译应充分考虑双方文化背景中的价值观差异，以确保准确无误地传递信息。在东西方文化交流中，个性主义价值观念与集体主义价值观念的冲突是一个显著的例子。比如，广告语"Just do it"最初的翻译是"想做就去做"，被视为对青少年的不良引导，后来被修改成了更符合中国人社会价值观的"应该就去做"。因此，在进行商务翻译时，了解和尊重双方不同的价值观至关重要，因为价值观差异很可能导致误解和沟通障碍。在上述例子中，这种差异引起的翻译接受问题在广告案例中得到了充分体现，调整后的广告词更贴近中国传统价值观的表述，因而缓解了文化冲突。

（四）社会习俗

社会习俗文化因素在商务翻译中起着至关重要的作用，因为每个国家和地区都有其独特的文化传统和惯例，这些传统和惯例影响着他们对语言的表达。

例如，西方文化崇尚守时，尤其是美国人的生活节奏比较快，他们认为时间就是金钱。但中国传统文化崇尚的是悠闲的生活，在问候语中常常出现"慢"字，如慢走。如果直译为"walk slowly"会使外商感觉莫名其妙，不知所云；又如，各国在商业礼仪方面也存在差异。例如，亚洲国家在商务场合中交换名片时通常双手递交，而西方国家则可能用一只手递交。在商务翻译过程中，了解这些礼仪差异有助于提高沟通效果，避免文化误解和冲突。

（五）政治法律

政治法律因素在商务翻译中具有重要意义，因为不同国家和地区的政治体制、法律法规和规定可能对商务交流产生深远的影响，具体体现如下。

1. 广告和营销策略

不同国家的法律法规对广告和营销策略可能有所限制。例如，德国明令禁止货比货，同时含褒贬暗示的广告。因此，在商务翻译中，译者需要了解目标市场的相关法规，以确保翻译后的广告和营销策略符合当地法律要求。

2. 政治敏感词汇

在商务翻译过程中，译者可能会遇到具有政治含义的词汇。在处理这些词汇时，译者需要充分了解原文的背景和意图，避免在翻译过程中引发不必要的政治敏感。

例 2：

原文：中国的经济是一个大问题。

误译：China's economy is a major question.

虽然译文没有把"大问题"译成"a big problem"，使人误以为中国的经济发展不顺利，但"question"指提出的问题、不明白的地方，仍然没有确切地将原文的含义表达出来。这里的"问题"应该是重要的、公众关注的事情。因此正确的翻译应该是"China's economy is a big issue."。

3. 法律术语和文件

商务翻译中可能涉及法律术语和文件，如合同、协议等。译者在翻译这些内容时，需要具备一定的法律知识，以确保翻译的准确性和专业性。

例 3：

原文：合同双方应遵守本协议的条款。

译文：Both parties shall abide by the terms of this agreement.

在这个例子中，译者需要准确地翻译"合同双方""遵守"和"条款"这几个法律术语，以确保信息在目的语中得以准确传达。

例 4：

原文：甲方有权随时解除本合同。

译文：Party A has the right to terminate this contract at any time.

在这个例子中，译者需要了解"甲方"在英语中对应的表达方式是"Party A"，并且准确地翻译"解除合同"为"terminate the contract"。

4. 政治体制和商业环境

不同国家和地区的政治体制可能会对商业环境产生影响。在商务翻译中，了解这些政治体制及其对商业环境的影响，有助于译者更好地理解原文，并在翻译过程中作出相应的调整。

例5：

原文：由于中美贸易摩擦，双方企业需要重新审视供应链战略。

译文：Due to the China-US trade friction, companies on both sides need to reevaluate their supply chain strategies.

在这个例子中，译者需要了解中美贸易摩擦的背景，以便在翻译过程中准确地传达影响力和紧迫性。这里的"贸易摩擦"被翻译为"trade friction"，体现了两国之间贸易关系的紧张状态。

（六）地域环境

地域环境作为一种跨文化因素，对商务翻译具有重要影响，译者在翻译时需要充分考虑不同语言背景下的地理地形特征和其他环境因素，以确保信息准确传递。

首先，译者在翻译时需要考虑不同语言文化背景下地理特征的差异。例如，"付诸东流"这个成语，原文中涉及中国的地理特征。然而，由于英美国家地理位置和地形特征与中国截然不同，直译可能导致信息丢失。因此，译者可以使用 be in vain（徒劳）这样的短语进行翻译，虽然无法体现成语中的地域特色，但表达了成语中蕴含的"前功尽弃"之意。

其次，译者在翻译时需考虑不同语言文化背景下的其他环境因素。例如，中国南方盛产竹子，因此有许多含有"竹"字的成语，如"雨后春笋"和"胸有成竹"。但英国并不产竹子，所以直接使用"bamboo"一词进行翻译可能导致英国人难以理解，此时译者可以适当地转换成"like mushrooms"和"have a card up one's sleeve"等表达方式，以更好地传达原文的意义。

三、商务翻译中的注意事项

（一）培养跨文化意识，提高文化敏感性

在商务翻译中，培养跨文化意识和提高文化敏感性是至关重要的。译者应当具备对不同文化背景、历史、民族风俗、信仰和传统的了解，以避免误解和文化冲突。在翻译过程中，译者需要对源语文化和目的语文化保持敬意，遵循适度的审慎和敏感度，以确保译文的准确性和贴切性。

同时，针对各种文化元素，译者应具有探究精神，以便在翻译时充分考虑文化差异，并确保翻译后的内容不仅能保留原有的美感价值，而且不会冒犯目的语文化。

（二）避免本土文化失语，寻找中西文化契合点

在商务英语翻译的实际操作中，译者需要在吸收与融合外来文化的同时，也要防止本土文化在西方文化面前失去话语权。应对文化差异的挑战，译者应着力发掘中西文化的共通点，力求在语言表达上实现对等，而非简单地采取归化翻译策略，忽视本土文化的独特性。事实上，尽管文化差异确实存在，但这并不妨碍商务英语译者在外国文化和本国文化之间寻求一个共融之道。若能在两种文化之间找到交融的契合点，那将是较为理想的境界。当理想的契合点难以寻觅时，译者同样需要采用灵活的翻译方法，使两种文化尽可能接近，或通过其他方式在目的语中再现异域文化的特色元素。

四、商务翻译中的文化翻译策略

（一）归化策略

归化策略是以目的语文化为导向的翻译方法，在商务英语翻译中，

归化策略同样适用。

例6：

原文：Father of All！

译文：特大甩卖！

这则广告的译文采用了归化策略。在西方文化中，father（父亲）往往被用来代称大江、大河，以突出大江或大河的雄浑、壮观，如美国的密西西比河（The Mississippi）就被美国人称为"the Great Father"或"Father of the Waters"，英国的泰晤士河被称为"Father Thames"。在汉语文化中，"父亲"一词并没有这一文化语义，汉语习惯用"母亲"来比喻人们赖以为生的河流，因而把中华文明的发源之河长江、黄河称为"母亲河"。这则广告巧妙地利用了英语文化里"father"的这种独特文化内涵，以夸张的手法，渲染出了拍卖让利幅度之大。

（二）异化策略

异化是以源语文化为导向的翻译。异化力求使译文尽可能多地反映异域文化的特色和语言风格，以使目的语读者能领略到原汁原味的异域文化为主要目标，有时甚至会采用不符合目的语的表达方式来达到宣传的目的。异化策略在商务翻译中的应用，可以帮助国际品牌在目标市场传递其独特的文化特色和价值观，吸引消费者的关注。以下是一些具体的例子。

（1）电影《卧虎藏龙》在英语市场的名字为"Crouching Tiger, Hidden Dragon"。这个名字直接保留了汉语名称的意象，让英语观众能够体验到中国文化中的隐喻和诗意。

（2）中国茶文化中的"功夫茶"在英语中直译为"Kung Fu Tea"。这种翻译方式保留了汉语名称的发音和内涵，让英语使用者能够体验到中国茶文化的特色。

（3）中国的高铁"和谐号"在英语中被翻译为"Harmony Express"。这种翻译方式保留了汉语名称的意义，同时将"和谐"这一概念巧妙地融入英语名称中，传达出中国高铁技术的先进性与舒适性。

第二节　汉英翻译实践中的广告翻译

一、广告与广告翻译概述

（一）广告的定义

广告是指为了促销商品、服务或思想观念而通过各种媒体向公众传递信息的一种宣传形式。广告的目的是通过吸引和引导目标受众的注意力，激发其购买欲望，并最终实现销售或传播目标。广告通常运用各种语言、图像、声音和情感因素来创造吸引力，传达产品或服务的特点、优势和价值。

（二）广告翻译的内涵

广告翻译是将广告内容从一种语言转换为另一种语言的过程。广告翻译的内涵包括以下几个方面。

1. 语言转换

广告翻译涉及将源语广告中的文字、口号、标语、描述等转化为目的语。译者需要准确理解源语广告的意图和信息，然后使用目的语的表达方式和文化背景来重新表达。

2. 文化转换

广告是一种文化载体，广告翻译必须考虑到源语和目的语之间的文化差异。译者需要了解目标受众所在文化的价值观、习俗、传统，以便在翻译中合理地传达广告信息，并确保广告在目标文化中产生相应的共鸣和效果。

3. 营销策略

广告翻译不仅涉及语言和文化转换，还需要在传达广告的营销策略和目标受众之间建立联系。译者需要理解广告的目标受众群体、市场定位和品牌形象，并将这些元素与目的语文化相结合，以确保翻译的广告能够在目标市场中产生相应的效果。

4. 创意和风格

广告通常具有创意性和独特的风格，广告翻译需要保留原始广告的创意和风格，并在目的语中重新创造相应的效果。译者需要运用翻译技巧和艺术创造性，以确保翻译后的广告在目标市场中具有同样的吸引力和感染力。

广告翻译的成功与否直接关系到企业和产品在国际市场的竞争力和形象塑造。准确传达广告的信息和价值观，合理融入目标市场的文化背景和习俗，以及保留原始广告的创意和风格，都是广告翻译需要注意的关键要素。译者在广告翻译中需要具备广告文体的理解和应用能力，熟悉不同文化之间的差异，以及灵活运用翻译策略和技巧的能力，以确保广告在跨文化传播中取得成功。

二、广告翻译的原则

广告翻译是一项复杂而关键的任务，需要遵循一定的原则，以确保广告在跨文化传播中能够有效地传递信息并实现其目标。以下是广告翻译的三个重要原则。

（一）明确广告目的

广告的目的是传递信息、塑造品牌形象、促进销售。在广告翻译中，译者首先要明确广告的目的，并确保翻译的广告能够在目的语和文化中实现相同的目标。译者需要准确理解源语广告的营销策略、目标受众以及所要传递的信息，然后在目的语中选择合适的表达方式和文化符号，以确保翻译的广告能够引起目标受众的兴趣、共鸣和行动。

（二）注重交际功能

广告是一种社会交际行为，其目的是与目标受众进行有效的沟通。在广告翻译中，译者需要注重广告的交际功能，即确保翻译后的广告能够在目标文化中产生相同的效果和影响力。译者需要考虑目标受众的文化背景、价值观和习俗，选择恰当的语言风格、修辞手法和文化符号，以便与目标受众建立情感联系和认同感。同时，译者还应确保翻译的广告语言流畅、易懂，能够吸引目标受众的注意力，并准确传达产品或服务的特点和优势。

（三）考虑跨文化因素

广告翻译必须充分考虑源语和目的语之间的文化差异。不同的文化具有不同的价值观、信仰、习俗和符号体系，因此译者需要具备跨文化的意识和知识。在翻译过程中，译者应避免直译和字面翻译，而是根据目标文化的背景和需求，进行意译和文化转换。译者需要灵活运用翻译策略，结合目标文化的文体特点、广告习惯和审美偏好，使翻译的广告在目标文化中自然而有效地传达广告信息。

三、广告翻译中的文化翻译实践

接下来将结合广告的英语翻译实例，从直译、套译、意译、创意翻译四个角度探讨广告翻译中的文化翻译实践。

（一）直译

例 1：

原文：真诚到永远。

译文：To be true forever.

例 2：

原文：像母亲的手一样柔软。（某童鞋广告）

译文：As soft as mothers hand.

在第一个示例中，译文采用了直接对应的方式，将原文中的"真诚到永远"翻译成了"To be true forever"。这样的翻译保留了原文的意义，同时在目的语中呈现了相同的表达方式。直译法在这里的应用避免了过度解释或改变原文的风格，使翻译保持了简洁和易懂的特点。

在第二个示例中，原文表达了童鞋的舒适和柔软感，译文通过直译的方式保留了原文的意思。译文中的"As soft as mothers hand"翻译出了原文中的比喻，并将其保留在目的语中。这样的直译法使得译文在表达上简明直接，传达了与原文相同的意义和形象。

（二）套译

汉语中的不少广告借用现成的成语、谚语、短语等来获得文体效果以达到预期目的，译文可套用英语中一些现成的表达形式或固定的结构框架，做到译文与原文相契合，传达出广告原文的语言内涵。

例 3：

原文：到了南方，就有办法了。

译文：Where there is South，there is a way.

在这个示例中，译文采用套译法，将原文翻译成英语中相应的表达形式"Where there is ×, there is a way."，其中"×"表示"南方"。套译法的应用使译文与原文相契合，同时传达了相同的语言内涵。这样的翻译策略在跨文化传播中能够让译文读者理解原文所要表达的意义。

其他例子还有款式新颖（novel in design）、做工精细（excellent in workmanship）、历史悠久（long in history）、花色新颖（novel pattern）、种类繁多（complete in specifications）、性能优越（superior performance）、技艺精湛（exquisite in craftsmanship）、用料上乘（excellent in quality）、外形美观（fine appearance）。

（三）意译

例 4 ：

原文：岁月的小皱纹不知不觉地游走了。（某化妆品广告）

译文：Good and vigorous spirit. This cosmetics can erase years off from your skin.

在这个示例中，原文使用了抽象的表达方式来描述产品对皮肤的功效。译文则采用了意译法，通过使用具体的形容词和动词来传达相似的意思。译文中的"Good and vigorous spirit"表达了产品对皮肤的提升和焕发的效果，而"This cosmetics can erase years off from your skin"则意译了原文中的"岁月的小皱纹不知不觉地游走了"，强调产品能够减少皮肤上年龄痕迹的功能。

意译法的应用在这里使译文更加具体、生动，能够让目标受众更好地理解和接受广告的信息。通过使用具体的形容词和动词，译文传达了与原文相似的产品效果和意义。此外，意译法还有助于在目标文化中塑造与原文相似的形象和文化共鸣，使译文能够更好地与目标受众产生情感联系。

（四）创意翻译

例 5 ：

原文：衣食住行，有龙则灵。（某银行龙卡）

译文：Your everyday life is very busy, Our *Long* Card can make it easy.

本广告原文仿拟了中国唐朝诗人刘禹锡《陋室铭》中的名句："山不在高，有仙则名；水不在深，有龙则灵。"译文中的"Your everyday life is very busy"直接引用了目标受众的日常生活，然后利用创意的方式将"龙"与"*Long* Card"联系起来。这样的创意翻译法使译文与原文的内涵相契合，并通过将"龙"作为象征元素来传达产品的神圣、权威和凝聚力；把"龙卡"翻译成"*Long* Card"，而且将"*Long*"斜体，是一种恰到好处的创新，符合读者的接受心理，可以获得较好的广告效果。

第三节　汉英翻译实践中的旅游翻译

旅游翻译是一种特殊的翻译形式，其核心是在旅游领域中，将一种语言的信息准确、生动地转化为另一种语言的信息，使游客能够理解。在我国，它是一种跨文化交流的工具，旨在将中国的自然景观、文化遗产、历史故事以及当地的风俗习惯等呈现给外国游客。旅游翻译不仅要求译者具备丰富的语言知识和高超的翻译技巧，更要求译者对文化差异有深刻的理解。

一、导游词的文化翻译

（一）导游词的语言特点

旅游翻译的一个重要方面是导游词的翻译。导游词是导游向游客介绍景点或活动的语言，它是讲解员和游客之间交流的主要方式。导游词的语言特点颇具独特性，它不仅需要清晰明了地传达信息，还需要考虑游客的反应，让他们能够沉浸在游览的乐趣中。语言不通可能会影响游客的旅行体验，因此，高质量的导游词翻译是非常重要的。导游词翻译与一般的导游词相比则更应注意翻译语言的现场感、知识性、口语化和趣味性。

1. 现场感

导游词翻译的一大特色就是浓厚的现场感，它需要给游客传达出一种身临其境的体验感。这种现场感的营造主要通过两个途径实现。首先，导游可以通过提问营造现场感。这种设问的方式可以集中游客的注意力，即便并不期望游客给出答案，这种互动方式也会为之后的讲解做好铺垫。例如，导游在介绍长城时可能会问："你们知道长城的历史有多久吗？"即使游客不能立即回答，也能引发他们对长城历史的好奇心，进而更投入地听下去。

其次，导游可以通过运用现场引导词营造现场感。这种词语或短语被用来提示或引导游客进行下一步动作。例如，导游可以说："请大家跟我来，我们现在向天安门广场进发。"这样的现场引导词能够让游客更直观地了解他们的行程，更好地参与旅游。

2. 知识性

知识性是导游词的另一大特色。旅游景点往往充满了丰富的文化内涵，涵盖了历史、地理、建筑、艺术等各个领域。导游词就像一把钥匙，可以为游客解开这些文化之门。例如，在介绍北京故宫时，导游可能会引用一些关于明清皇朝的历史故事，这样不仅让游客了解故宫的历史，还可以帮助他们理解故宫的建筑风格和艺术价值。在讲述故事的同时，导游还可以插入一些有趣的轶事，使知识性的传达更加生动有趣。

3. 口语化

口语化是导游词翻译的重要特点，这关系到导游词的可理解性和亲和力。导游的任务不仅是传递信息，而且是要与游客建立联系，因此他们的语言应当简洁明了、生动有趣。例如，当讲解一个复杂的历史事件时，导游可能会使用更通俗易懂的语言，将复杂的历史情况简化成一个有趣的故事来讲述，使游客更容易理解和记住。口语化的表达方式还可以增加互动性，如导游可以通过轶事、笑话或游客的互动，让游客更加投入，更加享受旅行的过程。

4. 趣味性

趣味性是导游词吸引人的重要特质，它的目标是为游客提供一个轻松愉快的旅游环境，让游客在欢声笑语中游览风景名胜，收获良好的旅游体验。例如，中国很多古建筑门口会放两只石狮子，一只是雌狮，一只是雄狮，雌狮脚下按着一只小狮子，而雄狮脚下有一个圆球。此时导游就可以通过介绍这两只狮子作为进入建筑大门的开场白：Look, this male lion is carefree, he is playing football all day long; but his wife has to take care of the baby all by herself.（这只公狮子整天无忧无虑地玩着足球，而他的妻子却独自照顾小狮子。）

通常情况下这句诙谐幽默、略带调侃意味的开场白可以迅速活跃团队的气氛，让游客感到轻松、愉快，同时展示了石狮子背后的文化寓意，活跃了团队气氛，同时引发了游客对中国文化的兴趣。接下来，导游可以介绍石狮子放在建筑物门前真正的作用。

（二）导游词的文化翻译方法

1. 增译法

增译法是一种常见的旅游译文翻译技巧。译者在保留原文含义的基础上，增加一些解释性的内容，以帮助外国游客更好地理解和接受。这些增加的内容通常与文化相关，如人名、地名、历史事件等。

例 1：

原文：山西省五台山是闻名中外的佛教圣地，境内今保存北魏、唐、宋、元、明、清及民国历朝历代的寺庙建筑 47 座。

译文：On Wutai Mountain, located in Shanxi Province, there are 47 temples built during the seven dynasties, from the Northen Wei in the 4th and 5th century to the Republic of China in the first half of the 20th century.

在上述示例中，对于不熟悉中国历史和文化的外国游客来说，可能很难理解"北魏、唐、宋、元、明、清及民国"是中国历史上的哪段时间，因此译者特别增加了对此段时间的解释，即"from the Northen Wei in the 4th and 5th century to the Republic of China in the first half of the 20th century"，进而帮助游客更清晰地了解以上寺庙建筑的历史。

2. 省译法

省译，即删减翻译，是另一种有效的旅游译文翻译技巧。在应用这种技巧时，译者根据目的语文化和语境，有选择地省略原文中一些可能难以理解或者在目的语中没有对应表达的内容。这种翻译方式可以保证信息的有效传递，同时减少因文化背景不同而导致的理解难题。

例2：

原文：她（黄河）奔腾不息，勇往直前，忽而惊涛裂岸，势不可挡，使群山动容；忽而安如处子，风平浪静，波光微漪，气象万千。

译文：It tears and boils along turbulently through the mountains and, at some place, flows on quietly with a sedate appearance and glistening ripples.

在这个例子中，原文使用了大量富有诗意和感情色彩的语言来形容黄河的景象。这些词汇和表达方式，在英语中可能并没有直接对应的词汇或表达，或者即便有对应的表达，也可能并不会被目的语读者所理解和接受。因此，译者在翻译时选择用更为直观、具体的语言来描绘黄河的景色，省略了原文中一些难以直译的抽象和诗意的表述，如"群山动容""安如处子""气象万千"。

例3：

原文烟水苍茫月色迷，渔舟晚泊栈桥西。乘凉每至黄昏后，人倚栏杆水拍堤。这是古人赞美青岛海滨的诗句。青岛是一座风光秀丽的海滨城市，夏无酷暑，冬无严寒。西起胶州湾入海处的团岛，东至崂山风景区的下清宫，绵延 80 多华里的海滨组成了一幅绚烂多彩的长轴画卷。

译文：Qingdao is a beautiful coastal city. It is not hot in summer and not cold in winter. The 40-km-long scenic line begins from Tuan Island at the west end to Xiaqing Gong of Mount Lao at the east end.

在这个例子中，译者删去了原文中的古诗引用，直接简洁地描述了青岛的海滨景色。这种删减并不会影响到目的语读者对青岛海滨的基本了解，反而让译文更加简洁明了。需要注意的是，虽然省译法可以有效地解决一些翻译难题，但在应用时也需要考虑其可能带来的问题。省译可能会使译文失去原文的某些细腻之处或者改变原文的某些语言特色。因此，译者在使用省译法时，需要根据具体的语境和目的语读者的需求来决定应该保留哪些内容、省略哪些内容，以实现有效的信息传递和较佳的阅读体验。

3. 类比法

类比法是一个非常强大的翻译方法，尤其在旅游翻译中，它可以通过使用目的语文化中熟悉的概念或事物，帮助读者更好地理解和感知源语文化的特定内容。

例 4：

原文：今天我们看到的大多数胡同是明清两代的产物，没有人能够确切地说出北京有多少胡同。但有一点很清楚，如果将各个胡同连接起来，总长度超过著名的万里长城。

译文：Most of today's Hutong were formed during the Ming and Qing Dynasties that followed. Nobody knows exactly how many hutongs there are in nowadays Beijing. But one thing is for sure, if we connected all the hutongs together, their total length would even be longer than the famous Great wall. Or to make it clear, it could build a highway from Seattle to Boston, all across America.

　　在上述示例中，译者利用类比法，将北京的胡同总长度与美国从西雅图到波士顿的距离进行比较。这种比较能够让来自美国的游客更直观地理解胡同的总长度，因为他们可能更熟悉美国内部的地理距离，而对中国的万里长城的具体长度并不了解。通过这种类比，译者成功地跨越了文化障碍，用游客自己的文化背景来解释一个在源语文化中独有的现象。同时，类比法在旅游翻译中的应用也反映了译者需要具备广泛的知识和对两种语言文化的深入理解。只有了解了目的语文化的特定背景和情境，译者才能找到恰当的类比对象，从而成功地将源语的信息准确地传达给目的语读者。此外，通过类比法，译者还可以使翻译文本更加生动和有趣，从而提高游客的阅读体验和兴趣。

二、公示语的文化翻译

　　旅游公示语是旅游景点或其他旅游活动场所用来提供各类信息、指引方向、确保旅游安全、规范游客行为的文字提示。它们可能会出现在路标、景点指示牌、规则和规定的公告以及其他类似的公共通知中。旅游公示语的作用是多方面的。首先，它们为游客提供了关于旅游景点的必要信息，如如何到达、何时开放、票价等，使游客能够有效规划和享受他们的旅程。其次，公示语也可以帮助保护旅游景点和环境，规范游客行为，防止潜在的危险或不当行为。此外，公示语也是体现和传播旅游目的地文化和价值观的一种方式。

（一）公示语翻译的策略

　　翻译旅游公示语的重要性在于，随着国际旅游的发展，越来越多的外国游客选择到中国旅游。因此，提供准确且易于理解的英语公示语不仅可以帮助外国游客更好地了解和遵守当地的规则和惯例，也可以增强他们的旅游体验，进而提高中国旅游景点的国际影响力。在进行公示语的翻译时，译者需要充分考虑到其功能性和文化传播性。译者需要将这些信息准确无误地传达给外国游客，同时要尽可能地保留和传达源语和文化的特点，使外国游客能够更好地理解和欣赏中国的文化和价值观。因此，旅游公示语的翻译不仅是语言转换的过程，也是文化交流和传播的过程。

1. 地名翻译

在中国，很多旅游胜地的名字都颇富诗情画意，背后有很多动人的传说或寓意，集中体现了汉语和中国传统文化的魅力。为了让外国游客感受中国传统文化的魅力，促进不同文化之间的沟通与交流，译者在翻译旅游胜地的景点名称时可以采用意译法，帮助外国游客了解名称背后的含义。例如，避暑山庄（the Imperial Mountain Summer Resort）、苏州园林（the Suzhou Gardens）、天池（the Heaven Pool）、蓬莱水城（the Penglai Water City）、大雁塔（the Big Wild Goose Pagoda）。

与此同时，由于汉语中同音字较多，尤其在翻译成英语后失去了声调，同音的现象就更容易出现了，因此译者在翻译地名时要遵循灵活翻译的原则，并可以适当增加一些补充内容。这样有利于游客快速掌握有关这个地方的关键信息，还能增加跨文化交流的乐趣。

2. 交通指南翻译

旅游景点众多、旅游业发达的城市和地区会在公示牌上介绍去往各个景点的交通游览信息，这些信息包括主要的交通工具、所有的交通线路、当地的交通规则、出行需要注意的事项等，帮助游客选择适合自己的出行方法。

例5：

原文：请注意，本城市自行车道非常发达，骑行者请遵守交通规则，非骑行者请勿在自行车道行走。

译文：Please note that the city has extensive bike lanes. Cyclists are reminded to obey traffic rules, and non-cyclists are urged to avoid walking in the bike lanes.

例 6：

原文：机场大巴每半小时一班，行程约一小时到市中心。详情请询问信息台。

译文：The airport shuttle bus runs every half hour and takes approximately one hour to reach the city center. For more information, please inquire at the information desk.

（二）公示语翻译的注意事项

1. 融合与变通

旅游公示语通常包含着丰富的地方文化和特色。当中英语化无法对等时，译者需要灵活运用翻译技巧。对于某些具有地域文化特点且在英语中没有直接对应的公示语，译者首先应考虑的是这个公示语是否需要进行英译。许多公示语在表达和理解上都相对简单，可以参照国际通用的英语提示语进行直译。例如，"请勿喧哗"可以翻译为"Please keep quiet"。在无法找到准确对应表达时，译者可以参考英语中类似的表达进行翻译。

2. 避免负面影响

有些公示语，虽然在当地语言中有明确的含义和重要的功能，但在翻译成英语后，可能由于文化差异、语境差异等因素，会引起误解。例如，"不准喂食野生动物"可以翻译为"Do not feed wild animals"，这在避免对野生动物产生不良影响的同时，也对游客的行为进行了规范。然而，有一些在本土文化中特有的公示语，如"禁止随地吐痰"等，由于文化差异，可能在英语环境中无法找到合适的表达。这种情况下，应尽量选择一种能够表达同样含义，但更符合目的语的表达方式。

需要注意的是，虽然有些具有中国本土意义的公示语有必要展示给外国游客，让他们知晓，但也有部分公示语不适合翻译成英语，否则可能会造成不良影响。

3. 借鉴成熟旅游指南

在全球范围内，许多地方的旅游管理部门会制定旅游规范，通过在显眼的位置设置提示标志，引导游客自觉遵守规定，保护旅游地的生态环境。例如，"禁止在森林区域内吸烟""禁止擅自捕猎动物"等。此外，旅游指南作为一种专业的公示语，不仅能正确引导游客，还可以通过建议和提示教育游客，保护旅游环境。因此，在翻译过程中，译者可以参考其他地方旅游管理部门的公示语和规范以及其他专业旅游指南的内容，寻找合适的翻译表达。例如，"请保持环境整洁"可以参考成熟的旅游指南翻译为"Please keep the environment clean"。

4. 充分考虑可译性

旅游公示语的可译性限度根据不同语言文化之间的差异可分为完全可译性和部分可译性两种情况。伴随着全球化背景下不同语言、文化之间的交流、渗透与融合，不同文化之间的共通之处越来越多，因而旅游公示语的可译性限度也逐渐缩小。

（1）完全可译性。完全可译性是指在英语文化中存在与汉语文化完全对应的意象或物象，此时汉语旅游公示语中描述的事物可以在英语中找到完全对等的表达，这种情况是翻译中的最佳对应。例如，不得在此吸烟（No smoking here）；观察野生动物，请保持安静（Observe wildlife, please remain quiet）；请勿破坏景区设施（Please do not damage the scenic facilities）；请按指示线路行进（Please follow the indicated route）；每位游客每次限用一张优惠券（Limit one coupon per customer, per visit）。

（2）部分可译性。部分可译性是指公示语在目的语文化中有类似但不完全对应的表达方式，虽然不完全一致，但其大致的含义或功能相似。在这种情况下，译者需要根据目的语的表达习惯或参照已有的表达方式进行翻译。例如，请勿乱扔垃圾（Please do not litter），请自觉排队购票（Please queue for tickets voluntarily），请文明参观（Please visit in a civilized manner）。

第四节　汉英翻译实践中的影视翻译

影视翻译是一种文化与语言转换的过程，这种过程包含将原始影视作品的对话、歌词、背景音乐、特殊声音效果等语言元素以及视觉元素，如手势、面部表情、文化符号等转化为目的语和文化的过程。在当今的全球化背景下，影视翻译起到了弥合不同文化和语言间差异的桥梁作用。这是一种独特的交际行为，因为它既涉及语言的转换，也涉及文化的解读和再现。它的目标是使观众能够在理解和欣赏原作品的同时，感受和接纳原作品的语言和文化。本节将以字幕翻译为例分析影视翻译中的文化翻译策略。

一、影视字幕翻译概述

（一）字幕翻译基本认知

1. 字幕翻译的起源

随着有声电影的出现，美国电影制作商希望能够将他们的作品引入欧洲市场，但由于欧洲语言的多样性，这就需要将电影翻译成多种语言，于是字幕翻译应运而生。在这个历史背景下，字幕翻译起到了弥合语言和文化鸿沟的重要作用，促进了跨文化交流。

2. 字幕翻译的定义

字幕翻译是一种专门的语言转换形式，其基本步骤是将视听产品的原始口语或书面语转换成目的语，并将翻译后的目的语以文字形式添加到原始视听产品的图像上。这种翻译形式与传统的书面翻译或口译有明显的不同，因为它需要译者不仅精确地转换语言，还需要考虑到视听产品的视觉元素，如图像、颜色、运动等，甚至需要考虑到影片的音频元素，如音乐、声音效果等。因此，字幕翻译需要译者具有广泛的知识，以及对两种文化的深入理解，才能做到准确、流畅、生动地将原作品的含义传达给目的语观众。

（二）字幕翻译的特点

1. 外在表现形式方面

从外在的表现形式上来说，字幕翻译体现出以下三个方面的特点。

（1）字幕翻译所展示的首个特点是其在两种语言之间转化的功能。在影视产品中，源语的内容通常以口语形式出现，这使得译者需要以专业的技能和敏锐的洞察力去捕捉这些瞬间的、多样化的、富有表达力的口语元素。字幕翻译就是这样一个过程，它把源语的口语元素转化成目的语的书面语，并把这种转化过程浓缩成一个紧凑、精练而充满活力的语言形式。

（2）字幕翻译的第二个特点是它的展示方式。字幕被添加在影片的画面之上，这是为了帮助目的语的观众更好地理解和欣赏源语的影片。当观众在观看影片的同时阅读字幕，他们就能够把字幕内容与影片呈现的画面信息结合起来，从而得到一个更全面、更深入的理解。这种方式同时为观众提供了一种独特的观影体验，因为他们可以通过字幕的阅读，以一种更直接、更个性化的方式与影片的内容进行交互。

（3）字幕翻译的另一个显著特点是其在影片画面中的位置和同步性。通常情况下，字幕被设置在影片画面的下方，这是为了方便观众在看画面的同时阅读字幕。同时，字幕的内容也是与屏幕上呈现的图像同步的，这使得观众能够在理解画面信息的同时，获取与之相应的语言信息。这种同步性使得观众在观看影片的过程中，可以更顺畅、更准确地理解影片的内容，从而使得观影体验更加完整和满意。

2. 内在影视语言方面

从内在的影视语言角度分析，字幕翻译具有以下四大特点。

（1）综合性。观众在观看影片的过程中，不仅要理解字幕所传递的语言信息，同时需要关注影片的图像和声音，以获取更全面的信息。在此基础上，字幕翻译的综合性体现在信息的多元化和同时性上，旨在最大限度地增强观众的理解和感知，以弥补字幕自身无法展示的信息，如人物的情绪、声音的音调等。因此，字幕翻译是一个综合性的过程，需要译者运用自身的专业知识和丰富经验，同时考虑语言、文化和影片的具体内容，以实现较好的翻译效果。

（2）瞬时性。字幕在屏幕上的出现时间极短，这就要求译者必须在保证翻译质量的前提下，尽可能地简化和缩短翻译内容，把控好每一行的译文字数。这种对字幕字数和展示时间的严格控制，旨在使观众在短时间内快速理解字幕内容，而不会错过任何影片的重要画面。因此，译者需要有出色的语言功底和丰富的翻译经验，才能在有限的时间内提供准确、简洁、易读的翻译。

（3）通俗性。字幕翻译的通俗性是由影视作品的大众化属性决定的。影视作品的受众包括各种年龄、教育背景和文化背景的人群，因此，字幕的语言需要通俗易懂，不能过于专业或书面化。这就要求译者将复杂的语言表达转化为简单明了的字幕，使其易于理解，符合大众的阅读习惯。

（4）无注性。字幕翻译的无注性体现在译者几乎无法为字幕添加注释。与书面翻译不同，字幕翻译由于受限于屏幕空间和时间，不能像书面翻译那样为复杂的内容或专业术语添加注释或解释。这就要求译者在翻译过程中充分考虑到影片的上下文信息，力求使字幕在没有注释的情况下仍然可以被理解。影视作品中允许在对白之外做一些文字性的说明，如在片头介绍故事发生的背景，在片中展示人名、地名、年份等简要信息，或在片尾介绍故事的结局，但这都是来自原影片提供的信息，译者不会另加字幕或者旁白解释。

二、影视字幕中的文化翻译策略

影视作品，无论是电影还是电视剧，都是一种集中反映国家或民族社会文化的媒介，它们的字幕翻译不仅涉及两种语言之间的转换，而且是两种文化之间的交流与碰撞。在字幕翻译的过程中，这一点显得尤为重要，因为字幕中经常包含许多具有独特文化特色的内容。为了让观众更好地理解和欣赏影视作品，译者在翻译过程中需要特别注意对这些文化内容的处理。在翻译字幕中的文化信息时，译者应尽可能采用直译的方式，尽量少用或者不用归化策略。这是因为在字幕翻译中，往往不存在绝对的"文化阻断"，观众可以通过画面信息以及其他听觉信息理解影视作品的内容。

（一）翻译称呼语的策略

在字幕翻译中，如何更好地处理各种文化信息是一个非常重要的问题。例如，对于称呼语的翻译。称呼语是一种能充分展现人物形象、个性等重要特征的语言现象，它不仅携带着特有的文化内涵，还能反映出两种语言之间的文化差异。在实际翻译中，如果直译称呼语往往不能使观众在短时间内理解其含义，因此译者必须直接标明其呼叫的具体对象，适当省略词汇中的其他文化元素。例如，影视剧中的一个对话："刚才听到汽车的声音，嫂子回来了吗？"在这个句子中，"嫂子"是一个具有汉语特色的称呼，直译成英语的"sister-in-law"可能会让英语观众感到困惑，因为在英语中，称呼语的使用并没有汉语那么频繁。

因此，为了让观众在短时间内理解对话的含义，译者可能会选择将"嫂子"翻译为"my brother's wife"。这样，虽然省去了一些具体的文化元素，但却使含义更为明确，更易于理解。这也是字幕翻译过程中的一个重要策略，即在忠实于源语的同时，尽可能使目的语观众能够顺畅理解影视内容。

（二）翻译文化特色词的策略

文化特色词是每一种语言中都包含的特殊词汇，这些词汇往往蕴含了深厚的文化背景和特殊的文化含义。在翻译过程中，尤其是在字幕翻译中，如何准确并恰当地翻译这些文化特色词，是一个具有挑战性的任务。译者需要在尽可能保留源语文化信息的同时，考虑到目的语观众的理解能力和文化接受程度，从而使译文自然流畅并符合目的语文化语境。在处理这类文化特色词的翻译时，译者可以采用释译法、借译法等方法。释译法是解释性翻译，通过解释来传达源语中的特定信息，这样可以帮助目的语观众理解源语中的特定文化概念。借译法是将源语中的文化概念与目的语中的类似文化概念进行对应，以实现源语文化信息的传递。

例 1：

原文：等改完了剧本，你再唱你的《西厢记》或再唱你的陈世美。

译文：After finishing the script you can play out your "Casablanca" thing.

这个例子中的原文包含了两个非常具有中国文化特色的词：《西厢记》和"陈世美"。《西厢记》是中国的一部古代戏剧，描述了一段执着的爱情故事；"陈世美"则是中国戏剧《秦香莲》中的一个人物，他的名字在中国文化中成为背叛妻子、追求富贵的代名词。对于中国观众来说，这两个词都能立即引起他们的联想和理解。

然而，对于外国观众，这两个词可能会造成理解困难，因为他们可能对中国的历史文化并不熟悉。在这种情况下，译者用"play out your 'Casablanca' thing"代替了原文中的"唱你的《西厢记》或再唱你的陈世美"。"Casablanca"是一部美国电影，讲述了一段动人的爱情故事，同时有复杂的人物关系，因此它很适合作为"《西厢记》"和"陈世美"的替代词。

（三）翻译比喻或隐喻表达的策略

在电影和电视剧中，语言的表现形式通常充满了生动性和艺术性。为了塑造人物角色和传达他们的情感，编剧和导演会充分利用文化比喻和隐喻。在进行这些表达方式的翻译时，译者可以主要采取两种策略。

首先，译者可以尽量保留原始的文化表达，即直译。这样不仅能够更准确地传达源语的意义，也有助于推广和传播源语文化。例如，一个角色用了一个特定的俚语或口头禅，译者可以直接将其翻译出来，即使目的语的观众可能不完全理解其含义，但这也可以引发他们对源语文化的兴趣和探索。

其次，译者可以采用借译的方法，即借用目的语中的相似表达进行翻译。这样做的好处是，外国观众可以更快地理解剧情，而不会因为语言障碍而影响他们的观影体验。例如，原文中的一个比喻在目的语中没有对应的表达，译者可以找到一个在目的语中有相同或相似含义的比喻来替换。

例2：

原文：我看你这几天就不对劲，你吃错药了？

译文：You've been acting weird lately. What's the matter?

在上述例子中，"吃错药"是具有中国文化特色的俗语，通常用来形容一个人表现异常，此处采用疑问句的句式，表示质问含义。如果直译为"Did you take the wrong medicine?"难免会让外国观众产生误解，以为该人物真的误服了药物，因此译者采用了意译的方法，准确传递了原文的意思。

第五节 汉英翻译实践中的中国故事翻译

一、中国故事的定义和作用

"中国故事"是一种独特的叙事形式，它将中国人的共同经验和情感融入故事，通过故事的形式展示了中华民族的个性特征、精神标识、历史命运以及现实情形和未来发展方向。它强调从中国人的角度出发，讲述中国人的独特情感、信仰、生活经验和期望。与一般的社会经济学理论如"中国模式"或"中国经验"不同，中国故事以文学的形式，从更细微、更深层次的情感角度，生动立体地塑造了中国人的形象，展示了中国人的内心世界。

讲好中国故事对于中国与世界的交流和沟通至关重要。首先，中国故事是中国对外宣传工作的重要手段，可以帮助世界了解中国，听到中国的声音，进一步了解和接受中国文化。其次，中国故事可以帮助外界客观、理性地认识中国，消除文化差异和误解，增进国际的友好关系。译者在讲述中国故事中发挥了至关重要的作用。他们不仅需要深入理解中国故事的定义和类型，还需要以敏感和负责任的态度去翻译和传播这些故事，让世界能更好地理解中国，了解中国人民的生活和思考。

二、中国故事的类型

中国文化源远流长，博大精深，随着时代的发展，中国故事的类型也更加丰富。传统的中国故事类型有神话故事、历史故事、民间故事、童话故事、恐怖故事、成语故事、宗教故事等；有单段故事，也有系列故事；有短篇故事，也有长篇故事。现代的中国故事类型有名人故事、电影故事、爱国故事、励志故事、城市故事、农村故事、外国人讲的中国故事等。接下来介绍几种较为典型的中国故事。

（一）历史故事——卧薪尝胆

公元前 496 年，吴王阖闾派兵攻打越国，被越王勾践打得大败。阖闾受重伤身亡，其子夫差继位，誓要为父报仇，然后夫差就以不可阻挡的决心和力量，将越国打到了危机四伏的境地。在此关键时刻，越国谋臣文种以其智谋，拯救了越国。文种用珍宝贿赂了吴国大臣伯嚭，帮助勾践和吴王夫差会面，并成功说服了夫差接受勾践的投降。这个决定，虽然在夫差看来是一种大度，但实际上埋下了吴国的覆亡之种。同时，他忽视了越国谋臣伍子胥的警告：万不可放勾践回国！勾践深谋远虑，且有大臣文种、范蠡帮忙，这次放了他们，他们回去后就会想办法报仇的！

果然夫差撤军后，勾践便开始实施他的复仇计划。他带着妻子和范蠡去吴国伺候夫差，终于赢得了夫差的信任，进而得以返回越国。回到越国后，勾践开始发愤图强，每日尝苦胆，以此激发自己的斗志。他精心管理国家，鞭策士民，发展经济，练兵备战。经过十年的艰苦努力，越国的实力得到了大大提升。

与此同时，夫差却一味求名逐利，追求享乐，导致吴国内部空虚，丧失了强国的根基。公元前 482 年，夫差在外争霸，勾践立即采取行动，发动奇袭，大败吴军。虽然勾践答应了夫差的求和，但他已经决定灭掉吴国。公元前 473 年，越国再次发动攻击，吴国无力抵抗，夫差无奈之下自杀。

这个历史事件向人们展示了卧薪尝胆的含义。勾践，即使在最困难的时刻，也没有放弃自己的国家和民族，他坚持自己的信念，发愤图强，最终击败了强大的敌人。他的事迹告诉人们，只有坚定信念，不忘往日的失败才能成功，只有勇于面对困难，才能成就伟业。

（二）名人故事——钱学森的教学方法

钱学森的教学方法以严谨、挑战性和创新性而闻名。他的考试颇具挑战，通常包含四到五个问题，学生只能期望解答出一个或者对一个以上的问题给出一个良好的开始。他的教学理念是对知识的深度理解，而不仅仅是表面上的记忆和复述。

在美国时，他的课程对学生的要求非常高，得到"A"等级的学生是非常罕见的。回国后，他继续坚持这种严谨的教学理念，其中比较有名的就是他的开卷考试，出的都是实际的、需要活用知识的题目。例如，他曾经提出了一个火箭发射和返回地球的复杂问题，这个问题考验了学生的知识运用和创新思维能力，由于难度较大，有95%的人不及格。

然而，钱学森的目标并不是让学生在考试中失败，而是让他们认识到学习的真正意义，并通过不同的方式获得知识。他独特的"开方再乘10"的评分方式，旨在让大多数学生通过考试，但同时保持了对优秀学生的奖励。这种方法不仅公平，而且有效，最终使得大多数学生都能够及格。

他的教学方法的成效显而易见。他的学生认识到自己的数学基础不够，所以他们决定专门补习数学，这为他们后来的学术和职业生涯打下了坚实的基础。他的许多学生在"两弹一星"的工作中发挥了重要的作用，并出了一批中国科学院和中国工程院的院士。钱学森的教学方法和他的教学成就，为全世界的教育者提供了宝贵的启示。

（三）爱国故事

茅以升，这个名字对于中国来说，不仅是桥梁工程专家，更是中国人民的骄傲和国家尊严的象征。他的故事，是一部波澜壮阔的爱国主义故事，是一部充满激情和奉献的人生传奇。

出生于工匠家庭的茅以升，自幼就展现出对机械和构造的独特兴趣。

1916年，他毅然决定赴美学习桥梁专业，通过自己的勤奋和才华，他很快获得了硕士学位，并且在业界获得了很高的声誉。当各地的工作邀请如雪片般飞来时，茅以升却做出了一个意料之外的决定——回国。尽管有人劝说他科学无国界，留在美国的贡献会更大，但茅以升坚定地说出了他的信念："科学虽然没有祖国，但是科学家是有祖国的。我是一个中国人，我的祖国更需要我。"这一坚定的回答展现了他深深的爱国情怀。

1919年，茅以升带着丰富的知识和实践经验回到中国，开始了他的建桥事业。在那个年代，中国的基础设施建设落后，需要大量的科技人才。茅以升认为，只有将所学知识运用到实践中，才能真正服务于国家和人民。他的坚持和付出，为中国桥梁工程的发展做出了贡献。1933年，茅以升接受了浙江省建设厅厅长的邀请，主持修建钱塘江大桥。钱塘江因其独特的地理环境，被认为是无法架设桥梁的。然而，茅以升却以他的勇敢和智慧，挑战了这个"不可能"。他与罗英一起使用了"射水法""沉箱法""浮运法"等创新技术，解决了多个重大难题。经过两年半的努力，这座现代化的钱塘江大桥终于在1937年11月17日正式通车。这座桥不仅是中国第一座由中国人自行设计建造的现代化大桥，更是中国工业实力和民族自豪感的象征。

然而，仅仅37天后，茅以升却做出了一个痛苦的决定，为了延缓日军南犯，他决定将刚刚建成的大桥主体关键部分炸毁。这个决定充分展现了他对国家和民族利益的无私奉献。在日本投降后，他又立即开始了桥梁的修复工作，将钱塘江大桥恢复为通车状态。

茅以升的故事，是一部爱国主义的伟大史诗。他的生活和事业充满了挑战和磨砺，但他始终坚守他的信念和对祖国的热爱与奉献。他的故事不仅是对科技和创新的赞美，更是对中国人民的坚韧和勇敢的赞美。

三、讲好中国故事的方法

（一）了解关注点，发动群众，寓教于乐

1. 理解和关注受众需求

科闻100公共关系公司是全球性的整合传播咨询机构，科闻100公共关系公司亚太区域的某位领导层人士曾表示，要想讲好一个故事，通过什么样的表现形式来传播故事不是最重要的，最关键的一步是洞察受众的关注点。一个成功的故事需要结合受众的需求、兴趣和期待进行设计，这样才能获得更广泛的传播和影响。如果要为一款新的环保产品进行传播，首先要通过市场调研、用户行为分析等手段，了解受众对环保产品的认知、态度和需求，只有了解到了这些，营销者才能设计出让受众感兴趣的、贴近他们需求的传播内容。

需要注意的是，受众的关注点并不是一成不变的，随着社会的变化、事件的发展，受众的关注点也会不断地转变。因此，在进行故事传播的过程中，传播者不仅要持续关注受众的反馈，还要密切关注社会动态，灵活调整故事内容，以适应受众的新需求。

2. 发动和鼓励公民参与

在很多情况下，个人的观点和经验往往具有更强的说服力，因为他们来自生活，更真实，更具有感染力。这就像当年北京申办奥运会时，全国人民的支持是申办奥运工作的一大优势。每个人都有自己的故事，他们的故事一方面展示了中国人民的团结精神和努力奋斗，另一方面证明了中国作为一个国家的能力和潜力。

在当今时代，对外宣传并不再是一个被学者或政府机构垄断的领域。互联网的发展使得信息的传播变得更为广泛和快速。普通公民也可以通过

讲述自己的故事，展示国家政策对他们生活的影响，来进行对外宣传。这不仅能够弥补公共媒体和公关活动在公信力和真实性方面的不足，也能够让更多的人了解和理解中国。具体分析，普通公民可以通过公共媒体展示自己的日常生活，也可以针对自己的工作或兴趣领域提出问题，引发讨论。他们可以保持自己的讲述风格，使得故事更具有个人色彩和独特性。此外，公民还可以利用即时通信软件发布信息，并及时回复评论者的问题，以此进一步增强与读者的互动和交流。

3. 寓教于乐

在讲述中国故事时，讲述者需要注意的是，如何将故事的寓教性和娱乐性进行有效的融合。无论是向国外民众介绍中国文化，还是传递中国人民的价值观念，讲述者都需要找到适合的方式，使读者在听故事的过程中既能了解信息，也能感受到乐趣。这需要讲述者根据受众的需求和期待，精心设计故事内容，适当地添加一些有趣的元素，使故事更加生动有趣。同时，讲述者在讲述故事的过程中也需要巧妙地将所要传递的信息融入其中，使读者在享受故事的过程中，能够理解和接受这些信息。

（二）采用合适的宣传方式

1. 激发兴趣，引起共鸣

在进行跨文化的传播时，找到能够引起受众共鸣的内容是至关重要的，其中一种有效的方式就是理解受众的文化，然后在讲述自己的故事时，用受众熟悉的文化元素进行类比。这样做能够帮助受众迅速地理解和感同身受，从而激发他们对故事的兴趣。

例如，在日内瓦国际会议上，周恩来同志为参会者带了一部新中国成立后拍摄的第一部彩色电影《梁山伯与祝英台》。虽然这部影片具有浓厚的中国特色，但周恩来同志为了使国际观众能够理解和接受，便将其与西方的经典爱情故事《罗密欧与朱丽叶》进行了类比。这样一来，外国观众对影片的兴趣就被激发出来了。

这个例子展示了一种有效的跨文化传播策略。它强调了理解受众文化的重要性以及运用受众熟悉的文化元素进行传播的有效性。事实上，这种策略可以广泛地应用于其他的传播场景中。例如，在推广中国传统文化的过程中，传播者可以将中国的哲学思想与西方的哲学观点进行比较，以此帮助西方人士理解中国的哲学理念。又如，在推广中国的现代科技成就时，传播者可以将其与西方的科技发展进行对比，以此来显示中国科技的进步和贡献。

激发受众的兴趣和引发他们的共鸣，这是任何有效的传播都需要做到的。理解受众的文化和他们的关注点，利用受众熟悉的文化元素进行传播，这是实现这一目标的有效策略。中国故事的讲述者和传播者应该积极学习和运用这种策略，让世界了解中国的故事，感受中国的文化。

2. 保持真诚，共享价值观

在对外传播的过程中，保持真实和诚恳是非常关键的。尽管中国在很多领域取得了长足的进步，但必须承认，这一切都是经过多次尝试，甚至失败后，才得以实现的。中国的发展历程并非一帆风顺，也并非无懈可击。中国的现代化进程是一步步探索出来的。因此，在对外宣传中，不能只讲述中国的优点和成功，也不能避免提及中国的不足和挑战。传播者必须以公正和真诚的态度，讲述中国最真实的故事。

这种真诚的态度也同样适用于个人的生活。对于个人来说，自我吹嘘和批评他人并不能帮助自己的成长。同样，对于国家来说，自我赞美和贬低他国也不是一种成熟的行为。只有通过发现并解决自身的问题，才能实现真正的进步。同时，传播者需要认识到，共享价值观是讲述中国故事的另一有效方法。"共享价值观"是指能够让人们在精神上得到普遍满足的一些价值观。虽然不同的文化背景会形成各具特色的价值观，但总有一些基本的价值观是人们大多接受的，如对真、善、美的追求。

因此，讲述中国故事需要从中国文化中挑选出一些能够和国际社会共享的价值观，这些价值观应该是人们普遍接受并且在精神上得到满足的。这种共享的价值观可以帮助人们在国际文化关系中取得优势，甚至可以引领世界文化潮流，为建设和平世界提供精神支撑。

在当前全球化和多元化的大背景下，和平与发展是主导世界的主题。因此，构建并传播中国文化的核心价值观对于提升中国文化在全球的吸引力和认同度以及增强中国的文化软实力是至关重要的。例如，中国的和谐思想、以人为本的理念等价值观可以在全球范围内产生广泛的共鸣，帮助中国在世界上树立良好的形象。真诚地传播中国故事，共享普世的价值观，不仅可以让世界更好地理解中国，也可以为世界的和平与发展做出贡献。

3. 传统与现代共存

在跨文化交流的过程中，口头讲述和文字叙述是传统的方式，其效果自然不言而喻。然而，在全球化、网络化的背景下，传播者必须认识到传统的方式已无法满足现代人获取信息的需求这一现实。因此，更新传播中国故事的方式以适应现代科技的发展已经刻不容缓。这就意味着，传播者需要借助网络信息技术等现代科学技术，通过网站、社交媒体等方式，将中国故事以电子图片、短视频等形式进行展示。例如，传播者可以在YouTube、TikTok等流行的社交媒体平台上制作关于中国的短视频，讲述中国的历史故事、风土人情、社会发展等。同时，传播者也可以通过创建特定的网站或论坛并在上面发帖的方式让更多人可以深入了解和讨论中国的文化和历史。

在掌握和使用现代科技因素的同时，传播者还需要理解和熟悉不同媒体的特性、表现形式和限制因素。不同的媒体有其特有的表达方式和规则，了解这些规则可以帮助传播者更好地讲述中国的故事。如果传播者选择通过社交媒体平台传播，那么他们就需要考虑到用户的浏览习惯、关注的热点话题以及如何创造吸引眼球的内容。

此外，传播者还需要考虑受众的媒体习惯和具体条件。因为不同的受众有不同的获取信息的方式和习惯，了解并考虑这些习惯，可以帮助他们设计出更能吸引受众注意的内容。例如，年轻的受众，可能更倾向于通过社交媒体获取信息；而年龄较大的受众，可能更习惯于通过新闻网站或电视进行获取信息。了解受众的这些习惯，是选择合适传播媒体的必要条件。

（三）采用"讲译法"进行翻译

传播者在讲好中国故事过程中也需要译者来协助。在开展对外宣传工作时，"中国故事"常以口头或书面的形式呈现给外国民众，这对译者提出了新的挑战和要求。首先，译者需要关注的是语言的归化策略。归化策略是指将源语（原始的中国语言）翻译成接近目的语（受众的语言）的风格和表达方式。简单明了的语言描述、合理的逻辑脉络和清晰的信息结构是使用归化策略的关键。也就是说，译者需要避免使用复杂的语言和过于专业的术语，而应选择通俗易懂的词汇和表达方式。这样可以确保外国民众能更好地理解和接受中国故事。

其次，对于那些具有中国文化特色的词汇，译者需要更为谨慎地处理。在尽可能保留其原有含义的同时，译者也需要注意使其适应文化交流的语境。如果译者要翻译一部关于中国古代皇族生活的电视剧，这可能需要向传播对象解释一些特殊的术语，如"上朝"或"平身"等，在这一过程中，译者需要避免一次性介绍过多过于复杂的中国特色民族文化的内容，以免造成信息过载。

最后，译者需要了解并研究外国民众的思维方式、认知方式、语言逻辑和表达习惯。这需要译者深入研究外国文化，包括他们的历史、传统、习俗和价值观等。同时，译者还需要关注他们的当前社会环境和情况，以便更好地调整自身的翻译和传播策略。这样，译者才能确保所翻译的中国故事能够满足受众的文化期待和接受水平。

2012 年，中国作家莫言荣获诺贝尔文学奖，成为首位获此殊荣的中国籍作家。这个消息像强大的磁场一样，立即吸引了全球文学爱好者，特别是中国文学爱好者的目光，人们对莫言的兴趣和好奇急剧升温。在颁奖仪式后，莫言应瑞典文学院之邀，发表了题为"讲故事的人"的演讲。他在演讲中，通过描述他的个人成长经历以及他在文学创作路上的历程，向全球的文学爱好者揭示了他的写作动机、创作环境和灵感来源。这不仅让人们对他的作品有了更深入的理解，也为他们提供了一把钥匙，打开了通往中国文学宝库的大门。

演讲结束后，现场响起了雷鸣般的掌声，观众起立鼓掌，鼓掌时间长达一分钟。这是对莫言深深的尊重和对他故事深深的感动的最好证明。外国媒体也对莫言的故事给予了高度评价，称他的故事虽然听起来平淡简单，但在其简单的外壳下，却蕴藏着丰富的哲理和引人入胜的内涵。在这个激动人心的时刻，不能忽视译者对此次演讲成功做出的贡献。莫言选择用汉语发表演讲，他的故事能被全球读者所理解和接受，这在很大程度上归功于译者的精湛技艺。请看莫言演讲中提到的一个故事片段。

我最后悔的一件事，就是跟着母亲去卖白菜，有意无意地多算了一位买白菜的老人一毛钱。算完钱我就去了学校。当我放学回家时，看到很少流泪的母亲泪流满面。母亲并没有骂我，只是轻轻地说："儿子，你让娘丢了脸。"

译文: My most remorseful memory involves helping Mother sell cabbages at market, and me overcharging an old villager one jiao—intentionally or not, I can't recall—before heading off to school. When I came home that afternoon, I saw that Mother was crying, something she rarely did. Instead of scolding me, she merely said softly, "Son, you embarrassed your mother today." （葛浩文译）

　　首先，葛浩文在处理"白菜"一词时，选择了使用"cabbage"，而不是"Chinese cabbage"。这个决定既尊重了原文的语境，也考虑到了英语读者的接受程度。他采用了一种语义转换的翻译策略，使译文在不失原意的同时，避免了对非中国文化背景读者的困扰。其次，他处理"一毛钱"这一具有中国文化特征的词语时，选择了保留原词，即"one jiao"，而没有进一步对其进行货币换算。这种选择虽然留下了文化差异，但也恰恰因此使读者能够从中感受到原文的文化色彩，进一步引发他们对中国文化的好奇和探索。最后，他翻译"你让娘丢了脸"这一句时，没有直接用"lose face"或"disgrace"，而是选择了"embarrassed"。这样一来，他既保留了中国文化中的羞愧感，又避免了在英语文化中可能产生的过于严重的负面含义。这种平衡处理显示了他在处理两种文化冲突时的娴熟技巧。

　　由此可见，葛浩文的翻译处理充分体现了翻译的和谐原则，即在保证译文整体含义不变的基础上协调细节之处的要求，同时注意选择与各方关系较为和谐的表达方式。这种和谐翻译的标准，不仅体现在语言的精确对等上，更重要的是在于传达出原文的文化氛围和内涵。而这也恰恰是葛浩文在翻译莫言的演讲时，表现得淋漓尽致的地方。他的译文准确、自然，既保留了原文的文化韵味，又在形式上符合英语的表达习惯，无疑是一次优秀的翻译实践。

　　翻译是跨文化沟通的桥梁，其艺术性不仅仅体现在语言的精准度，更在于如何巧妙地处理和协调不同文化之间的差异。这一过程中，译者必须在保证译文整体含义不变的基础上，注重细节的处理，寻求达到表达方式与各方关系较为和谐的效果。具体到实践中，这意味着译者在翻译过程中，要考虑到源语和目的语之间的文化差异，力求传达原文的深层含义，同时让译文能够适应目的语的语境和读者的认知习惯。比如，在翻译一些具有特定文化内涵的词语或短语时，译者需要灵活运用语言学和跨文化交际的知识，采取适当的翻译策略，既保留原文的风味，又使译文能够顺应目的语的表达习惯和读者的理解水平。同时，翻译的艺术也体现在创新上。在处理复杂或微妙的文本时，译者需要寻求新的翻译手段和表达方式，以解决翻译过程中的困难和问题。这种创新并不仅仅是形式上的变革，更重要的是在保留原文精神和含义的基础上，提供新的视角和解读，使译文既具有源语的韵味，又能符合目的语的规范。因此，优秀的译文并不是与原文"同而不和"的平庸之作，而是在保留原文精神和特色的同时，具有自身独特魅力的艺术作品。也就是说，优秀的译文与原文"和而不同"，既能保留原文的韵味，又能在形式和内容上展现新的创造力，使得译文在读者心中产生深远的影响。这种精神是所有译者应当追求和坚守的翻译原则和理念。

参考文献

[1] 杨德爱. 语言与文化 [M]. 昆明：云南大学出版社，2020.

[2] 罗常培. 语言与文化 [M]. 北京：中国书籍出版社，2020.

[3] 王庆奖，等. 异质文化翻译研究中的理论与策略 [M]. 昆明：云南大学出版社，2016.

[4] 刘继华，赵海萍，张文涛，等. 高级文化翻译 [M]. 上海：上海交通大学出版社，2014.

[5] 朱红英，吴唯. 英汉社会话语中的概念隐喻及其跨文化翻译研究 [M]. 杭州：浙江工商大学出版社，2019.

[6] 李建军. 文化翻译论 [M]. 上海：复旦大学出版社，2010.

[7] 张永喜. 从文学翻译到文化翻译：王佐良翻译思想与实践研究 [M]. 南京：江苏人民出版社，2014.

[8] 邵志洪. 汉英对比翻译导论 [M]. 上海：华东理工大学出版社，2013.

[9] 刘宓庆. 汉英对比研究与翻译 [M]. 南昌：江西教育出版社，1991.

[10] 郭富强. 意合形合的汉英对比研究 [M]. 青岛：中国海洋大学出版社，2007.

[11] 郭纯洁. 汉英句法与语义界面的认知对比研究 [M]. 武汉：湖北人民出版社，2017.

[12] 仝安琪.从"跨文化交际中的障碍"谈语言与文化的关系 [J]. 赤子（上中旬），2016（1）：56-57.

[13] 杨颖.从英语全球化视角解读语言与文化的关系 [J]. 才智，2014（18）：49，52.

[14] 武晓丽.从"人"看语言与文化的关系 [J]. 名作欣赏,2014（18）：54-55.

[15] 丁珊.从英语全球化视角解读语言与文化的关系 [J]. 北方经贸，2014（2）：119-120.

[16] 谭妍.以中西方语言与文化差异为例浅谈语言与文化的关系 [J]. 企业导报，2012（17）：244-245.

[17] 靳海涛.从符号学视角分析语言与文化的关系 [J]. 长春理工大学学报（社会科学版），2012，25（7）：130-131.

[18] 李晓红.语言与文化的关系：共识与争议 [J]. 青海师专学报,2009,29（6）：93-95.

[19] 佘国秀.坚守与融通的趋一：从语言决定论看语言与文化的关系 [J]. 喀什师范学院学报，2009，30（4）：52-54.

[20] 李杨，耿殿磊.文化翻译观视角下的文物说明牌英译研究：以湖北省博物馆为例 [J]. 英语广场，2023（7）：32-35.

[21] 杨碧莹.文化翻译视域下文化负载词的翻译研究 [J]. 海外英语,2022（23）：35-38.

[22] 薛冰琦.文化翻译观看《古文观止》英译汉语化负载词翻译 [J]. 今古文创，2022（32）：120-122.

[23] 唐小妹.从文化翻译观角度看中国特色词汇英译 [J]. 汉字文化，2022（8）：140-141.

[24] 莫莹莹.文化翻译观视角下乡村旅游景点公示语英译研究 [J]. 柳州职业技术学院学报，2022，22（1）：122-125.

[25] 罗茜.文化翻译观视域下《活着》汉语化负载词的翻译策略研究 [J]. 兰州职业技术学院学报，2022，38（1）：56-58.

[26] 贺金颖.文化翻译观与诗歌意象的翻译策略探究：以李商隐《登乐游原》

为例 [J]. 今古文创，2021（40）：109–110.

[27] 吕晓华 . 从文化翻译观看《红楼梦》的文化负载词翻译 [J]. 江西电力职业技术学院学报，2021，34（3）：119–120.

[28] 任倩兰，朱向明 . 从文化翻译观看《三体》文化负载词的英译 [J]. 海外英语，2021（2）：86–87.

[29] 张林娜 . 文化翻译观下的汉译英 [J]. 现代交际，2020（23）：87–89.

[30] 黄婷婷 . 文化翻译观视角下中国特色饮食翻译的文化输出探讨 [J]. 食品研究与开发，2020，41（22）：237.

[31] 刘丹，黄璐 . 文化翻译观指导下的广西民歌英译策略研究 [J]. 海外英语，2020（21）：181–182.

[32] 李淼 . 文化翻译观下"中国英语"与"求同存异"策略 [J]. 三门峡职业技术学院学报，2020，19（2）：69–72.

[33] 黄莹璐 . 文化翻译观视角下《喜福会》中的标题汉译探究 [J]. 创新创业理论研究与实践，2020，3（11）：177–179.

[34] 贺爱军，贺海琴 . 刘宓庆的整体性文化翻译观探究 [J]. 宁波大学学报 (人文科学版)，2019，32（5）：65–71.

[35] 马妮 . 跨文化交际视角下汉英委婉语翻译对比研究 [J]. 海外英语，2020(2）：77–79.

[36] 张远扬 . 文化领域中的英汉语言对比 [J]. 海外英语，2017（10）：208–209.

[37] 黄东菊，王璐 . 汉英数字文化内涵对比与翻译 [J]. 文学教育（下），2017(4）：88–89.

[38] 马庆军 . 汉英"红色"文化对比分析与翻译 [J]. 天津职业院校联合学报，2016，18（7）：75–78.

[39] 陈兰兰 . 英汉语言文化对比与翻译技巧研究 [J]. 海外英语，2016（9）：180–181.

[40] 陈兰兰 . 英汉语言文化对比与翻译研究 [J]. 湖北函授大学学报，2016，29（9）：143–144.

[41] 闫晓莉 . 英汉语言对比在文化领域的思考 [J]. 佳木斯职业学院学报，2015

（11）：376–377.

[42] 李利，刘颖.浅谈汉英动物词的文化内涵对比与翻译策略 [J].电子制作，2014（20）：272.

[43] 许兰.英汉语言对比在文化领域的思考 [J].科技信息，2011（9）：516，494.

[44] 罗获.浅谈汉英语化思维差异对比研究与翻译 [J].科技信息，2010（1）：197.

[45] 王秀华.汉英隐喻的语用文化对比与翻译策略 [J].辽宁工程技术大学学报（社会科学版），2008（6）：642–644.

[46] 张颖.汉英成语的跨文化对比翻译 [J].双语学习，2007（6）：130–131.

[47] 赵友岩.浅谈汉英翻译中的汉英心理文化对比 [J].今日科苑，2007（6）：114.

[48] 李岩，李典.汉英习语翻译中的文化意蕴对比分析 [J].沈阳教育学院学报，2006（1）：87–89.

[49] 高丽新，李岩.汉英习语翻译中的文化意蕴对比分析 [J].东北大学学报（社会科学版），2003（2）：136–138.